人文之光

世界文化名家探微

RENWEN ZHI GUANG

SHIJIE WENHUA MINGJIA TANWEI

陈洪澜 ◎ 著

河南大学出版社
HENAN UNIVERSITY PRESS
·郑州·

图书在版编目(CIP)数据

人文之光:世界文化名家探微 / 陈洪澜著.—郑州:河南大学出版社,2022.9
ISBN 978-7-5649-5326-3

Ⅰ.①人… Ⅱ.①陈… Ⅲ.①文化-名人-生平事迹-世界 Ⅳ.①K815.4

中国版本图书馆 CIP 数据核字(2022)第 172493 号

责任编辑　马　博　张　砚
责任校对　时二凤
封面设计　李晓辉

出版发行	河南大学出版社
	地址:郑州市郑东新区商务外环中华大厦2401号　邮编:450046
	网址 hupress.henu.edu.cn
	电话:0371-86059701(营销部)
	0371-22860116(人文社科分公司)
排　版	郑州金点图文设计有限公司
印　刷	河南瑞之光印刷股份有限公司
版　次	2022年9月第1版　　印次　2022年9月第1次印刷
开　本	787 mm×1092 mm　1/16　印张　23.75
字　数	310千字　　　　　　　定价　68.00元

版权所有·侵权必究

(本书如有印装质量问题,请与河南大学出版社营销部联系调换)

序　言

　　采访名家绝非易事！本书所谓的对世界文化名家"探微"几近狂言。那么,笔者何以敢言"探微"呢?

　　这是我的学弟孙君健教授在帮我修改书稿时所题的书名！为的是彰显行文中所坚守的学术性,我赞同了。再说,我讲述的这些世界文化名家都是在书籍、雕像、绘画、故居、陵园以及负载着文化习俗的各类文献中遇到的。他们都是作古已久的名家,再也不用担心他们受到打扰了。

　　这些名家虽然早已失去了肉体生命,但经时光淘洗他们已经变成了不朽一族。绘在画布上的肖像仍然温文尔雅,雕刻在金石上的躯体睿智四溢,尤其是他们所留下来的那些言论、著作、建筑、各种艺术品乃至能渗透人们心灵的思想观念有不少都还活着。漫长的岁月滋长了他们的耐心和宽容,对于来访者不分贤愚,全员接纳,任人造访。无论你是阅读他们的著作,参观他们的故居,造访他们的陵园,还是久久地注目他们的肖像或者把玩那些带有他们形象的艺术品,他们都能平等以待,不愠不怒,仅赖于生前留下的那些独特的文字或创造物,向他们的来宾展示其往昔那些起伏跌宕的经历。就凭着这些,他们把我打动了。我便把平日里读书和旅行时碰到的这些有趣的人物写进了这本书里。

　　一个人若是吃下了足够的盐往往就不再喜欢追星了,而埋头治学的人更是不肯盲目崇信。当我们要在某个领域里了解某个名家的时候总是要用多种研究方法去索隐探微,究根问底。这也不全是为了预防被欺世盗名者糊弄,而是要抓住他们的真学问和真本事以便于学习运用。历史并不只是往事的记忆,它也是鉴别真伪的重要条件。探寻这些文化名家成名的因,回望他们走过的路,观察他们曾经的生活经历和创造活动细节,可为我们在当下追寻理想目标,走向自我完善提供切实的借鉴。

本书所介绍的这些世界文化名家也不全都是被上帝垂青的骄子。他们有的幼年失怙成为流浪者,有的思想超前不被当时的社会见容,也有如梵高这样生前倔强愚陋而被贫困绞杀的笨人。但在他们身后却实至名归,什么人文教育思想家啦,启蒙思想家啦,天才画家啦,喜剧大师啦,著名小说家啦,社会改革家啦,伟大的军事家和政治理论家啦等桂冠最终还是落在了他们的头上,使其英名永存,赢得了后人的无限崇敬。然而,在这本书里,我并不是按照他们的职业特点或学科领域来展示其非凡成就或辉煌业绩的,而是依据他们出生的时序来讲他们在不同社会环境下所经历的人生故事。

我在研读欧洲文艺复兴史时,发现了生于15世纪中期的荷兰学者伊拉斯谟,被他的小说《愚人颂》给迷住了。伊拉斯谟原是一个神父的私生子。这样的身份似一团阴霾笼罩了他的一生。他自幼聪颖好学,学识渊博,成年后因讨厌僧侣的生活开始四处漂泊。后来他在英国结识了著名的空想社会主义思想家托马斯·莫尔,遂与其成为莫逆之交。由罗马再去英国的路上,他想起应给挚友带一份礼物,可是身无长物,便决定写本小说送给莫尔。他来到莫尔的家里之后,仅用了七天时间就把路途中打的腹稿写了出来,这就是举世闻名的小说《愚人颂》。小说出版后一直很火,被译成几十种文字,在世界各国经久流传。它还引导了另一部世界名著——《乌托邦》的诞生,这部最早描述社会主义美好图景的著作就是作者托马斯·莫尔为答谢伊拉斯谟的《愚人颂》写出来的。这一对好友生前遭遇悲惨,身后英名不朽。人们把文艺复兴时代北欧人文主义泰斗的帽子戴到了伊拉斯谟的头上,还说他的哲学思想改变了欧洲人的精神面貌。事实上,他的教育思想更是惠及了全人类。1987年,欧盟设立了一个高等教育领域的伊拉斯谟奖学金计划,首先让欧盟成员国中的大学生获得了在成员国之间相互交流学习的机会。2004年,又把这个项目扩展成"伊拉斯谟世界计划"(Erasmus Mundus),让欧洲之外其他国家(包括中国在内)的青年学子也能获得到国外交流学习的资助,以促进人类之间的相互理解。

　　我在欧洲的几家博物馆里浏览的时候,看到了生于16世纪晚期的意大利画家卡拉瓦乔的绘画,为他那惊世骇俗的画面所震撼。卡拉瓦乔是个孤儿,为了学习绘画由米兰跑到罗马,曾在多家画坊里打杂。他聪明好学,画技迅速提高,随后便常常代名家捉刀。由于年轻气盛,喜欢争执,在一次争执中他误杀了人,从此成为一个终生都在赎罪的杀人犯画家,最终死在赎罪的路上。他的绘画作品交织着他对人生的怀疑、愤怒、不甘和叹息。其中有一幅名为《手提歌利亚头颅的大卫》的绘画,让当时认识他的观众们都很吃惊。因为大卫手里提着的那颗鲜血淋漓的人头竟是画家本人头部的写真。他在绘画中杀死了自己以示悔罪,却在艺术史上绽放出了生命的异彩。遗憾的是他生前没能利用自己的绘画技巧换来安定的生活,死后所有的作品却都成为价值连城的珍宝。

在阿姆斯特丹，我拜访了荷兰著名画家伦勃朗的故居博物馆，又特意参观了设计前卫的梵高博物馆。生于17世纪初的荷兰画家伦勃朗和生于19世纪中期的荷兰画家梵高相差两百多年，却有着相似的凄苦命运。梵高生前就觉得自己秉承了伦勃朗的气质。不过，他们两人的遭遇并不完全相同。伦勃朗早年出道，却因名画《夜巡》遭人陷害厄运连连，从此陷入贫困以至于丧生。去世后，其作品价格暴涨，《夜巡》成为荷兰的国宝。而梵高压根儿就是个倒霉蛋。他生性拙笨倔强，多次失业失恋，居无定所，缺衣少食。最后穷得卖掉自己的耳朵，以至于开枪自杀。可他去世后作品却火了，就连一幅小小的《向日葵》也能卖得天价。也许是人们觉得这两个人生前遭受了太多委屈的缘故，如今在观看他们的作品时，似乎感到他们的绘画中藏着不屈的灵魂，想要向观者诉说着什么。

在巴黎，有一座建于17世纪晚期的法兰西喜剧院。这座古老的国家剧院是法王路易十四为纪念他最喜欢的喜剧大师莫里哀设立的。300多年来，剧院一直以上演莫里哀的喜剧为主，因而也被称为"莫里哀之家"。这个生于17世纪前期的法国喜剧大师莫里哀原本是个富二代，可他不安于稳定富裕的商家生活，偏偏以扮演戏剧小丑为乐。历经磨难不改初心，遂成为观众喜爱的喜剧之星。他的多部喜剧作品因反封建和反对教会愚弄百姓生前屡遭封杀。他去世后，那些喜剧随着时代的进步逐一解禁，还被翻译成多种文字，在世界各国的舞台上常演不衰。

巴黎先贤祠原是法王路易十五建造的一座大教堂，法国大革命后收归国有，成为法国人纪念历史伟人的圣殿。在巴黎旅行时，我专程到先贤祠的地下墓园拜谒了启蒙运动时代法国最重要的启蒙思想家伏尔泰和卢梭的陵墓。这两位生前的冤家在祠堂里比邻而居，占据了墓园的中心位置。也许是幽默的法国人觉得，真理越辩越明，他们虽死如生，还会在地下争执下去，于是在迁葬时就蓄意让他俩隔门相望，继续争论。其实，这两位思想家虽然都是反抗封建暴政和驱除愚昧的英雄，但出身和性格的差异让他们各显特色。

生于17世纪末期的伏尔泰家境优渥，天赋异禀，少年得志，酷爱自由。由于他在发表的诗歌、小说与小册子中经常讥讽皇室，嘲笑贵族，反抗封建专制，因此成为政府和教会重点打击的对象。他在饱尝了铁窗风味之后选择了流亡生活。但他却能笑对人生的各种厄运，一生不屈不挠，笔耕不辍，在文史哲三大领域里都有卓越建树。尤其是他的小说写得特别逗人。不管你有多烦闷，只要坐下看看他写的故事，一会儿就笑喷了。人们给他戴上了"思想之王"和"精神王子"的桂冠。法国大革命爆发后，伏尔泰成为法国伟人，他的遗骸被迁入巴黎先贤祠受到后人敬仰。

生于18世纪初期的卢梭出生时母亲死于产褥热，尚在幼年时父亲因招惹了官司出逃。他到处流浪，经常过着居无定所、食不果腹、以泪洗面的日子。当他成名成家之后仍不为金钱利禄所屈服，为控诉人类社会中的不公不义，写下了一系列如泣如诉、呼唤民主与自由的专著和小说而成为法国大革命的导引者。这个在人世间无处容身的人死后被奉为法国大革命的思想先驱、启蒙运动的重要代表人物。卢梭的遗体也被迁入巴黎先贤祠与伏尔泰并列安葬。他的雕像上有金字题名——"自由的奠基人"。

生于18世纪后期来自科西嘉的军事家拿破仑幼年贫困，曾自卑自悲，一度总想着自杀。法国大革命让他在炮校学到的枪法和预备当作家的笔法有了用武之地。他曾扯着民主与自由的旗帜，以解放者的身份几乎征服了欧洲。他也曾亲自领导并参与了《民法典》的编制并改革了法国的一些弊政。但他却没能战胜自我膨胀的个性，最终被强大的反法联盟军打败，囚禁于人迹罕至的孤岛郁郁而终。虽然他已身死骨朽，却形影不灭。因为他的故事已经变成各种各样的影视作品和艺术品在世界各地流传。

几年前我到巴塞罗那旅行，见到许多游客密集的观光点都出自同一个建筑师安东尼奥·高迪之手。如巴特罗之家、米拉之家、古埃尔公园和圣家族教堂等景点都让观众惊叹不已，流连忘返。生于19世纪中期的巴塞罗那建筑师高迪才艺卓越，生活简朴，终身不婚，以设计奇异的建筑为乐。因为平时不修边幅，所以出了车祸后被误认为乞丐，送进贫民医院不治而逝。他为这座城市留下了18处建筑物，其中有17处被西班牙列为国家级文物，另有7处被联合国教科文组织列入《世界遗产名录》，以至于让人们把巴塞罗那称为"高迪之城"。

读书是治愚解闷的良药。喜欢读书的人总能遇到各种各样的有趣作家。生于19世纪晚期的英国著名作家毛姆对读书的认识更为深刻，他把阅读当作自己的避难所。因为幼年父母双亡，毛姆跟随吝啬的叔父生活，日子过得极为艰难，所以把书本当成了安顿精神的寓所。通过广泛阅读，他自己也变成了自由的职业作家。他高龄高产，长篇小说、短篇小说、游记、随笔乃至剧本和评论，无不写得跌宕有致，幽默风趣，被译成各种文字畅销世界，成为读者们都喜欢的优秀作家。

正义是人类构建和谐社会的基石。当人们遭受不公待遇时就期待能有个"正义女神"来主持公道。于是古往今来就出现了许许多多追求正义的人。当我随着前人的脚步来寻找正义的时候，碰到一本专门讨论正义的理论著作——《正义论》,立即被书中那严谨而又系统的正义理论给折服了。作者罗尔斯是个生于20世纪初期的美国人。他曾经是个虔诚的基督徒,相信上帝能为人们主持正义。然而在二战中遭遇了种种磨难之后,他开始怀疑那个被奉为人类最慈爱、最公平的上帝压根就不存在。于是,他探古索今,罗列事实,不仅撕下了上帝伪正义的面具,还写下了理论巨著《正义论》,为人们的现实社会生活建构出了系统化的正义理论,因而被誉为伟大的政治哲学家。

以上这些传奇人物的生前身后故事让我们明白,一个人若是想活成一个独特而又优秀的自己,就不要怕遭世人的白眼,不要怕坐冷板凳,不要畏惧权贵势力的打压,更不要为厄运的蹂躏而哭泣,只要能经得住千锤百炼,定会锻造出一个金刚不坏之身,让生命之花常开不败。

我为自己能遇到这些过往的优秀人物而庆幸,特记下他们的嘉言卓行以自砺,也常常利用他们的佳作自娱自乐。虽然我知道自己还不是一个优秀的作者,却也总想着自乐乐人,让朋友们能够共同分享我的喜悦,于是便把我探访到的文化名人们的故事投给了期刊《世界文化》。本书中的这些人物大都曾荣登该刊。只是限于版面,文稿常有言犹未尽之憾。

然而,也正是《世界文化》的编辑们鼓励了我,让我有勇气持续前行。在投稿难,发稿要版费的时代里,我碰到了这家对投稿既有热情回应也有少许稿酬的刊物岂不快乐?!作者一篇篇地投,编者一篇篇地发,甚至有使用化名同期刊出两篇文稿的奇事。这是一种何等的支持与鼓励?!正是这样的正反馈效应激励着我持续地写着,故而有了这个集子。恳请读者朋友不吝赐教,以免让其中的错误和缺陷贻笑大方。

  当这个集子即将付梓的时候，我首先要向支持该书得以面世的孙君健教授致谢！他不仅在百忙之中帮助我审阅了书稿，更定了书名，还为本书的出版事宜花费了巨大精力。若是没有他的热忱支持和帮助，这本书不过是自我消遣的字纸而已。

  我要感谢我的丈夫刘坤太教授、女儿刘珊珊博士和女婿黄晓博士！是他们经常激发我的思考，帮助我从不同的媒介中搜罗资料，并成为本书最早的读者和批评家。若是没有他们的鼓励和支持，这本书将会胎死腹中。

  我要感谢为本书提供图片的摄影家们！为了让本书达到图文并茂的效果，书中使用了200多幅图片。在这些图片中，有些原本是我和家人在旅行途中随手拍下来自赏的。当它们作为书中插图使用时却有不少缺憾，所以又补充了不少图片，并在书后附上图片索引。

  我要感谢本书的总编杨国安教授和责编马博先生！是他们的艰辛劳作最终让这本毛糙的书稿走出了我的书包，以秀丽的面孔走近读者大众。

  当然，我也必须感谢本书的每一位读者！若是没有你们的热情阅读，她将孤寂而终，无法实现其传播文化与分享欢愉阅读的高尚使命。

陈洪澜

2022年5月18日

目 录

1 伊拉斯谟以小说《愚人颂》赢得了世界 /1
　　送给莫尔的礼物——《愚人颂》 /2
　　伊拉斯谟的身世藏在《愚人颂》里 /4
　　为还礼莫尔写下了名著《乌托邦》 /13
　　天才画家给《愚人颂》配上了有趣的插图 /22
　　《愚人颂》的历史魅力 /29

2 奔走在罪罚与神圣之间的杀人犯画家卡拉瓦乔 /33
　　被贴上了多种标签的画家卡拉瓦乔 /35
　　清新的处女作 /36
　　可爱的世俗画 /39
　　饱受争议的宗教画 /43
　　绘画中流出的血腥味 /51
　　卡拉瓦乔逝世400年后又火了 /56

3 凄凉两画家：伦勃朗、梵高和他们的博物馆 /59
　　伦勃朗和他的故居博物馆 /60
　　梵高与他的艺术博物馆 /68

4 喜剧大师莫里哀与他的喜剧 /83
　　猴楼里出生的喜剧小丑 /84
　　流浪艺人中走来了喜剧大师 /86
　　国王给他撑起了保护伞 /88
　　"御用艺术家"的社会担当 /95

他在喜剧中咏叹爱情 /100

讽刺和嘲笑就是他战斗的主要武器 /103

喜剧大师化为不死鸟 /108

5 伏尔泰把微笑当作武器 /113

面对灾祸他一笑而过 /114

浪漫的情史 /116

藏在哲理小说中的嘲笑 /121

笑是最有力的武器 /124

他笑到了最后 /130

6 卢梭的那把不息之火 /133

"大自然塑造了我,然后把模子打碎了" /135

"我的读书癖越受到限制,兴致也越高" /137

"我这颗兴奋起来的心所更渴望的是爱情" /139

"我是为音乐而生的" /142

"金钱金钱,烦恼根源!" /144

"人生而自由,却无往不在枷锁之中" /147

"卢梭将永远是原来那个卢梭" /151

7 拿破仑是救世主还是魔鬼 /159

拿破仑的艺术情愫 /160

在西方绘画中看到的拿破仑 /177

在雕塑艺术品中看到的拿破仑 /203

在法国钱币上看到的拿破仑 /227

在徽章艺术中看到的拿破仑 /245

三座不同的奥斯特里茨金字塔式纪念碑 /270

8 建筑大师高迪与"高迪之城" /281

巴特罗之家 /284

米拉之家　/287

　　　古埃尔公园　/290

　　　圣家族教堂　/299

9　追着月亮走的作家毛姆　/305

　　　毛姆将阅读当作自己的避难所　/306

　　　毛姆追着月亮走　/310

　　　毛姆的短篇小说如风味独特的小吃　/313

　　　毛姆的长篇小说似滋味悠长的硬菜　/316

　　　在毛姆的传记中品味人生　/319

10　寻找正义的思想家罗尔斯和他的《正义论》　/323

　　　在寻找正义的道路上罗尔斯来了　/326

　　　罗尔斯在寻找上帝的旅途中迷茫了　/327

　　　罗尔斯在学术的丛林里上下求索　/330

　　　罗尔斯写下了巨著《正义论》　/334

　　　"罗尔斯的秘密"被发现了　/337

参考文献索引　/342

图片索引　/350

1

伊拉斯谟以小说《愚人颂》赢得了世界

文艺复兴时期，有一位贫穷的荷兰学者伊拉斯谟想给英国的好友送一份礼物，可是他身无长物，便给这位朋友写了一本小说。后来他又遇到一个德国的天才画家为这本小说配上了插图。从此这三个人由这本书而结缘，让他们纯真的友谊和伟大的品格在世界文化史上流传了五百多年，还将继续流传下去。

送给莫尔的礼物——《愚人颂》

伊拉斯谟离开罗马前往英国。他骑在马背上，嘚嘚的马蹄声犹如戏曲中的梆板不疾不徐地敲打着地面，往事也像故事大片似的在脑海里一幕幕地回放着。就这样走着走着，一部完整的书稿在他的心里孕育出来了。

确切地说，这一天是1508年6月9日，伊拉斯谟开始穿越阿尔卑斯山。天清气朗，阳光明媚。四周绿树葱茏，野花遍地，空气显得格外新鲜，他有一种心灵放飞的愉悦。此时此刻，他多么渴望能与远在英国伦敦的挚友莫尔分享眼前的美景，有许多话涌在嘴边，他想立即就对托马斯·莫尔（1478—1535年）说一说。这种迫不及待的感觉让他停下来，写了一封信：

> 亲爱的莫尔，你就是他们当中最先浮现在我脑海里的人。从咱们两人离别以来，我每一想起你便不禁乐由衷生，一如当年与你聚首一堂时那样。我发誓，我一生中乐莫大于与你交往。也正因为这样，我以为自己在这方面应能做点什么，无奈时不我与，难以对问题作认真严肃的思考，所以我写《愚人颂》以自娱。你完全有理由提问：雅典娜女神到底是怎样把这个念头塞进你的脑袋瓜的？首先，是因为你姓莫尔（More），这个词与希腊词"愚人"（moria）相似得近在咫尺，可与你的实际情况却又远在天

1 伊拉斯谟以小说《愚人颂》赢得了世界

涯。大家也都认为,你与其相距之遥,真有天壤之别。所以我觉得,对我这种趣味横生的妙语,谁也不会像你夸奖得那样好。

仅从这封信中就可以看出,伊拉斯谟该是有怎样强的自信心。虽然他的《愚人颂》还仅仅是一部腹稿,他就敢断定他的朋友莫尔一定会喜欢这本书,并且还想象出了莫尔将会怎样夸奖它。当然,他也说出了其中的理由:

> 因为你时常以这类玩笑为乐。也就是说,要是我没有弄错,这完全是些不乏学识与风趣的妙语。实际上你是喜欢在我们共同寄迹的世间扮演德谟克利特的角色的。你的才智敏锐而又新颖,使你无法不与平庸之辈持迥然不同的意见。但你的举止与风度却又如此友善而又和蔼可亲,使你拥有稀世的天赋之才,能与任何时期所有的人融洽相处,共享生活。而且我确信,你会十分高兴地把我这篇微不足道的陈言,视为你朋友的一篇"纪念品"并愿进而为其辩护。它是献给你的,自今而后也就属于你的,不是我的。

其实,他在酝酿这部书稿的时候,除了想到莫尔会喜欢它之外,也考虑到了将会受到基督教会的批评与指责。他说:

> 当今之世,人们的耳朵格外敏感,实际上除了捧场话之外,别的全听不进去,这使我不胜惊异。此外,你还会发现,许多人的宗教意识受到严重的歪曲,以致他们觉得对基督的最严重的亵渎可忍,而对教皇或君主开点轻微的玩笑反而不可忍,尤其是"事关他们的日常生计"时更是如此。不指名道姓,批评世事人生——我想问问你,这看上去该算是讽刺呢,还是告诫和劝说呢?再说,难道我没有多次对自己进行自我批评吗?还有,如果讽刺把各

种类型的人全都囊括进去,那就显然是在谴责所有邪恶,而不是针对任何个人。

由此可知,伊拉斯谟要写这本书的目的,是要"谴责所有邪恶",他已经做好了接受指责的心理准备,并且还相信他的朋友莫尔这个"举世无双的辩护人"一定会替他辩护。

伊拉斯谟越过万水千山终于来到了英国。他一到伦敦就钻进了莫尔的乡村别墅里,整天不出门,也不约见别的朋友,只是趴在书桌上写呀,写呀。七天时间过去了,他便把路途中的所思所想全都写了下来,遂将这本送给莫尔的礼物——《愚人颂》捧了出来。

伊拉斯谟的身世藏在《愚人颂》里

《愚人颂》的作者伊拉斯谟是一位荷兰人。他的出身有些诡秘,史籍中对他身世的记载语焉不详。过去学界称他为"鹿特丹的伊拉斯谟"。事实上,人们对于他的父母以及早年的生活状况并不清楚。伊拉斯谟在世的时候人们也常常问及他的家世,他很少给予正面的回答。他在这本讽刺体小说《愚人颂》中塑造了一个愚夫人。通过愚夫人的嘴,暗喻"我"的来历是个费猜的难题。他在第七段使用了大量的希腊神话来调侃"我"的出身:

> 在缪斯的帮助下,我打算向你们说明我的出身,因为知道的人并不多。卡俄斯、俄耳库斯、萨图恩、伊阿珀托斯以及其他过时老朽的众神都不是我的父亲,但本身就是丰饶财富之神普路托斯,却是"众神与众人的唯一生父",不管荷马和赫西奥德甚至朱庇特会说些什么。他只需点一点头,今天也和过去一样,所有的东西无论是神圣的还是世俗的,全都被搅得颠倒倾覆,乱七八糟。

在古希腊的神话里,辨别众神的身份是高贵还是低贱,取决于哪位神灵生了他,他是从头脑里生出来的、两肋中生出来的或是从大腿下边生出来的。这些神话故事隐喻着人类社会中人们生而不平等的身份差异。在第八段,伊拉斯谟写道:

> 今天一般人将婴孩堕地时最初发出哇哇声的地点,视为判断一个人高贵出身的事关紧要的依据,所以如果你们想要知道我的出生地,我要奉告的是,我不是出生于提洛斯浮岛,不是出生于波涛万顷的海疆,也不是出生于"空洞穴",而是出生于福岛,岛上"无需播种,无需耕种"而万物俱生。……所以我不是以啼哭来开始人生,而是迎着我母亲甜蜜地微笑。

在第十一段,伊拉斯谟借着愚夫人的嘴说:

> 我问你,神或者人是从哪里生下来的?从头部、脸上、胸膛、手或耳朵?从所有这些被认为是体面的身体部位?不,不是这样。繁殖人类的器官真不像话,一说出口就会引人发笑。这里有一道真正的圣泉,万物的起源皆由此出,而不是出自毕达哥拉斯的四元数。请告诉我,一个人若是按照聪明人的常规行事,先估量出生活道路上有何不利之处,这一来还有谁愿意作茧自缚,让婚姻生活的缰绳套住脖子呢?或者,要是一个女人懂得或充分考虑到生儿的痛苦和危险,以及教育儿女的诸多辛劳困苦,还有什么妇女愿意找个男人呢?因此,如果你们把自己的存在归功于婚姻,婚姻生活这个事实则归功于狂热,归功于我的侍女 Anoia,由此可以看出,实际上你们大都归功于我。一个妇女一旦有此经验,如果我的侍女"遗忘"不用神力帮助她忘记这一切,难道她还愿意重蹈覆辙吗?

伊斯拉谟笔下的愚夫人在《愚人颂》的前半部里一直在喋喋不休地介绍着自己的来历。这些看似疯疯癫癫、唠唠叨叨的闲扯中实则深藏着作者个人身世的难言之隐。

伊拉斯谟写作《愚人颂》的时候在欧洲学界已经是个大名人了,无论是在巴黎、罗马或者是伦敦,他所到之处都有许多人追逐他。粉丝之中并不乏青年学者、王公贵族,甚至有国王和教皇也在召唤他。人们的好奇心越来越强烈,伊拉斯谟从哪里来?到哪里去?他的家在哪里?他的父母是谁?他经常都要面对这样的征询。

直到20世纪初期,为伊拉斯谟写传记的荷兰学者约翰·赫伊津哈费了许多周折去考察,才得到了一点儿模糊的说法。伊拉斯谟的原名叫赫里特·赫拉德,1466年10月27日生于荷兰豪达。父亲罗歇·赫拉德是一位天主教神父,母亲玛嘉丽塔是一个外科医生的女儿。按照当时天主教会的教规,神父是不能结婚的。因此,伊拉斯谟便是一个不该出生的私生子。在传统社会的习俗里,特别是在天主教的教规中,非婚生育出的孩子是被羞辱的对象。于是,伊拉斯谟的这个身份像一团永久驱不散的阴霾笼罩了他的终生,让他的生存与前程都受到了严重的阻碍。他身材瘦小,面孔苍白,体魄羸弱,可能就是幼年缺乏父母照顾的缘故。

图1-1 伊拉斯谟雕像

伊拉斯谟早年的生活乏善可陈。他从小被放置在修道院里，曾在豪达的拉丁文学校及德芬特的共济兄弟会学校读过书。史家曾称他为"鹿特丹的伊拉斯谟"，据研究者考证，伊拉斯谟在鹿特丹的教会学校大约读过4年小学，此后再也没有到过鹿特丹。可能是鹿特丹人特别喜欢这位文化名人，不仅认他为同乡，并且还为他建造了一系列的纪念物，如伊拉斯谟雕像、伊拉斯谟桥、伊拉斯谟医院、伊拉斯谟体育馆，还设立了以伊拉斯谟命名的伊拉斯谟大学等。

伊拉斯谟自幼年起就是一个孤单的人。非婚生子的身份让他从小就不能像正常家庭的孩子们那样享受到家庭之爱。1483年，欧洲流行黑死病，伊拉斯谟的父母都在瘟疫中去世了，于是他成了无根的浮萍，生活从此无望。18岁时他在监护人的哄骗与逼迫下进入豪达斯泰因修道院当了奥古斯丁会的修士。修士就是出家的僧侣。按照天主教的教规，要求修士发誓，绝色、绝财、绝意，终身不娶，侍奉天主，每日必须在修道院里学习和劳动。根据苦修的传统，要求修士们按期禁食，晚上睡在冰冷的地面上是赎罪的一种惯常方式。修院还禁止修士们出门与外界接触，甚至修士之间也禁止语言交谈，必要时仅允许使用耳语或手势。1492年，伊拉斯谟被晋升为神父。然而，这段苦难的岁月让他对宗教的圣职完全失去了兴趣，他常常泡在修院的古典文献里打发日子。

伊拉斯谟聪明好学，十几岁时就能用拉丁文写出漂亮的诗文。在中世纪的时候，由罗马帝国在欧洲推行的通用拉丁语随着帝国的消亡早已衰微。可是罗马教廷却仍然要求天主教的神职人员把拉丁语作为正式会议和礼拜仪式上必须使用的语言。而欧洲的学者们要研读古代文献若离开了拉丁语也无法打开过去的文化宝库。所以，伊拉斯谟因熟练地掌握了拉丁语而受到了勃艮第王国康布雷教区主教贝尔根亲王亨利的赏识，被这位主教任命为自己的拉丁语秘书。这使伊拉斯谟绝处逢生,得以脱离修会的幽闭并游学于欧洲的许多著名城市。1493年,他在亨利主教的帮助下到巴黎大学研读神学和古典文学。

伊拉斯谟离开荷兰来到法国,求学初期的日子十分难熬。那时巴黎大学的迂腐学风和无聊说教让他无法忍受,加之恶劣的食宿使他患上了严重的肾病而濒临死亡,他一度不得不休学。

1497年,伊拉斯谟的健康有了好转。他渴望独立、渴望自由、渴望有尊严地活着,便积极地寻找生存的出路。他先是给富家子弟做家教,随后又自编教材、招收学生,用独特的教育方法指导学生。他那渊博精到的学识、幽默风味的语言和宽厚仁慈的性格深得学生们的喜欢,名气越来越大。他不仅吸引了不少贵族子弟来求学,甚至还给王子当过家教,再后来还受聘在英国剑桥大学和比利时鲁汶大学担任客座教授。他编写的教材多种多样,既有拉丁文作文基础、拉丁文短语、拉丁文句法、拉丁文会话、通俗口语等语言方面的内容,也有论基督教王子的教育、论正确的教育方法、论少年早期的自由教育、论儿童启蒙完全教育等教育理论方面的内容。后来这些东西经过整理和充实都变成了正规出版物,使他成为名副其实的教育家。如今在他留下来的著作目录中,我们还能看到《论男孩的礼貌教育》《论儿童的自由教育》《论儿童的成长和教育》《丰富多样的语言》《论学习方法》《常用通俗语手册》《格言集》《寓言集》《对话集》《基督教君主的教育》《基督徒军人之手册》《和平的抱怨》《知己谈话录》《西赛罗》《书信指南》等涉及领域极为广泛的成果。特别是他通过收录欧洲各国历代流传下来的格言编写出来的《古代格言》(又称《古谚集》或《箴言集》)影响最大,曾被译成欧洲的多种文字,在作者生前就再版了60多次。甚至当今欧洲人常用的古代格言,大多都出自这本书。随着这些作品的不断传播,伊拉斯谟成了整个欧洲的知名学者和作家。欧洲各地的学者、社会名流和王公贵族都把与他交往看作是一种荣耀。

伊拉斯谟被后人称为"伟大的国际学者"和"公共知识分子"。事实上,他是一位孤苦无依的流浪学者。他没有亲人,没有财产,四海为家,到处漂泊,像蜜蜂追逐鲜花那样追逐学问。只要是有新思想、新文化、新知识的地方都是他旅居的地点。巴黎、鲁汶、巴塞尔、罗马、都灵、伦敦、剑桥、弗莱堡等地都留下了他的足迹。伊拉斯谟善于思考、勤于写作。他一生中写下了100多本书和3000多封书信。这些作品不仅成就了他自己的人生,并且对于人类社会文化的进步也发挥了重要的作用。

伊拉斯谟著作等身,其最杰出的成就是对《圣经》的整理和翻译。他的人文主义思想和大量的神学著作成为16世纪酝酿宗教改革运动的酵素。虽然后来我们在史籍中见到的欧洲宗教改革领袖是马丁·路德、慈运理、约翰·加尔文与门诺·西门斯等人,根本见不到伊拉斯谟的影子,并且在欧洲宗教改革运动的后期他饱受争议,甚至被许多人诟病。但是,无论是改革派还是守旧派都无法低估他的影响力,有许多人还把他看成是宗教改革的始作俑者。

伊拉斯谟自幼在修道院里长大。他当过修士,当过神父,当过主教的秘书,曾在意大利都灵大学获得了神学博士学位,并在罗马教廷得到了神学教授的荣誉职位,多次应答罗马教皇的垂询,其神学造诣在当时的欧洲无人匹敌。但是,修士会的修士们却很妒忌他,说他破坏教会规矩,不穿修士服装,甚至攻击他叛教。他回答说,基督居住在每一个地方,只要内心忠诚,无论穿什么衣服都可以在信仰上得到成就。他对基督教流传过程中出现的各种弊端、僵死的管理制度、上层圣职人员盘剥教众的腐败现象都有深刻的认识和切肤之痛。他曾把自己的修院生活说成是"落在田野里的鱼"和"掉在大海里的牛",真是无奈极了。他认为当时的教会已把信仰变成了一种僵死的仪式:信仰整体放在外在的事物上,每天为了仪式的缘故,把男孩鞭笞致死。因而他深恶痛绝,他的心灵深处也植入了改变宗教制度的强烈愿望。

伊拉斯谟曾利用自己的学识和交际能力与教会上层人物周旋以改善自身的艰难处境。经过他的申请与辩解,教皇朱利安二世在1506年为他颁发了一道特许令,取消了他的私生子身份限制,允许他自由更换衣着。这预示着他逐渐脱离修士的道路成为一个自食其力的俗世学者。1517年,他又得到了教皇利奥十世的特许令,免除他因违反奥古斯丁会会规而受到的责罚,并允许他自由居住和自由穿着入世的教士服。当时英国教会还在伦敦的圣斯蒂芬教堂里为旅居的伊拉斯谟举行了教皇利奥十世的赦免礼,以驱散他在社会生活中所遭遇的各种噩梦。

但是,伊拉斯谟并不满足个人所得到的小恩小惠。他认为信仰上帝的人都应该得到幸福。而要让更多的教众摆脱教会的严酷控制,就得从根本上对教会进行改革。而要纠正教会的各种弊病,最重要的是应掌握和普及基督教义的真谛,让广大教徒能够自己诵读《圣经》。而要让人们都能诵读《圣经》,则需要纠正长期以来那些以传教为业的人对《圣经》的各种曲解,首先整理、校订出一本正确、严谨的《圣经》,然后以此为据,将其翻译成各种文字。

他凭借着自己熟练的希腊文和拉丁文功力,把古老的希伯来文版《圣经》作了翻译和注释,于1517年写成了双语版《圣经》。他在序言中说:

> 我深愿每一位妇女都能够诵读福音书和保罗的书信。我愿《圣经》能翻译成每种文字,以至不仅苏格兰人和爱尔兰人,连土耳其人和回教徒,也能读了领悟……愿扶犁而耕的农夫能引用《圣经》,织布者在机杼声中能吟诵经文,行旅能以《圣经》故事消减旅途的辛劳。

伊拉斯谟遂将这本新出版的希腊文和拉丁文双语《圣经》献给

罗马教皇利奥十世,受到了教皇的高度称赞。同时这本新版《圣经》也在欧洲产生了重大影响。尤其是德国的宗教改革领袖马丁·路德就依据伊拉斯谟的这本双语《圣经》翻译出了德语版《圣经》,在宗教改革运动中发挥了重要的作用。

　　但是,伊拉斯谟是个和平主义者。他始终秉持和谐、和善与和平的思想,极度厌恶纷争和战争。他似乎也缺乏挺身而出的勇气。这时候,德国的神学教授马丁·路德首先站了出来,揭露教会向教徒兜售"赎罪券"以赎罪的行为纯属骗局。1517年10月31日,路德在维腾贝格大学教堂大门上粘贴了《九十五条论纲》,一场席卷欧洲的宗教改革运动的大幕被拉开了。运动初期,路德曾把伊拉斯谟当作引路人,希望能得到他的指导。伊拉斯谟也非常支持路德,他还把路德的这份檄文当即抄送给了英国的好友莫尔和科雷特,并大加赞赏。可是,不久宗教改革运动迅速激化,遂演变为武力争斗,教会开始分裂。马丁·路德和他的弟子托马斯·闵采尔于1521年发表了《布拉格宣言》,主张用武力改进社会,并组织了萨克森和图林根的农民起义。宗教战争打响了。1525年5月16日,闵采尔在弗兰肯豪森战役中被俘,5月27日被斩首,时局日益严重起来。伊拉斯谟反对路德以暴制暴的方法,先后写下了《论自由意志》《和平之控诉》《论教会的和谐》《未经战乱者的无知》等文章表明他反对战乱的态度。可是罗马教廷则指控他是路德动乱的祸端,欧洲的一些学者和宗教上层人士也指责伊拉斯谟是路德宗教改革的开路先锋,认为路德是伊拉斯谟"下的蛋孵出来的"。伊拉斯谟辩解说:"不错,但是我下的这个蛋是只母鸡,然而路德却孵出了只斗鸡。"而路德则嘲笑伊拉斯谟是个胆小懦弱的和平主义者,贪图安逸,甚至还责骂他不过是只"呱呱叫的癞蛤蟆"。

　　伊拉斯谟原希望通过改革能清除教会内部的积弊,重新审定教规、教义并清除教会中无知、腐败和贪婪的神职人员,却没有料到这次改革竟然导致了天主教会的分裂和路德新教的产生,并且引发了社会动荡与宗教战争,内心十分不安。由于他曾经支持和保护路德,罗马教廷一度解除了他的教授职位,撕毁了他的画像,还把他的全部著作列入《禁书目录》。他先后被迫迁居德国的科隆和瑞士的巴塞尔,晚年过着落寂的日子。当他得知英国的挚友莫尔因与亨利八世结怨惨遭斩首,他终究被伤感击垮了。1536年7月11日,伊拉斯谟在巴塞尔告别了这个让他难以容身、无以安心的无情世界,终年70岁。

图1-2 伊拉斯谟肖像

但是历史也有温情的一面,它用时间辨别是非、见证善恶,常常让那些真诚、善良、高尚的人精神不死。伊拉斯谟去世后,人们一直都没有忘记他。后来的学者们还在他的头上放了许多顶桂冠:人文主义的泰斗、人文主义思想家、西方的明灯、文艺复兴的纪念碑、最伟大的哲学家兼神学家、圣经学者、教育学家、科学之王、文学家、语言学家、抒情文学的奠基者、天主教改革的思想家和活动家……由此可知一个人的成败并不是一时一世就能够定论的。

为还礼莫尔写下了名著《乌托邦》

莫尔是谁？为什么伊拉斯谟无论走到哪里心里总是想着莫尔？这说起来话就长了。伊拉斯谟与莫尔的知遇很像中国古代的俞伯牙与钟子期，他们都是世上稀有的知音者。

伊拉斯谟与莫尔相识于1499年5月。那时候他刚过而立之年，由于在巴黎办私学有了名气，受到学生威廉·布朗特男爵的邀请到英国旅行。当时欧洲南部的文艺复兴大潮已经涌进了西北的这个岛国。英国新文化代表人物约翰·科利特在伦敦创立了一个社团，利用演讲、授课、写作等方式传播人文主义。一些崇尚新思想的年轻人如莫尔、托马斯·里奈克尔和威廉·格罗森等人都是这个社团的主干。伊拉斯谟一到伦敦就成了科利特的追随者。于是，就在科利特举行的一次午宴上伊拉斯谟与莫尔相遇了。两个才华横溢的年轻人一见如故，都被对方的优雅举止和风趣谈吐吸引了。这一年伊拉斯谟33岁，莫尔22岁，相投的志趣，契合的理想，使他们从此结下了终生不渝的友谊。

若是从家境上说，莫尔与伊拉斯谟相比真是太优越了。莫尔的父亲约翰·莫尔时任英国皇家高等法院的法官。莫尔天资聪明，从小受到良好的教育。先在牛津大学学习古典文学，还未毕业又按照父亲的愿望转入林肯法学院攻读法律。出身的悬殊不仅没有妨碍他们的友谊，莫尔还经常在生活上给伊拉斯谟提供各种便利，伊拉斯谟也成了莫尔家的常客。

莫尔因为父亲的缘故，毕业后就在伦敦当了律师。他学识渊博，正直善辩，很快在伦敦崭露头角，1504年就被选为下院议员开始了他的政治生涯。不久却因反对国王亨利七世为公主婚礼和已死的皇太子晋爵士礼向议院索要补助金而一度离开政界。亨利七世于1509年过世,他18岁的王子亨利八世即位后莫尔重返政坛。

莫尔是一位慷慨大气而又幽默风趣的朋友。从1519年7月23日伊拉斯谟写给德国人文主义作家胡腾的信中对莫尔的介绍可知,他对莫尔的了解是全方位的。他将自己比作一个蹩脚的画家,描述了莫尔的身材、长相、家世、家人、日常饮食、穿戴喜好等方面的情况,还介绍了莫尔与他的两个继母、结发妻以及在妻子去世后所娶的寡妇妻子之间罕见的和谐关系,甚至连莫尔家里豢养的宠物也十分熟悉。最难得的是说他们在心灵上的默契。伊拉斯谟了解莫尔读过什么书,喜欢什么历史人物,自幼年以来都写过什么东西,对待职业如何尽责,如何为客户打官司争取权益,当了高官如何解决国家与国际上的纷争,怎样结交和善待朋友,等等。伊拉斯谟给胡腾的这封信写得特别长,但却说因为他所介绍的这个人特别优秀,断定读信的人绝不会乏味。

伊拉斯谟是一个旅行家,走过许多路,见过各种人。因而他断定他的朋友莫尔是一个世不多出的天才,认为莫尔的历史魅力将超过亚历山大和荷马史诗中的英雄阿基利。在他看来,这二人也不比莫尔更值得名垂千古。伊拉斯谟还在信中对胡腾说,他写《愚人颂》的起因就是缘于莫尔。

年轻的莫尔写过短喜剧,也参加过表演。妙语警言,哪怕是拿他当靶子的,他也一样欣赏,他是如此醉心于饶有风趣的聪明谈吐。因此他少年时代写过一些警句诗,且特别爱好琉善的作品。导致伊拉斯谟写成《愚人颂》的也正是他,这等于要骆驼跳舞啦。

伊拉斯谟没有吹牛,他的挚友莫尔后来果然"名垂千古"。成就莫尔英名的主要事迹有两件。其一是莫尔写下了千古不朽的名著《乌托邦》,其二是莫尔为了捍卫自己的良心成为英国历史上首位被国王砍掉了头的作家和大法官。

1514年,莫尔受封爵士。他多次代表英王出使国外调解国家之间的争端。出使国外既让莫尔扩展了见闻,也为《乌托邦》的写作提供了一些素材,同时也让莫尔摆脱了一些日常的杂务而有了写作的时间。

1516年,莫尔的《乌托邦》出版了。这本书比伊拉斯谟1511年正式出版的《愚人颂》晚了5年。该书是采用三人对话的方式写成的。这与伊拉斯谟采用愚人演讲方式写成的《愚人颂》在写作风格上有异曲同工之妙。按照莫尔自己的说法,他的《乌托邦》就是为答谢伊拉斯谟而写的。当然,他写作该书的政治目的也是很明确的,即通过揭露社会弊端号召读者们共同来改变当时不公正的社会。彼时的莫尔已经当了多年的律师与法官,他目睹了社会上诸多的不公和黑暗,他对法律的公正已经不抱什么希望。如他在书中所言:"除非你们医治这些弊病,光是夸口你们如何执法处罚盗窃犯,那是无用的。这样的执法,表面好看,实则不公正,不收效。"所以,他写下了《乌托邦》,希望医治社会的病症。

《乌托邦》的全称是《关于最完美的国家制度和乌托邦新岛的既有益又有趣的金书》,简称《乌托邦》。《乌托邦》第一部的内容就是针砭英国的时弊。那时候,新航路刚刚开辟,莫尔在书中塑造了一个海上旅行家拉斐尔·希斯拉德这个广闻博见的人物,通过拉斐尔的慧眼来讲述自己的发现,借助拉斐尔之口来揭露英国封建君主制度下的种种不公和黑暗。拉斐尔说:

> 有大批贵族,这些人像雄蜂一样,一事不做,靠别人的劳动养活自己。

拉斐尔还说:

> 你们的羊……一向是那么驯服,那么容易喂饱,据说现在变得很贪婪、很凶蛮,以至于吃人,并把你们的田地、家园和城市蹂躏成废墟。全国各处,凡出产最精致贵重的羊毛的,无不有贵族豪绅,以及天知道什么圣人之流的

一些主教,觉得祖传地产上惯例的岁租年金不能满足他们了。他们过着闲适奢侈的生活,对国家丝毫无补,觉得不够,还横下一条心要对它造成严重的危害。他们使所有的地耕种不成,把每寸土都围起来做牧场,房屋和城镇给毁掉了,只留下教堂当作羊栏。

书中的故事先从拉斐尔指责英国执法者不该使用绞刑惩办盗窃犯说起。他认为,盗窃犯屡绞不绝,都是不合理的封建制度和疯狂的圈地运动造成的。根源就是王公贵族把那些失去土地的人变成了盗窃犯。他还指出,执法者对盗窃犯实施绞刑是不合法的行为。况且,"幸运给我们的全部财富全都比不上人的性命宝贵"。由此说开,通过他们的对话,将英国的国王、贵族与新生资产阶级残酷压榨和掠夺人民的各种丑行逐一揭露出来了。

在《乌托邦》第二部里,写的是拉斐尔·希斯拉德关于某一个国家理想盛世的谈话,由伦敦公民行政司法长官托马斯·莫尔转述。

拉斐尔讲述了自己在南部沿海旅行时发现的一个理想生活的岛国。这里如同中国古代的桃花源那样,十分富饶美丽。岛民们无论男女都以务农为业。他们各有手艺,分工合理,尊老爱幼,相互支撑。没有闲人,没有强制,没有剥削,没有私有制,没有穷人,没有乞丐,共同富裕,和谐安乐。教育、科学、宗教、法律、文化艺术等一切合情合理,井然有序,繁荣昌盛。

乌托邦人认为:自然鼓励我们过舒适的亦即快乐的生活,作为我们全部行为的目标。乌托邦人把德行解释为遵循自然的指示而生活。因此,自然号召人人相互帮助以达到更加愉快的生活。

莫尔完成了《乌托邦》之后,期望它能产生积极的社会影响。期望它能对上层社会的国王和大臣们有所启发,以改善他们对社会的不良管理。也更加期待好友伊拉斯谟的赞赏。但他也考虑到可能遭到的反对。莫尔给伊拉斯谟写信说：

> 我颇为希望他们也会喜欢我们的著作，这是我真诚的心愿。如果他们的鸿运使得他们产生相反的看法，只要你一人表示赞成，就是对我的见解的充分有力的支持。我认为我们两人代表着大群人，我想你我会在任何孤独环境中共同愉快地生活。

莫尔笔下的乌托邦岛国阳光明媚，鸟语花香，一派生机盎然。这种田园牧歌般的和美生活立即就吸引了欧洲人的眼球。《乌托邦》一面世，好评如潮，大有洛阳纸贵的势头。莫尔的愿望实现了。他时时都想让远在比利时的伊拉斯谟分享他的快乐，就不断地给伊拉斯谟写信。如1516年12月4日莫尔在致伊拉斯谟的信中曾描述了他听到好评后的喜悦心情，以至于让他眼前出现了幻象：

> 我的乌托邦国民已经推举我做他们的永恒君主。我仿佛已经庄严地向前走去，头戴麦草编成的王冠，身上的圣芳济修道士袈裟引人注目，手拿谷穗做的节杖，我周围是一群亚马乌罗提城的达官贵人……我这个美梦还沉沉未醒，可是升起的曙光把它驱散，我从王位上被赶下来了，我回到自己的禁闭室里，就是说，回到我的法律事务中。

伊拉斯谟果然也非常喜欢《乌托邦》，并且不断地写信向他的朋友们推荐这本书。如在1517年2月24日伊拉斯谟写给科普的信中，他这样说：

> 任何时候你想消遣一阵，或不如说，想了解一个国家的几乎全部罪恶的根源，如果你还不曾读过莫尔的《乌托邦》的话，那么，想法子把这本书弄到手。

莫尔似乎把这本书看成是他与伊拉斯谟两个人共同的孩子，总是说"我们的乌托邦"。有的读者也从写作风格与语言方面的近似把它看成是两人合作的成果。但伊拉斯谟却非常清醒,他虽然可以与朋友共同分享该书带来的快乐,却不肯窃取莫尔的名声。他在1517年3月1日致莫尔的信中说:

> 不久前我曾托人寄上信札一束以及《乌托邦》副本一册,据捎信人自称,他是你的好友……我发出写给马利安纳斯的信,因为他怀疑《乌托邦》第一部是我的作品。这种想法愚蠢到极点了,我不能让它发展下去……请尽快寄下你修订过的《乌托邦》,我们将把这个副本送注巴塞尔城,或者如果你愿意的话,送注巴黎。

1517年3月8日,伊拉斯谟在写给莫尔的信中又说:

> 把《乌托邦》越快寄来越好。安特卫普城有一位参议员很喜欢这本书,已经把它背熟。

由于喜欢《乌托邦》的读者太多,1516年在比利时鲁汶首次出版的《乌托邦》很快销售一空。当时伊拉斯谟正在鲁汶大学任教,负责《乌托邦》的印刷、校对和出版等工作。他发现书中除了要求莫尔修改的地方之外,印刷方面也有些瑕疵,便决定到巴黎再版。尽管1517年在巴黎再版的《乌托邦》很快也销完了,伊拉斯谟对巴黎出版商的质量还是不满意。于是他就找到为自己出版《愚人颂》的巴塞尔的朋友福罗本帮忙,在1518年3月和11月接连出了两版《乌托邦》。据版本研究者称,这是《乌托邦》所有版本中最好的两个本子。《乌托邦》原用拉丁文写成,后来被译为英文、法文、意大利文、俄文与中文等多种文字,传遍了世界的各个地方。

读了《乌托邦》的人都对这个岛国充满了好奇和向往。乌托邦在哪里?"乌托邦"这个词是莫尔依据希腊语 Utopia 虚造出来的,其意是"无有之乡",即空想出来的。因此后人称莫尔的乌托邦为"空想社会主义",也译为"乌托邦社会主义"。19世纪时这本书就成了以欧文、圣西门和傅立叶等空想社会主义者的思想来源。空想社会主义后来又成为以马克思、恩格斯、列宁为代表的科学社会主义思想的来源之一。当下研究社会主义或共产主义思想与理论的学者往往都要从莫尔的《乌托邦》说起。时间已经过去了500多年,莫尔批判的社会弊病仍然没有根除,我们就知道莫尔的《乌托邦》仍然有旺盛的生命力,从而确信,说莫尔能"名垂千古"不是吹牛。

莫尔之死在世界思想史与文化史上是一桩颇有争议的怪事。根据记载,导致莫尔被英王亨利八世砍头的事件有两个,一是反对亨利八世离婚,二是反对亨利八世的宗教改革。这让许多学者感到困惑,如此英明的莫尔怎么会是个顽固的守旧派呢?还有人说,作为臣子的莫尔何必为国王的婚姻而冒上,放着大法官不当却为着什么良心而赴死,难道良心比生命还重要吗?

拨开历史的尘土,就有可能迫近真相。亨利八世生于1491年,比莫尔小13岁。他在继位之前是个聪明好学的青年,十分仰慕莫尔与伊拉斯谟的才学。亨利即位之后就一直想把莫尔召进王宫为自己服务。在很多人眼里,这可是个难得的晋升之阶。然而,莫尔却以各种理由多次推辞。他认为,一个真正的学者服务于国王比当奴隶好不到哪儿去,那里唯一可行的就是虚伪和谄媚,好人是活不长的。如今在莫尔与伊拉斯谟的通信中还可以看到他们对进宫任职的讨论。从政治学的角度上说,莫尔承认,学者应通过各种实际的办法对现状加以改善。如果学者不向国王提出好的建议,情况就会更糟。直到1517年8月,莫尔最终接受了亨利八世的任命,开始为英王效力。

莫尔在亨利八世身边服务了14年。由王室秘书、王室请愿裁判长、枢密院顾问官、副财政大臣、下议院议长、兰开斯特公国首相直至升任大法官,达到了权力的最顶端。家人与朋友们看到亨利对莫尔是十分亲切,有时到府上问候,有时还拥抱亲吻。可是,莫尔却不这样认为。因为他多年来参与国家事务,看到了亨利国王怎样压榨、盘剥人民,怎样发动英法战争,怎样与西班牙解除盟约并攻打西班牙;也看到了亨利国王与重臣们怎样利用媾和、赋税、苛役、严刑与峻法等手段维持他那残酷的统治。当莫尔看透了亨利的虚假面目之后,他再也不能保持内心的平静。1527年,以亨利八世的离婚案为突破点,莫尔与英王之间"和谐"的君臣关系被揭穿了。

亨利在英国史上是个见异思迁的好色之徒,履行过正式婚姻程式的妻子有6个。在亨利的这些结婚与离婚案中,除莫尔外还有不少人为此也掉了脑袋。亨利的首任妻子凯瑟琳是西班牙公主、哥哥阿瑟的遗孀。按天主教教规,弟不得娶嫂。可他的父亲亨利七世与凯瑟琳的母亲伊莎贝拉一世为了维持两国的同盟关系特奏请罗马教皇恩准,通过发布训令才定下了这门亲事。然而,亨利在1526年爱上了凯瑟琳王后的侍女安妮·波琳,致使她有了身孕,于是提出与凯瑟琳离婚。他的离婚要求不仅被教皇拒绝,大法官莫尔至死也不肯在离婚文件上签字。

莫尔反对亨利所谓的宗教改革,事实上与离婚案是一码事。当马丁·路德在德国掀起宗教改革运动的前期,亨利是坚决反对路德搞宗教改革的,还一度与路德展开论战。后来因为教皇反对亨利与凯瑟琳离婚,1533年5月亨利便与教皇决裂了。教皇宣布开除亨利的教籍,亨利宣布英王自任英国教会的首脑,英国教会从此不再效忠罗马教皇,并将安妮·波琳正式加冕为王后。他颁布了许多新法,还根据新颁布的继承法,要求英国的成年臣民都要宣誓承认亨利八世与安妮·波琳王后的女儿伊丽莎白为法定王位继承人。莫尔不肯对此宣誓,于是便被认定犯了叛国罪,被关进了高等犯人的监狱伦敦塔。经过一年多时间的威逼利诱,莫尔仍然不同意国王亨利是上帝在世间的代理。莫尔说,他的良心让他不能对此做宣誓，不然，他的灵魂会永遭诅咒的。因为他誓死不肯屈服，终于遭到残忍杀害。先是判为肢解、剖腹、割生殖器，后来亨利还做出"恩典"的样子改为斩首。1535年7月6日，莫尔慷慨赴难，被斩首后其头颅又被挂到伦敦桥上示众。终年57岁。

莫尔去世后，学界称他为文艺复兴时期北方人文主义代表，英国哲学家、政治学家、法学家、空想社会主义者、散文之父。莫尔去世300多年后，1886年被罗马教皇庇护十一世封为圣徒。又过了近百年时间，1980年又被圣若望·保罗二世尊为守护上帝的殉道者。他先后受到了左翼与右翼的共同赞扬，这在历史上属于罕见的奇事，莫尔也就被称为"奇人"。由此看来，莫尔确实是一个极为矛盾的历史人物，他心里既装着为人民大众谋幸福的社会主义思想，又装着对上帝的极度虔诚。他宁肯失去宝贵的生命，也要忠于

图1-3　莫尔雕像

自己的良心。有的人怀疑莫尔是不是很傻？有的人还说他是不是个"双面"人物？如果我们能认真地读一读他的那些著作，就会知道，他确实是一位伟大的政治家。因为他维护罗马教皇权威的目的不是因为迷信神权，而是利用神权与世俗权力相互制衡。这可以让欧洲的那些君主在做坏事的时候因担心遭到上帝的谴责而有所收敛，否则他们就会变得无法无天了，这就是一个大法官莫尔的

"良心"所在。亨利八世后来变得横行无忌,就证明了莫尔高明的预见。

天才画家给《愚人颂》配上了有趣的插图

汉斯·霍尔拜因(1497—1543年)是德国的一个天才画家。他出生在奥格斯堡的霍尔拜因家。霍尔拜因是个画家之家,在这个家族里,他的父亲、叔叔、哥哥都擅长绘画,尤其是父亲汉斯·霍尔拜因在德国的画坛上很有名气。可是这个与父亲同名的小儿子汉斯·霍尔拜因后来居上,名气盖压了其父,成为国际上享有盛名的肖像画高手。学界为了对他们父子俩进行区分,就在他们名字的前面加上老与小来辨别(本文介绍的就是小汉斯·霍尔拜因,以下不再标示)。

据记载,霍尔拜因从小跟随父兄学习绘画,14岁就已经有了很像样的作品。那时候,德国有多座教堂都曾请他的父亲为其绘制大型的祭坛画,他和哥哥就经常给父亲打下手。为了能成为最优秀的画家,他还到处拜师学艺。1515年,他与哥哥安布罗斯一起离开家乡到瑞士名城巴塞尔学艺。当时的巴塞尔是欧洲北部的一个新文化中心,工商业都发达,还有一所巴塞尔大学,印刷业得到了快速的发展。他们在巴塞尔认识了一些文化名人,并依靠为印刷商即将出版的新书绘制插图为生。可惜哥哥不久辞世,霍尔拜因开始了独立的生活。在朋友的引荐下,他认识了久闻大名的学者伊拉斯谟,并为他再版的名著《愚人颂》配制插图。

霍尔拜因为《愚人颂》绘制插图的时候还不满18岁,他才思敏锐,画技成熟,很快就领悟了这本书的意旨。他先在《愚人颂》的扉页上为作者伊拉斯谟绘制了一幅画像素描,然后根据该书的内容将其中的故事与场景一幅一幅地描绘出来。

1 伊拉斯谟以小说《愚人颂》赢得了世界

图1-4 《愚人颂》插图：
作者伊拉斯谟

"愚夫人"是伊拉斯谟在《愚人颂》中塑造的一位演讲者，全书的内容就是以她的演讲内容写成的。霍尔拜因在故事的开头为愚夫人创作了一幅全身像，让她像一个活生生的演讲者站在了读者们的面前。

然后，霍尔拜因根据愚夫人演讲时的姿态变化和她所介绍、讽刺或嘲笑的各种人物绘制出相应的图画，每一幅都生动有趣。比如，愚夫人在开讲之初穿着宽松的斗篷，头上戴了一顶长着双耳、挂着铃铛的帽子，脖子上还挂了一串极为夸张的项链。这个打扮怪异、疯疯傻傻的女人走到台前，问她的听众们：

> 今天我为什么要穿这样的奇装异服出现呢？你们如不反对侧耳倾听，就会弄清原因——不过不是用你们倾听传道士说教的那双耳朵，而是用那双竖起来听江湖医生、小丑和愚人说话的耳朵，也就是注昔我们的朋友迈达斯用以倾听畜牧神诉说的那类耳朵。

图1-5 《愚人颂》插图:愚夫人

愚夫人在演讲中批评哲学家们对公共事务缺乏真知,经常说些不着实际的话,就像驴子面对竖琴,显得十分无能。霍尔拜因便绘制了一幅对驴弹琴的图画。

图1-6 《愚人颂》插图:
开讲时的愚夫人

图1-7 《愚人颂》插图:对驴弹琴

愚夫人说:"让我们来把今天仍可以在某些人身上见到的君王的形象作一番勾画:一个置法律于不顾的人,全心全意搞私利,几乎达到敌视人民利益的程度,一个一头钻进骄奢淫逸中去的人,憎恨学问、自由和真理。脑子里根本就没有国家的利益,衡量一切都以他自己的利益和欲望为依据。"愚夫人指出:"一个位居君王的人如稍乏真诚,道德败坏的事便会像瘟疫一样在人民中间传播开来。还有,君王的地位注定要引来许多诱惑,使他偏离正道,例如取乐、放纵、谄媚和奢侈,因此,君王必须更加律己以严,更加慎思谨行,以免有损自己的天职。最后,须知君王上方还有个上帝在俯瞰着他,不久之后这位上帝便会对每个人哪怕是微不足道的罪过来一次清算,其严格的程度,与君王所拥有的权力的大小适成比例,别说搞阴谋、怀敌意以及其他各种危险,或困扰着他的种种恐惧。"于是,霍尔拜因就创作出了一幅向上帝祈祷的君王和一幅满面惆怅的君王。

图1-8 《愚人颂》插图:害怕上帝的君王

愚夫人嘲笑那些朝臣多半是些最会谄媚、奴性十足、愚昧无知、不知羞耻为何物的奴才。他们只知道想方设法帮着君王捞钱，并且先塞满自己的口袋，平时过着穷奢极欲的腐败生活。霍尔拜因就给朝臣们画上了阔绰的服饰和丑恶的嘴脸。

图 1-9 《愚人颂》插图：朝臣

愚夫人也揭露了那些作为基督代理人的教皇，"一旦地位到手，便用刀剑、毒药和各种各样的暴力来维护它"，说他们就是披着紫袍的狐狸和狼，经常一副面如死灰的样子。霍尔拜因就画出了一幅衣帽庄重、精神颓废的教皇像。

就这样，年轻的霍尔拜因一鼓作气绘制出了 82 幅钢笔素描画。按照他自己的说法："特意为我朋友用十天时间完成的。"书中的故事情趣都被他表现得淋漓尽致，使插图版的《愚人颂》产生了图文并茂、锦上添花的良好效果。他的配图不仅受到了作者伊拉斯谟的高度赞赏，也得到了读者们的广泛好评。伊拉斯谟非常器重这位年轻的画家，霍尔拜因也把伊拉斯谟看作是父亲般的精神导师，两人成了忘年交。

1 伊拉斯谟以小说《愚人颂》赢得了世界

图1-10 《愚人颂》插图:教皇

以《愚人颂》为媒介,一个伟大的学者与一个天才画家从此结下了一世情缘。此后霍尔拜因又为伊拉斯谟画了多幅肖像画,如今还有三幅流传下来了。这三幅肖像画都十分精美传神。

图1-11 伊拉斯谟肖像

如图1-11就是其中之一。画面中的伊拉斯谟头戴黑色圆帽,身穿翻领的黑色呢绒大衣。他坐在书桌前,身体稍稍倾斜,右手握笔,左手按着书稿,双目低垂,嘴唇紧闭,正在聚精会神地写作。一代学者儒雅的风范跃然纸上。

1526年,欧洲北部的宗教改革给社会带来了骚乱和动荡,巴塞尔的天主教和新教徒之间的矛盾走向了暴力斗争。新教徒们攻击教堂,捣毁教堂绘画和各种宗教艺术品,霍尔拜因的许多作品也被毁坏了。这让擅长绘制宗教画的霍尔拜因难以忍受。于是,伊拉斯谟把霍尔拜因介绍给了英国的朋友莫尔。霍尔拜因到英国后先是住在莫尔家里,为莫尔和他的家人们画出了多幅肖像。特别是莫尔的那幅画像,身穿华丽的法袍,两眼炯炯有神,显得十分威严,受到了朋友们的一致称赞。此后,经过莫尔的引荐,霍尔拜因作了英王亨利八世的宫廷画师。

图 1-12　莫尔肖像

1543年秋,伦敦鼠疫流行,霍尔拜因感染鼠疫在伦敦逝世,年仅46岁。这位勤奋的画家为后世留下了大量精美的作品。除了传世的伊拉斯谟像、莫尔像、莫尔与他的家人像、亨利八世像、亨利八世和他的各位王后、朝臣像之外,《迈耶的圣母子》《德国商人吉兹像》《大使们》《墓中的基督尸体》、木刻组画《死神之舞》等都在艺术史上广受赞誉。在照相机还没有发明的时代里,他的肖像画技艺在欧洲最得好评。他为画主们留下的真实的影像都被视为名品。后来他被誉为"都铎王朝的摄影师"或"肖像画鬼手"。他创作的画作大部分得以流传下来,如今收藏在欧洲的多家博物馆里。而伊拉斯谟、莫尔和霍尔拜因这三个人的相遇相知、相互激发、相互帮助和相互促进,不仅孕育出了长盛不衰的文学名著《愚人颂》,也使他们三个人的伟大友谊、伟大思想和伟大艺术融为一体,永垂史册。

图 1-13　霍尔拜因自画像

《愚人颂》的历史魅力

《愚人颂》自 1511 年正式出版以来,至今已经走过了 500 多年。这本由伊拉斯谟在马背上构思出来的 10 余万言小书原是写给他当时最思念的朋友莫尔的。他希望他的朋友莫尔能够喜欢它,怎料到它会在欧洲迅速走红,仅在作者生前就已经再版过 43 次。那时欧洲有文化的人并不多,据说能读到这本书的读者都感到十分荣幸和快乐。有研究者统计,到 16 世纪末,《愚人颂》已出现了 58 种版本。即使是在 500 多年后的今天,它仍然为世界各国的读者所称道。

还没有读过这本书的人一定要问,这本书里究竟写了什么?为何会有这么强大的吸引力?请原谅笔者无法准确地揭示出其中的奥妙。只见伊拉斯谟在书中塑造的主角愚夫人是一个疯疯癫癫的傻女人,该书就是对她演讲的内容加以复述。她从出场开始演讲直到退场就没有一个正经样,嘻嘻哈哈,东拉西扯,一直讲了60多个方面的闲事。她把欧洲上流社会中的国君、教皇、宠臣、主教、经院哲学家和诡辩学家等各色人物都给讥讽、挖苦、嘲弄了。在她的嬉笑怒骂里,平日里那些人模人样、有头有脸的显赫人物都露出了愚蠢、虚伪、自大、卑鄙、荒淫、无耻的嘴脸。

在这个傻女人的俏皮话里蕴含着丰富的哲理,她让人们越是品味,越是感到意味深长。比如,她说:"猴子就是猴子,披上紫袍仍然是猴子。"她又说:"愚蠢是永葆青春的灵丹妙药,是防治老年化的最佳方法。"她还说枢机主教们自认为是使徒的继承人,却只关心搜刮财富。同时她也自吹自擂:"愚人是具有伟大权力的神学者,她比别的神更有权力。她赐给人们愉快,使老人返老还童,使人们永葆青春。人们的幸福依赖于愚人,人们从愚蠢的妇女那里得到幸福。在宴会上如果没有她们,就没有欢乐。友谊需要愚人的支持,结婚也需要愚人来助兴……幸福喜欢愚人,伟大的权威者褒奖愚人,上帝也欢迎愚人,基督本人也谈论他自己的愚蠢,基督喜爱世上的愚人甚于智者。他的信徒都叫作绵羊,而他自己是上帝的羔羊。"……她说的这些"傻话"曾被许多喜欢警句的人抄成小册子,闲暇时用来玩赏。可是,有的人却在这些傻话里面看到了深邃的思想和智慧,也有人从中看到了雷鸣闪电。

荷兰学者约翰·赫伊津哈在他的《伊拉斯谟传:伊拉斯谟与宗教改革》中评价《愚人颂》时说:这样的言论比马基雅维利的《君主论》更大胆泼辣,更令人不寒而栗,比蒙田的散文更超然物外。使世界运转的力量、生活的源泉是愚行。伊拉斯谟深入到了愚行的心理学根源。

奥地利作家斯蒂芬·茨威格认为:"《愚人颂》除去其狂欢节的面具,便是当时最危险的书之一。在我们看来,它仿佛是诙谐的烟花,其实却是一颗轰开通向德国宗教改革之路的炸弹。"

美国当代书评家迈克·德达在《悦读经典》一书中,把他介绍的近 90 部经典著作分为"快乐意象""时代英雄""爱情秘密""智者言语""日常魔法""人生价值""黑暗一面""旅人传奇""红尘浮生""冒险国度""知识视野"等 11 个类别,伊拉斯谟的《愚人颂》与《老子》同类,被归在"智者言语"中。

然而,《愚人颂》在我国的读者并不多。据研究者介绍,早年虽有从英文本中节译过来的短篇,被收录在《西方古代教育论著选》和《中世纪教育文选》中,但能看到的读者很少。直到1999年,有了许崇信先生翻译的全本之后,先后出现了国家图书馆出版社、辽宁教育出版社、译林出版社等多个版本的中译本,使更多的读者有机会读到这本书。尽管时代已经出现了巨大的变化,可是,人性中的一些痼疾还在,我们若是能重读一下《愚人颂》,仍然能从中得到良多的教诲。

2

奔走在罪罚与神圣之间的杀人犯画家卡拉瓦乔

在《圣经·旧约》的《撒母耳记》中,有个英俊的牧羊少年名叫大卫,他打败了入侵的巨人歌利亚。这个故事在欧洲流传了3000多年,大卫便成了一个集年轻、正义、勇敢为一身的杰出男人。文学艺术家们根据这个传说创作出了许多文学和艺术作品,其中以1504年意大利艺术家米开朗基罗创作的雕塑《大卫》名气最大。到了17世纪初,另一个意大利画家米开朗基罗·梅里西·达·卡拉瓦乔(1571—1610年)在1610年创作的油画《手提歌利亚头颅的大卫》也产生了巨大的影响力。在这幅画中,少年大卫手里提着一颗人头。当时认识画家的人看到这幅画后都很惊愕。因为这颗头颅并不是传统图画中的歌利亚的头颅,却像是画家本人的头部写真。

图2-1 《手提歌利亚头颅的大卫》

的确,画中少年大卫手中所提的这颗人头不是歌利亚的,而是画家卡拉瓦乔的自画像。那么,卡拉瓦乔为什么要在绘画中自己杀死自己呢?这件事情难以解释,恐怕只有画家本人心里最清楚。遗憾的是卡拉瓦乔在完成这幅画之后就不幸遇难了,关于这幅画的疑问便被永久地埋藏在了这幅画中。

2 奔走在罪罚与神圣之间的杀人犯画家卡拉瓦乔

被贴上了多种标签的画家卡拉瓦乔

英国艺术家西蒙·沙玛在《艺术的力量》一书中介绍卡拉瓦乔说:"没有神,也没有人来救他,他悲惨地死去,就像他活着的时候一样悲惨。"书中使用"悲惨"这个词来定义卡拉瓦乔的短暂人生是很精当的。

过去人们对卡拉瓦乔有多种评价:卡拉瓦乔是个坏孩子,卡拉瓦乔是个恶棍,卡拉瓦乔是个同性恋者,卡拉瓦乔是个杀人犯,卡拉瓦乔是个天才艺术家,卡拉瓦乔是个伟大的写实主义大师,卡拉瓦乔是个圣徒,卡拉瓦乔是个恶魔……那么,卡拉瓦乔究竟是个什么样的人呢?查阅他的生平资料,发现关于这个死于400年前的贫穷画家并没有多少准确的记载。有的情况语焉不详,有的说法还存在着很大的出入。

卡拉瓦乔大概出生在意大利北部伦巴第首府米兰。他的父亲费尔莫·梅里西原是米兰富豪斯福札侯爵的管家和建筑装潢师。1576年,在卡拉瓦乔5岁的时候,为了躲避当时流行的瘟疫,全家迁往30公里外的卡拉瓦乔镇。可他的祖父与父亲还是在瘟疫中去世了。根据瘟疫流行的年月推算,他5岁丧父的说法较为可靠。而他母亲的离世时间则很模糊,有人说他13岁丧母,有人说是15岁,也有人说是19岁,不管怎样,可知他过早地失去了家庭的温暖。传记作者所查得的最早记录是1584年,卡拉瓦乔到米兰画家西蒙·彼得扎诺门下当学徒时订立了4年契约。由此,他学到了一些绘画的基本技巧。后来他就用地望之名"卡拉瓦乔"自称。

1592年,为了实现当个大画家的梦想,卡拉瓦乔从米兰跑到罗马。他那时衣不蔽体,食不果腹,居无定所,先后在多家画室里当帮手。1593年,他成了罗马教皇克雷芒八世御用的当红画家朱塞佩·切萨里画室里的学徒。

尚未出道的画家们都像尚未破茧的蚕蛹，他们不得不幽闭在狭窄的画室里消磨岁月。而那些出身贫穷的画家要度过这段郁闷的日子尤其不易。因为画布、颜料、请模特都特别费钱，这常常让许多困苦而又极具天赋的画家们精神崩溃。卡拉瓦乔就被人们看作疯子。有人说他经常和酒徒、赌徒和妓女们混在一起，很低俗。也有人说他脾气暴躁，性格反叛，放荡不羁，身上经常佩戴刀剑，是个混世魔王。特别是罗马的那些街警看他不太顺眼，觉得这个穷小子竟然也要佩剑，便经常找他的碴儿。仅因佩剑这件事儿，卡拉瓦乔就多次与警察们发生冲突，在案的不法行为记录多达10余次，因而被骂为十恶不赦的恶棍。

三人成虎，众口铄金。卡拉瓦乔便被淹没在自己的坏名声里，他就是长着一千个嘴巴也难以说服那些不明真相的人。他为自己辩解的唯一武器就是他的画笔，把自己想说的东西展现在画面上，用艺术来表达现实生活。

清新的处女作

16世纪晚期，罗马的艺术领域由式样主义和学院派画家们把持，绘画的题材主要是《圣经》故事和古代神话。那时的画家们无不追求完美，都要在绘画中对描述对象进行粉饰和美化，以便能得到买主们的欢心。初入画坛的卡拉瓦乔却总是把现实生活中看到的场面和形象不加修饰地表现在画面上。当时的评论家们认为，卡拉瓦乔的作品是粗鄙的，不屑一顾，因而缺乏买主。他经常囊空如洗，贫困潦倒，生病时只能住在教会设立的慈善医院里。

在卡拉瓦乔现存的绘画中有三幅作品被视为处女作，即《捧果篮的男孩》《削果皮的男孩》《患病的酒神巴克斯》。从这些作品中可以窥视到他早年的一些生活状况。据说他在画家阿尔比诺的画坊里打杂时曾经充当绘画流水线中的枪手,主要是画静物水果和花卉,因而特别擅长画静物画。仅从他的那个果篮来说就画得十分传神,它让观众看到一种逼真之美。画中的男孩捧着果篮,可能是长时间捧着果篮的缘故,其神情显得有些倦怠。可他那副圆润的脸蛋、乌黑的秀发看上去是那样柔和,果篮里那些带着叶子的水果也十分真实。

图2-2 《捧果篮的男孩》

《削果皮的男孩》画面也很简洁,它让人们感到那个坐在桌子边上专心削果皮的男孩就在你的面前,栩栩如生,呼之欲出。

图2-3 《削果皮的男孩》

《患病的酒神巴克斯》据说是卡拉瓦乔的自画像。1592年,他画这幅画的时候正在教会为穷人设立的医院里养病。画中的年轻人面孔苍白,双唇干裂,上身半裸,偏转的脸颊上带着苦涩的微笑,病人的形象被刻画得入木三分。

图2-4 《患病的酒神巴克斯》

20世纪初期,人们又发现了卡拉瓦乔另一幅早期的作品《水果筐》。筐子里有苹果、柠檬、葡萄和无花果。苹果带着虫眼,那些附着在水果上的叶子有些已经干枯了。它们看上去是那样地自然、逼真。据说这幅画当初曾被税务局充公,一度消失。重现后被评论家们认定为西方美术史上最早可考的静物画,在美术教学中常常被当作模板让学生们模仿。

图2-5 《水果筐》

2 奔走在罪罚与神圣之间的杀人犯画家卡拉瓦乔

即便是在当代,作为普通观众的我们看到卡拉瓦乔早期的这些作品仍然觉得清风扑面、纯真可爱。仅从画家对描述对象的入微观察和细腻表现这一点来看,我们根本无法相信作者如人们传言的那样,经常戴着刀剑在街上到处游逛,招惹是非。一个没有定力的人怎么能画出如此传神的作品呢?!但艺术评论家们都是挑刺能手,他们对当时还一文不名的卡拉瓦乔多是指责,说他对绘画缺乏完美的追求,本来是一筐鲜美的水果,他却要画上腐烂了的苹果和干枯的叶子,故而加以贬斥。

可爱的世俗画

卡拉瓦乔在没有出道之前很穷,没有钱请模特。他除了在镜子中把自己当作参照物进行创作之外,就是把街头、酒馆或妓院中遇到的各色小人物绘入画中。其中有两幅作品还给他带来了好运气。其一是现收藏于卢浮宫的《占卜师》,画中描绘的就是在街头上常见的场景。

图 2-6 《占卜师》

《占卜师》创作于 1594 年,画中绘制了两个人的半身像。一个是头戴白帽、身穿白衬衫、外罩红丝绒披风的吉卜赛女郎,另一个是衣着华贵、腰间挂剑的贵族青年。作为占卜师的女子正在给那位年轻男子看手相。那男子以挑逗和质疑的眼神看着占卜师。那女子则以狡黠老辣的目光与他对视。画中通过简洁、对比的构图方法展现出了占卜者与被占卜者两人的微妙神态。

现收藏在金贝尔艺术博物馆的《纸牌作弊老手》是卡拉瓦乔在 1595 年创作的油画。画中描绘了三个人在牌桌上打牌的情景。画面上详细地刻画了他们的肢体动作和生动表情,就连他们的衣帽装饰也都进行了十分细微的描绘。一个纯真的少年被两个老谋深算的中年人捉弄的骗局被全盘展示了出来。

图 2-7 《纸牌作弊老手》

这两幅既现实又新颖的作品很快就被卡拉瓦乔卖掉了,他虽然没有因此挣到多少钱,却引起了不少人的注意。有钱有势的枢机主教德尔·蒙特看到了卡拉瓦乔的绘画天赋,便主动为他提供赞助。1595年,卡拉瓦乔便被蒙特主教安置到其私邸玛德玛宫内专心作画。为了答谢蒙特的善举,卡拉瓦乔又特意为蒙特绘制了《占卜师》和《纸牌作弊老手》这两幅油画。因为生活有了着落,在此后的几年间,卡拉瓦乔的绘画数量和质量都得到了快速提高。就在1595年到1596年这短短的时间里他很快又创作出了《音乐家们》《鲁特琴师》《微醺的酒神巴克斯》《被蜥蜴咬伤的男孩》等多幅作品,人们将这个二十几岁的年轻人誉为"鬼才画家"。

现藏于纽约大都会博物馆的《音乐家们》是卡拉瓦乔应蒙特主教要求创作的,于1596年完成。画面中有四个人物,位于左侧的是爱神丘比特,他正伸手去抓葡萄;操琴者正在调制琴弦;琴师背后还有个吹号手,他是画家将自己的写真塞进了画里;而那个背向观众的男孩似乎是位歌者。画面上的人物神色各异,但都有一种含蓄、青涩之美。

图 2-8 《音乐家们》

完成于1596年的《鲁特琴师》也是卡拉瓦乔专为蒙特绘制的油画。他称这幅画是自己最得意的作品。画中使用了酒窖光线法,让琴师背后的暗色与瓶中的鲜花呈现出一种朦胧的状态。琴师是一个美丽的乌发少女,她边唱边用诗琴伴奏,沉醉在优美的音乐之中。琴师面前的乐谱被画得极为清晰,可以读出歌词的情爱内容。观众们看着画面,似乎也能听到琴师那委婉、缠绵的歌声。这幅油画如今被收藏在圣彼得堡艾尔米塔什博物馆(冬宫)里。

图2-9 《鲁特琴师》

在卡拉瓦乔创作的世俗画中,有一幅完成于1608年的油画《骑士团主席沃尔夫·德威纳科与他的随从》,也曾饱受赞誉。

这幅油画是卡拉瓦乔在逃亡期间为庇护他的马耳他骑士团主席沃尔夫·德威纳科创作的肖像画。画面中的人物不仅在光线上有明暗对比,并且在人物造型的勾勒上也有强大与弱小的对比。

2 奔走在罪罚与神圣之间的杀人犯画家卡拉瓦乔

图 2-10 《骑士团主席沃尔夫·
德威纳科与他的随从》

骑士团主席被描绘得高大、突兀,身着盔甲,器宇轩昂,背景还被涂成褐色以映照他的光鲜与伟岸。他的随从则被描绘得瘦小柔弱,双手还为长官捧着漂亮的高帽子,由此衬托出长官的英俊与健壮。

饱受争议的宗教画

欧洲人大多笃信宗教,在教堂里装饰宗教画宣传教义是一种传统的做法,这就给画家们提供了广阔的市场和生存空间。在卡拉瓦乔的绘画作品中也有大量宗教题材的画作。

1597年,卡拉瓦乔迎来了生平第一份大订单,即为罗马市中心圣路易教堂内的康塔热里礼拜堂绘制祭坛画。这座礼拜堂是为纪念圣徒马太专门建造的,需要在祭坛中心和两边绘制出三幅圣马太事迹的壁画。卡拉瓦乔承担了两边的《圣马太蒙召》和《圣马太殉难》两幅,祭坛中心的那幅《圣马太和天使》肖像画则另请了有威望的画家雅各布·科巴特来绘制。

《圣马太蒙召》展现的是《圣经·新约》中圣马太皈依的故事。马太原是罗马一名卑贱的税吏,人们都看不起他。有一天他正在收税,耶稣近前说:"你跟我来。"马太不问缘由,立即撇下所有站起来跟从了耶稣,成为十二门徒之一。卡拉瓦乔在绘制这幅画时把场景选在一个破旧的酒馆里。税吏们正在酒桌上数钱,门内闪进来两个人——耶稣与圣彼得。有一束光便顺着耶稣手指的方向射进来,照在马太的脸上。画面就定格在那个瞬间:马太用手指着自己,似乎在说:"是找我吗?"圣彼得也指向马太转身问耶稣:"是他吗?""对,就是你,马太!"这三个人的手势让画面上的故事顿时生动起来,也将马太从世俗生活中剥离出来,从此税吏马太变成了圣徒。1599年,这幅画顺利成交了。

图 2-11 《圣马太蒙召》

《圣马太殉难》展现的是《圣经·新约》中圣马太殉难的故事。卡拉瓦乔把圣马太遇刺的场景安置在一个陋巷里。在忽明忽暗的街灯下,一束强光打在赤裸的刺客和倒地的圣马太身上,天使浮在云朵上,递下一根橄榄枝准备接引圣马太的灵魂飞往天国。街上的人顿时被这起凶杀案吓坏了,人们惊慌失措呼啸而散。那个惊叫着奔逃的大男孩就是卡拉瓦乔的自画像。画面通过亮色与灰白色对比的手法呈现出戏剧般的动人效果。

图 2-12 《圣马太殉难》

卡拉瓦乔创作的这两幅圣马太巨幅祭坛画每幅边长都有 3 米多,1600 年完成后顾主很满意,观众也叫好,让祭坛中间那幅由雅各布·科巴特绘制的《圣马太与天使》黯然失色。于是,教堂主事便请卡拉瓦乔另画一幅来替换。

然而,卡拉瓦乔创作的《圣马太与天使》在交稿时却遇到了麻烦。委托人要求的内容是让圣马太与天使共同书写福音书。可是,卡拉瓦乔却把圣马太画成了一个秃头赤足的农夫模样。那个天使更像是一个乡野男孩,衣衫又脏又破,似乎在教文盲识字。教堂主事对他的这幅画很不满意,以"寓意模糊,行为不雅,有伤风化"而拒收!卡拉瓦乔只得另画一幅来补救。在第二幅画中,他让天使飘在空中,圣马太一条腿跪在凳子上正在写福音书。圣马太似乎有了什么感觉,他转脸向上看,便从天使那里受到了启迪。

1602年画作完成时,主事者对这幅画虽仍有不满,不过最后总算交了差。

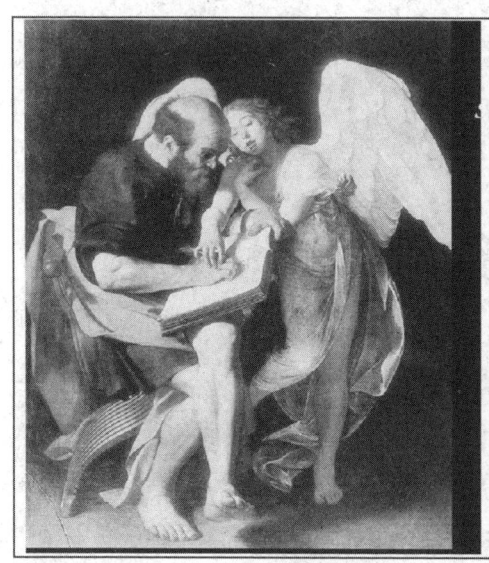

图2-13 《圣马太与天使》(原作与重作)

卡拉瓦乔在完成了《圣马太蒙召》《圣马太殉难》《圣马太与天使》这一组祭坛巨幅画之后吸引了许多人的目光,据说当时每天都有许多观众在门外排队等待着到教堂里观看。卡拉瓦乔在罗马宗教界产生了广泛的影响,从此请他绘制宗教画的主顾越来越多,他的"生意"日益火爆起来。

年轻的卡拉瓦乔精力旺盛,创造力如同泉涌,在短短的几年内以宗教故事为题材的一系列作品相继问世。《耶稣被捕》《被鞭笞的基督》《基督下葬》《荆棘冠》《拉撒路的复活》《逃往埃及途中的歇息》《圣彼得的否认》《圣彼得受难》《圣彼得倒钉十字架》《圣保罗受刑》《施洗约翰》《圣约翰在旷野》《以撒的献祭》《罗雷托的圣母》《圣母升天》《慈悲七事》《忏悔的抹大拉的玛利亚》《以马忤斯的晚餐》等都属于宗教画的范围。但是,这些画风新颖、形象逼真的宗教画

2 奔走在罪罚与神圣之间的杀人犯画家卡拉瓦乔

带给卡拉瓦乔的并不都是丰收的喜悦,也有许多批评和麻烦,甚至让他十分恼怒。其中有三幅作品争议最大。

其一是《圣保罗的皈依》。在《圣经》故事中,保罗曾是基督和基督徒的迫害者。有一天,他的双眼突然受到强光照射从马上跌下失明,后经耶稣显灵救治复明。他因此皈依基督教并全力宣教,写下了半部福音书,因而被封为圣徒。卡拉瓦乔受罗马圣玛利亚德尔波波洛教堂的委托创作了这幅油画。在交稿的时候,顾主认为他的画不符合《圣经》教义而拒收,他只好重新绘制了一幅。但新作的这一幅画在 1601 年交付时同样受到了责难。教堂主事质问:"你为什么老是把马画在正中间,圣保罗却倒在一边?那匹马是上帝吗?"卡拉瓦乔说:"不是,但它站在上帝的光芒下!"经过他的反复解释才算了事。

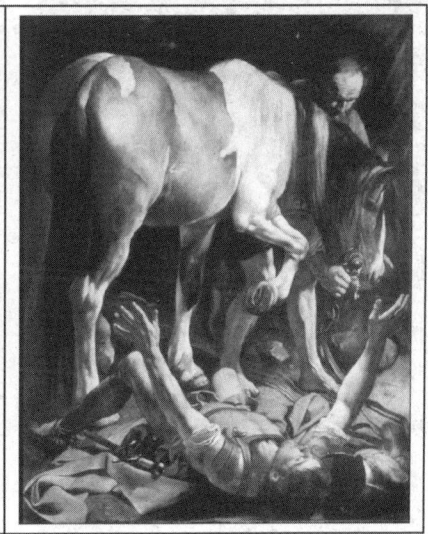

图 2-14 《圣保罗的皈依》(原作与重作)

其二是《圣母、圣子和圣安妮》。这幅画是卡拉瓦乔根据《圣经》中关于原罪的故事创作出来的。在《创世纪》里,毒蛇引诱了亚当,后来毒蛇就是原罪的象征。卡拉瓦乔在这幅画中画了三个人物和一条蛇。圣子耶稣看到一条毒蛇就要去踩它,圣母玛利亚赶忙用双手搂住了小耶稣,她先用自己的脚踩住了蛇头,然后让孩子的小脚踩在自己的脚上。站在圣母身旁的瘦弱老妇是圣母之母圣安妮,她侧着头,两眼紧盯着脚下那条奋力翻腾的毒蛇,神色十分紧张。画中的两代母亲关爱自己孩子的场景被表现得非常动人。该画在1606年完成后已被订户接收,并在圣彼得大教堂里挂了一个多月。不料有人揭发卡拉瓦乔说,画中的圣母模特是位妓女;也有人指责他让圣母穿了低领口的红色紧身衣,认为这有损圣母的神圣形象,因而被退货了。但是,收藏家希皮奥内·博尔盖塞主教特别喜欢这幅画,最后将其购买收藏,算是为卡拉瓦乔解了围。

图 2-15 《圣母、圣子和圣安妮》

其三是《圣母升天》。为了表现圣母的神圣,过去的画家们总是让她头顶放光,身披彩霞,足踏祥云,描绘出升天或"坐化"的样子。可是卡拉瓦乔创作的《圣母升天》既没有圣光,亦非"坐化",更不是"飞往天国",画中的圣母身着红衣如同一个普通的妇人死在一间简陋的农舍的小床上。圣母蓬头赤足,身体膨胀,面容僵硬。陪伴在圣母身旁的姑娘似乎陷入了悲伤中,将头垂在膝盖上。围在床边的门徒们个个神色哀痛,满目悲悯,表现出乡间办丧事时的常见场景。他使圣母死亡与平常人的死亡毫无二致,显得十分真实。1606年,当卡拉瓦乔将这幅画交给罗马的圣玛利亚德拉斯卡拉教堂委托者时却遭到了拒绝。其理由是,听说他是在藏尸间里找了个溺水的妓女作模特,这是对圣母的大不敬,是对神灵的亵渎。但画家鲁本斯则看到了这幅画的艺术价值,在他的说服下曼都阿公爵买下了这幅油画,才使它得以流传下来。

图2-16 《圣母升天》

卡拉瓦乔是一个倔强的人,尽管受到了许多批评,但是仍然我行我素,常常依据自己内心的体验来描绘创作对象。他认为,无论圣母、基督还是圣徒,都是来自社会底层的平民大众,正如《圣经》所写的那样:他们原本就是木匠、农妇和渔夫。他们值得景仰的地方并不在于有高贵的衣着和富丽堂皇的住所,而是他们对于世界充满怜悯的博爱胸怀。卡拉瓦乔也是个喜欢较真的人,使得他的那些宗教画作品充满了争议,显得很另类。比如,卡拉瓦乔创作《圣托马斯的怀疑》时,他与圣托马斯一样,也很怀疑基督的复活。在画面上,他让圣托马斯用手扒开基督身上被钉子钉过的伤痕,看看它是不是真的。他把画上那三个人物怀疑的眼神描绘得惟妙惟肖。但有的人却认为,他这样做是对基督的大不敬。

图 2-17 《圣托马斯的怀疑》

在卡拉瓦乔创作的《朝拜者的圣母》中,他描绘的圣母也是个普通的妇人。她虽然同情那些朝拜自己的穷人,却无法拯救他们,因为她自己也是贫穷的。因而有评论家认为,他的作品将上帝拖入了凡尘,缺乏神圣性。

卡拉瓦乔所在的"凡尘"处于罗马社会的底层,极其黑暗腐朽。残酷的现实使得许多穷人过着毫无尊严的非人生活。卡拉瓦乔自身的生活遭遇十分坎坷。早年家境富有,让他养成了一些富家子弟生活奢侈、骄躁傲慢、放荡不羁的习性。父母的早亡却将他变成了个一无所有的穷人，迫使他不得不过着由奢到俭的生活，苦难对他的折磨就显得格外沉重。当他赚到钱的时候就酗酒、嫖妓、赌博、乱交朋友，显得很低俗。尽管他在绘画方面聪明好学，思维活跃，技法细腻，作品清新亮丽，但他画中的圣母、圣子与圣哲的确都是普通人的样子，缺乏上流社会所崇尚的那种神圣感。他画画使用的模特也的确都是酒友、妓女、渔夫、工人或商贩等，因而被艺术评论家们称为"低俗"和"粗野"的自然人。妒忌他的同行们也竭力地宣传他的丑事，败坏他的名声，从而把他变成了一个极富争议的画家，让他经常游走在卑鄙与神圣之间。

绘画中流出的血腥味

1606年5月28日，卡拉瓦乔摊上了大事。他在看球时因赌金与人发生争执，刺死了一个名叫拉努乔·塔马索尼的年轻人。仇家悬赏重金要买他的人头，罗马官府也在通缉他，并判处死罪立决。为了逃命，卡拉瓦乔经人指点跑到不受罗马管辖的那不勒斯，投奔到当地最有权势的科隆纳家族寻求庇护。

在那不勒斯，卡拉瓦乔虽然获得了喘息之机，却难以摆脱恐惧死亡的阴影。从此他陷入深深的悔恨中，改掉了酗酒、好赌、好辩、轻浮等毛病，变得沉默寡言、深居简出，整日埋头作画。《有念珠的圣母》《圣母玫瑰经》《慈悲七事》《耶稣复活》《被鞭笞的基督》等作品都是在这一年多里完成的。其中的《慈悲七事》是卡拉瓦乔于1607年为那不勒斯米泽利尔基亚教堂所创作的巨幅群像。在这幅油画中，他将"埋藏死人""看望罪人""看望病人""遮盖裸体""给饥饿者食物""为无家可归者提供住处""施水给饥渴者"这七种善事都集中在一个画面上,并使众多的人物各行善事,具有鲜明的个性特征,受到了观众们的广泛好评。

由于仇家的追杀,卡拉瓦乔于1608年由那不勒斯渡海逃到了马耳他岛。在马耳他避难时,他的绘画才能得到了圣约翰骑士团主席沃尔夫·德威纳科的赏识,他也受到了其庇护。为答谢沃尔夫主席的恩德,他特意为沃尔夫绘制了巨幅肖像画,即上文提到的油画《骑士团主席沃尔夫·德威纳科与他的随从》。同时卡拉瓦乔还应骑士团大教堂的要求绘制了巨幅祭坛画《被斩首的施洗约翰》。因此,他在当年7月14日被授予骑士称号,获得了骑士勋章,还披上了绣有马耳他十字的骑士长袍,成为正式的骑士团成员。

平安的日子没过几天,1608年8月底卡拉瓦乔又犯事了。他冲撞了一个骑士团的头目,在争执中砸破了房间的门,还刺伤了一个人,因而被逐出骑士团并被关进监狱。不久后,卡拉瓦乔成功越狱,由马耳他逃往西西里岛避难。他在西西里岛躲了九个月,仇家也追踪到了这里,他又逃回那不勒斯。不料他在那不勒斯受到了袭击,虽然保住了性命,面部却被划成重伤。

对于卡拉瓦乔来说,鲜血、伤痛、暴力和死亡都是他司空见惯的东西,他常把这些内容反映在自己的作品中。也许是为了宣泄埋藏在内心深处的愤怒,也许是为了揭露历史上那些被虚假掩盖着的罪孽,也许是为了自我救赎,他热衷于创作一些鲜血淋漓的画作,把绑架、拷打、斩首、死亡等血腥的场景都描绘在画布上。为了能把现实中存在的罪恶与丑行真实地反映出来,他创造了强烈对比的光影画法,如同后来人们在舞台使用的光影技术一样,让画面上的场景呈现出三维的立体效果,从而让观画者如临其境,惊心动魄,难以忘怀。如《砍下荷罗孚尼头颅的犹迪》《被斩首的施洗约翰》《收下施洗约翰首级的莎乐美》《手提歌利亚头颅的大卫》等作品就是其中的典型。

《砍下荷罗孚尼头颅的犹迪》是卡拉瓦乔在 1600 年根据《圣经·旧约·犹迪传》中的故事创作出来的。当时犹太人的城镇拜图利亚遭到亚述军队的围困,在长达一个多月的时间里,犹太人因畏惧亚述国的强大和军队首领荷罗孚尼的凶狠不敢出城应战。正当大家准备投降的时候,勇敢的寡妇犹迪只身带着女仆深入敌营,她先用美色和美酒灌醉了荷罗孚尼,随后拔剑割下了他的头颅,亚述人自此军心大乱不战自败。卡拉瓦乔再现了犹迪杀死荷罗孚尼的那个瞬间,表达了弱小战胜强大的快意。

图 2-18 《砍下荷罗孚尼头颅的犹迪》

《被斩首的施洗约翰》是 1608 年卡拉瓦乔应约为马耳他骑士团大教堂绘制的一幅祭坛画。画面中表现的是施洗约翰被希律王斩首的故事。刽子手将施洗约翰从监狱里拖出来斩首的时候,希律王的继女莎乐美捧着等待着盛放人头的金盘。刽子手用左手将施洗约翰摁在地上,持刀的右手已经完成了刺杀,背在胯后,鲜血正在从施洗约翰的脖子中涌出。执行官好像在用手指着某处下达命令，旁边的妇女受到了惊吓，用双手蒙住自己的眼睛。在他们背后的阴影里还躲着一个看客。这幅画有 5 米多宽，画中人物与真人同大，就像电影屏幕上播放的执行现场一样真实，把人类的暴行展现给了观众。

图 2-19 《被斩首的施洗约翰》

在完成这幅祭坛画之后，卡拉瓦乔又绘制了两幅题目相同、画面稍有差别的油画，叫《收下施洗约翰首级的莎乐美》。这两幅画面上的莎乐美只是变换了服装，她的手中仍然端着盛放人头的金盘。盘中的人头一个横放，一个竖放。画中的人头不是施洗约翰的，而是画家卡拉瓦乔自己的。卡拉瓦乔在绘画中"杀死了自己"，交出了那颗被悬赏已久的人头。

卡拉瓦乔为何要绘制出这样的作品呢？这说明他在杀人之后内心一直充满了罪恶感。经过自我审判，他觉得杀人者应该偿命，便在绘画中砍下了自己的头颅表示悔罪！据说卡拉瓦乔曾将这幅带着自己头颅的油画送给马耳他骑士团主席沃尔夫请求宽恕。

2 奔走在罪罚与神圣之间的杀人犯画家卡拉瓦乔

图 2-20 《收下施洗约翰首级的莎乐美》(两个版式)

1609年，卡拉瓦乔又画了一幅割下自己头颅的油画，即前文提到的那幅《手提歌利亚头颅的大卫》。画中的大卫据说是卡拉瓦乔根据自己年轻时的样子画成的。那时候的卡拉瓦乔勇敢、正直、善良，一切都很美好。大卫手中提着的那颗人头则是卡拉瓦乔后来的样子，他已经变得丑陋、卑鄙、凶恶。英雄大卫杀死歌利亚之后没有任何愉悦的表情，而是用悲伤的神情看着那颗带伤的头颅。可以想象出画家在创作这幅画的时候是怎样的心情。作品完成后他寄给了远在罗马的枢机主教希皮奥内·博尔盖塞，表示他悔罪的诚意。

当时的罗马教皇保罗五世是枢机主教希皮奥内的舅父与养父。在希皮奥内的请求下，保罗五世通过大赦免除了卡拉瓦乔的刑罚。1609年末，他得到自己将被赦免的消息后便日夜兼作，绘制了三幅油画准备答谢为他赦免斡旋的枢机主教希皮奥内。

1610年7月，卡拉瓦乔乘船踏上了返回罗马的路。然而，当他乘坐的三桅帆船在艾尔卡雷港口靠岸休息的时候，一队西班牙卫兵把他当作骑士团的逃兵抓进了监狱，两天后他被释放却错过了返回的那趟帆船。卡拉瓦乔在海滩上拼命地奔跑，试图追上载着他行李的那艘帆船。7月里骄阳似火,又气又急的卡拉瓦乔又被烈日暴晒,最后晕倒在沙滩上。当人们把他送到当地的教会医院时他正发着高烧,昏迷了两天再也没有醒来。那一年他才39岁。没有人知道他是谁,没有人知道他经历了什么,也没有人知道他葬在了哪儿。后来他的一个朋友把7月18日当作卡拉瓦乔的忌日。关于他的死因有两种传闻,一是他在途中患了热病,二是在路上被仇家杀死了。谁也不知道真相,于是就成了一个谜。

卡拉瓦乔逝世400年后又火了

画家卡拉瓦乔是个杀人犯,他活着时没有立足之处,死后也不知葬身之处。吊诡的是,卡拉瓦乔在去世400年后却被重新挖掘出来,有人要鉴定其遗骨的真伪,有人自称是他的后代,更多的人则让"卡拉瓦乔主义"复活了。

什么是"卡拉瓦乔主义"?世界艺术史家们曾给出许多解释,逐一地洗去了蒙在这个天才画家身上的污垢,从"疯子""恶棍""恶徒""恶魔"这样的人渣标签中把卡拉瓦乔分离了出来,重现其纯真、善良、悲悯等闪光点,肯定了他在艺术史上的杰出成就,进而把他定位为文艺复兴时期的最后一位大师和开启巴洛克艺术风格的第一位大师,并找出了欧洲画坛上受过他影响的一批著名画家,还说他是写实主义画派的始祖,在西方艺术史上影响深远。

理查德·E. 斯皮尔曾在《中国艺术》杂志上刊登了一篇名为《卡拉瓦乔的狂热》的长文,介绍了卡拉瓦乔热潮在20世纪80年代的爆发及其多样化的表现。其中包括1983年出版的霍华德·希巴德所著的《卡拉瓦乔》和米娅·辛诺蒂的《卡拉瓦乔全集》。

事实上,卡拉瓦乔对世界的影响并不只是在美术界和学术界。

从20世纪后期开始,以卡拉瓦乔身世为题材的电影、电视剧、戏剧、舞蹈、小说等多种艺术形式蜂拥而至,都在为卡拉瓦乔热潮添柴拨火。更厉害的是商家,他们从卡拉瓦乔的身上看到了商业价值,将他的名字当作吸金的招牌,以卡拉瓦乔命名的产品与礼品创意多达3000多种。比如,卡拉瓦乔邮票、领带、帽子、钥匙链、意大利面、咖啡杯、红酒等商品在欧洲多国都有销售。卡拉瓦乔作品真迹的拍卖价格高达上亿美元,可见这位早逝的画家有着怎样的价值!1994年,意大利政府将他的头像印在10万里拉面值的纸币上以纪念这位伟大的艺术家,纸币的正面还附加了他早年创作的油画《占卜师》,背面则是他的静物画《水果筐》。这个400年前在社会上无处容身的流亡画家如今却成了人们热捧的明星。

2010年是卡拉瓦乔逝世400周年,欧洲多个城市都举办了卡拉瓦乔绘画专题展来纪念他。这一年被人们称作卡拉瓦乔热潮的巅峰。之后这股热潮也迟迟未退去。英国国家美术馆在2016年10月12日至2017年1月15日举办的《卡拉瓦乔之上》展览就是证明。布展者就是从这位传奇的艺术家入手,把那些来自意大利、法国、荷兰、西班牙的受到他影响的画家作品集合在一起,来讲述这位文艺复兴后期的艺术家是如何影响了他的时代。他们还声称要重新检视"卡拉瓦乔主义"的艺术风潮……

卡拉瓦乔的传奇人生告诉我们:人生的成败和荣辱不在一时一世,命运的玄机总是隐藏在历史的深处。

3

凄京两画家：伦勃朗、梵高和他们的博物馆

在世界美术史上,荷兰有两位画家最有名气,他们就是伦勃朗(1606—1669年)和文森特·威廉·梵高(1853—1890年)。但这两位伟大的画家都有着相似的凄凉命运,那就是其作品超越了他们所在时代的审美水平而被冷落,他们最终死于贫病交加之中。如余秋雨在《自己的真相》一文中所说:"在西方大画家中,平生遭遇最悲惨的恰恰正是两个荷兰人,伦勃朗和梵高。"

由于这两位著名的画家有着类似的遭遇,本文借助于在荷兰两画家博物馆中参观的感觉来说说这两位画家生前的凄凉与死后的隆遇。

伦勃朗和他的故居博物馆

2013年,我们在阿姆斯特丹市拜访了伦勃朗故居博物馆,对伦勃朗的凄凉身世有了更多的了解。

在荷兰语中,伦勃朗的全名为伦勃朗·哈尔曼松·凡·莱因。他出生在莱顿一个富有的磨坊主之家。他的父母共有9个孩子,伦勃朗最小,父亲认为他是孩子们中最聪明的一个。伦勃朗14岁时被父亲送进莱顿大学学习法律,父亲希望他将来能成为一名律师为家庭支撑门面。但伦勃朗对法律没有兴趣,经常跟着当地的一位画家学习绘画。他17岁时从莱顿大学退学,投奔到阿姆斯特丹一位著名画家拉斯特曼门下专心学习绘画。

在荷兰绘画界,伦勃朗出道很早。他21岁时已经掌握了油画、版画和素描的基本技巧并开创了自己的绘画风格,然后回到家乡开门授徒。在这期间,他为自己和家人绘制了许多肖像,成为一个小有名气的肖像画家。

1631年,他再次离开家乡,在阿姆斯特丹定居下来。次年,伦勃朗完成了一幅名为《杜普教授的解剖课》的作品,这是一幅群体肖像图,由阿姆斯特丹外科医生行会订制。此时的伦勃朗已经开始在他的人物肖像画中设计生活场景,以求得具有戏剧性的舞台效果。他设计了一堂解剖课,让想进入图画中的顾主们围着解剖台,由杜普教授手执解剖刀,一边解剖尸体,一边讲解肌肉的特征。这幅精美的画作赢得了一致好评,被认为是他画技成熟的标志。这幅作品既给他带来了很高的荣誉,也带来了真金白银,荷兰的一位画商还把自己的侄女嫁给伦勃朗为妻。这位名叫沙斯姬雅的妻子不仅长得十分漂亮,并且还有着贵族身份。仅凭这幅画,他一石得三鸟,除名利双收之外,还赢得了美满的婚姻。这时他只有26岁,春风得意,美好的前程好像已经展现在他的面前。

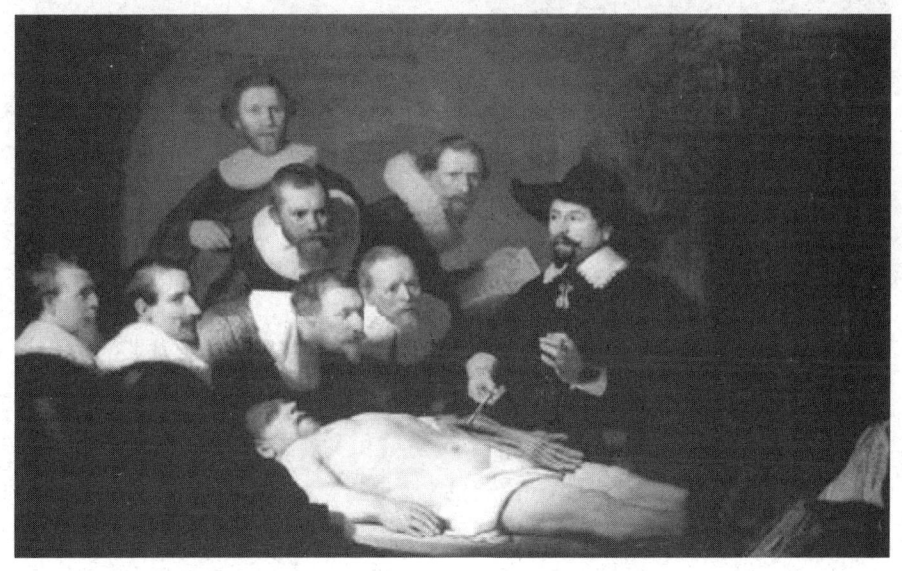

图 3-1 《杜普教授的解剖课》

荷兰在地球上是个低洼国家,有着发达的航海贸易,17世纪的时候资本主义最先从这里兴起。阿姆斯特丹是荷兰的经济大都会,许多富商大贾都住在这里。伦勃朗在这里如鱼得水,名气如日中天,发了财的新贵们源源不断地向他订画,仅凭手中的画笔伦勃朗很快就买下了豪宅,然后又开始收藏名画,过上了上流社会的富足生活。

伦勃朗有一幅自画像:他头上戴着装饰了羽毛的黑帽,腰里挂着长剑,让年轻的妻子坐在膝盖上。他的一只手搂着衣着美丽的娇妻,另一只手举着斟有美酒的高筒杯,妻子含蓄娇嗔,丈夫的脸上洋溢着欢快的笑容。这幅油画就是他当时那种美好生活的真实写照。

图3-2 《伦勃朗与妻子沙斯姬雅》

可惜,伦勃朗的这种幸福生活犹如昙花一现,很快就被他的另外一件富有争议的作品给毁掉了。1637年,荷兰国民卫队新建了一幢公会大楼。在装饰会议大厅的时候,人们认为这个大厅墙面宽阔,能够悬挂六张巨幅图画。巡警们便想请画家为他们绘制一幅有自己形象的群体肖像挂到墙上去。巡警们认为,若能这样的话,每个人不仅可以向市民们展示出自己的英雄形象,并且还可以通过著名画家的作品而流芳百世。在这个卫队中,当时有16名队员决定聘请荷兰的绘画高手伦勃朗来为他们绘制这幅图画,每人交100弗罗林荷兰币。然后就等待着把他们的光辉形象悬挂到公会大厅里去。

1642年,等到伦勃朗向巡警们提交作品的时候,大家看到的结果却与他们心中的想象大不相同:队长和副队长处于画面中心位置,似乎在商议着什么,队员们有的打起了旗帜,有的在擦枪管,右边还有一个击鼓的人。原本应画出16个人的正面肖像,画面上却出现了30多个人,人群里还夹杂着一些看热闹的人,其中还有个姑娘竟然出现在画面的前面。有评论者认为,伦勃朗设计的是一个巡警们在接到报警后的行动画面。由于光线较暗,后来又被误解为巡警们夜间的行动,因此将此画命名为《夜巡》。

图3-3 《夜巡》

伦勃朗没有想到,这幅作品会给他惹出无尽的麻烦,也酿造了他后半生的凄凉生活。因为这些巡警认为,大家兑的钱一样多,但画面上的人物却有高有低，有大有小，明暗不同。有的人处的位置太偏，有的人只露半张脸，有的人隐在黑影中甚至连脸面也看不清楚。这让不少人都不满意，甚至觉得自己的尊严受到了伤害。他们要求伦勃朗毁掉它重新绘制，或者是退还画金。伦勃朗花费了好几年时间和心血才绘制出了这幅高3.6米、长4.3米的巨幅画作，并且自己感到十分满意，怎么能说毁就毁了呢？！尽管他说明了自己不能修改和重画的理由，可那些巡警仍旧不依不饶，对他进行了长时间的围攻和怒骂，后来甚至还闹上了法庭。而当时的艺术家和艺术评论家们也都没有一句好评，说他的画色调太暗。为他介绍订户的画商也随风倒，认为伦勃朗毁坏了自己的生意，也跟他过不去。有一位诗人评论家写诗讽刺他，还给他取了一个绰号，叫作"黑暗王子"。

　　后来有人将这桩案子称为绘画史上的"审美冤案"。它给伦勃朗的绘画生涯蒙上了浓雾，从此使他厄运不断。由于国民卫队的巡警们声称要毁掉他的生活，到处宣传他不遵守订货合同，不讲职业道德，又有人揭露他曾让妻子做裸体模特绘制宗教体裁的画作，有违宗教的庄严。他与妻子沙斯姬雅生了三个女儿，不幸都夭折了，当妻子生下小儿子泰塔斯之后竟撒手人寰。他的女仆韩德瑞克随后就与他同居，又为他生下一个女儿。为此，他受到教会的谴责，成了一个道德败坏的人。

　　尽管伦勃朗后来的画技日益精湛，又创作出许多宗教体裁的油画和许多反映乡村风景的素描及版画，但毒舌流行，满城毁誉。他的作品少人问津，偶尔有售，也卖不上好价钱。可习惯了奢侈生活的家人仍然肆意花钱。特别是伦勃朗本人对当时的社会缺乏认识，误入了投资的陷阱。那时的荷兰正处于资本主义上升期，非常善于制造经济泡沫。资本家们在疯狂炒作郁金香的泡沫破灭之后又纷纷转入绘画市场。伦勃朗完全没有理财经验却雄心勃勃,他非常热心购置那些名家的绘画作品,导致入不敷出,债台高筑。

1658年,伦勃朗彻底破产了。过去购买的豪宅和收藏的名画都被银行没收拍卖。由于绘画行业炒作的泡沫也开始消解,过去高价购置的画品价格暴跌,他的财产被拍卖后仍然未能偿还全部债务。到了后来,伦勃朗的生活更加贫困潦倒,连房租也交不起了,只好迁入犹太人简陋的小屋。当生活失去着落时,他甚至放下颜面去给自己的学生当模特。1669年,这位被后人称为杰出画家的伦勃朗在贫病交加中离世,安葬在一处无名墓地。据说他的丧葬费用与掩埋一个乞丐的相同。

然而,过了百年,荷兰人却发现英、法、德、俄诸国的著名画家们都把伦勃朗奉为绘画大师,认为他们的作品承袭了伦勃朗的绘画风格。伦勃朗生前共创作出600多幅油画、300多幅蚀刻版画、2000多幅素描。自18世纪开始,他的这些作品多数都成了价值连城的抢手物。到了20世纪,一幅伦勃朗的自画像能卖到上千万美元,即便是一幅素描也能卖到几十万美元。最有讽刺意味的是,这幅被人们称为"失败"作品的《夜巡》也变成了荷兰的国宝,如今在阿姆斯特丹的国家博物馆一楼设置了专门的展室供人们观瞻。

当今的荷兰人称伦勃朗为"荷兰历史上最伟大的画家",在阿姆斯特丹乔登布里街4号找到了他曾经住过的地方,将一幢三层小楼看作是伦勃朗的故居。1911年,由荷兰女王授意将这幢小楼改造为伦勃朗故居博物馆对外开放。为了恢复伦勃朗故居的室内布置,创办博物馆的人想起了拍卖行中的古物清单,便从中寻找出那些已被拍卖的伦勃朗的个人物品,并赎回了其部分绘画放在馆内展览。

图 3-4 伦勃朗故居博物馆

其实,伦勃朗除了擅长油画创作之外,他的铜版画与素描也非常出色。比如铜版画《基督为穷人治病》《百盾版画》《三棵树》都广受赞誉。特别是他的肖像画作品在后来的画坛上得到了很高的评价。伦勃朗从年轻时起就经常为自己绘制自画像直到老年,共有近百幅自画像作品。《西欧文明》一书的作者在评价伦勃朗的肖像画时曾说:

> 伦勃朗是一位真正的肖像画大师。人类的内心世界是随着年龄和经历的增长而日益丰富的。从伦勃朗创作的肖像画上可看到,越是年纪老迈、饱经沧桑、皱纹纵横的人,似乎越焕发出一种难言的魅力,似乎那苍老的面容和深邃的眼神里,蕴藏着你所企图追寻的人类的各种思想、情感和生活的哲理。

对于绘画艺术鉴赏力匮乏的外行来说,我们也可从伦勃朗的自画像中读出他那丰盈的内心世界与孤高的精神品格。

置身于伦勃朗故居博物馆,我们看到这位画家当时的生活似乎是相当体面的。不过,看了伦勃朗的传记之后就会知道,他去世的时候已经一贫如洗,哪里还有这样的故居存在?房间里的陈设有不少可能都是从旧物市场上找来的老物件罢了。可是,如今世界各国仰慕这位绘画大师的人到了荷兰就一定要来这里看看伦勃朗。参观这个故居博物馆需要支付10欧元门票,每天都能日进斗金呢!真是世事难料,命运难说。

自18世纪至今,国际画坛对伦勃朗的《夜巡》好评如潮,赞美之语数不胜数。但画中的内涵究竟是什么呢?争议仍然不断:他画的到底是"日巡"还是"夜巡"?多数人认为是"日巡"。那么,要不要将其更名为《日巡》呢?画面中的姑娘是谁呢?为何要将她画在画面的显著位置?她的腰中为什么要挂着一只鸡?它是否有特殊的含义呢?有评论者说,《夜巡》展现了阿姆斯特丹的国民卫队即将投入战斗的生动场面。也有评论者说,《夜巡》意在揭露画面背后隐藏的一桩凶杀案,凶手就在这幅画中。因为伦勃朗知道,他所画的那群巡警并不是什么卫城安民的英雄,恰恰相反,他们之中有不少人都有劣迹,有人甚至是强奸孤儿院少女的恶棍。他要通过自己的画笔来揭露这桩谋杀案。这样的评议颇有影响,意大利人还就这桩事件拍摄了一部名叫《夜巡》的电影。那么,我们究竟如何判断这些争议中的是非呢?

涂小琼对于伦勃朗《夜巡》的解密说得很好:

人世孤傲,难敌弹指皆空;好画有凭,奈何美梦易碎。那只洗去《夜巡》表面氧化亮光漆的手向人们揭示了时间营造的奇迹:昔日为画面更加明亮而罩上的亮光漆,却让后世人们误以为是伦勃朗刻意设计的茶色。白驹过隙,肉身成尘,当事者痛入骨髓的起落沉浮,如今成为任人传说的故事;只有呕尽心血的作品,一画压惊涛,仍在光阴仍成奇!

梵高与他的艺术博物馆

荷兰画家梵高既是一个传奇式的艺术大师,也是一个被重重谜团包裹的可怜人。他生前极其卑微、孤独、凄凉,正值英年便在贫病交迫之中死去。他死后财富却滚滚而来,美誉满天。

梵高比伦勃朗晚出生245年。这两个相隔了两个多世纪的人却有着类似的命运,他们生前都遭到世人的排斥,作品受到冷落,死后却都被奉为世界顶尖的艺术大师而备受尊敬。这实在是一种令人难以理解的社会现象。

也许,耿直的性格和孤寂的心灵是相通的。梵高自开始学习绘画时起,最喜欢的前辈画家就是伦勃朗。这种喜欢超越了一般的情感。梵高在一封写给法国的画家朋友埃米尔·贝尔纳的信中说:

> 关于伦勃朗是怎样一个人,我十分了解——只是现在已不再有他那时候的环境。然而他的灵魂,却一直附在我的身上。

梵高说自己身上附有伦勃朗的灵魂,足见伦勃朗对梵高的影响有多深了。无论是对生活还是对艺术的追求,梵高对伦勃朗的接纳都是全方位的。他们有着相同的价值观,相同的艺术品位,相同的耿直性格,因此似乎决定了他们相同的凄苦命运。

若是仅从生活上来看,梵高的身世要比伦勃朗更加悲凉。因为伦勃朗年轻的时候在事业上曾经收获过巨大的成功,也获得过美满的爱情和短暂的家庭幸福。但这些滋味梵高生前都没有品尝过。似乎幸福之门从来都没有为梵高打开过一次。美国传记作家欧文·斯通于1934年为梵高写过一部名为《渴望生活:梵高传》的传记。作者何以要选择这样的书名呢？因为作者发现，这位被称为"19世纪人类最杰出的艺术家"的梵高生前极其卑苦，在他短暂的人生中一直未能得到他所热切盼望的最基本的生活，最终为生活所迫走上了绝路，所以"渴望生活"这几个字便涵盖了他凄凉的一生。

综合关于梵高的多种研究资料，可将他的人生分为三个时期：自出生至15岁的未成年时期，16至26岁的就业时期，27至37岁从事绘画艺术训练与创作的时期。

梵高幼年的家庭生活虽然清苦，却还算是比较安稳的。他出生在荷兰南部布拉邦特省的津德尔特小镇。他的父亲西奥多卢·梵高是一位乡村小教堂的牧师，收入微薄，却养育了7个子女，生活非常艰辛。梵高身为家中长子，幼年时只受过几年乡村初级教育。他自幼性格孤僻，除了弟弟提奥之外，跟家里的其他亲属都没有多少话说，特别是跟父亲合不来，脑海里的父亲形象总是训斥他时那种威严而又凶狠的记忆，他好像从来都没有享受过父爱的感觉。

1869年，梵高16岁，他开始在叔叔参股的古皮尔美术公司开设在海牙的分店当学徒。1873年被派往英国伦敦分店当店员。1875年又被派往法国巴黎分店当店员。由于他本性善良、诚恳，在出售画品的时候，常常觉得不少绘画作品质劣价高，十分坑人。因此他不仅不积极地为自己的顾主推销商品，反而还担心顾客吃亏上当，奉劝他们打消购置的意图。1876年春，他被老板解雇了，弄得叔叔很没面子，从此他在家族中被视为"傻子"。此后，他相继干过乡村教师、助理牧师、书店店员等工作，都没有坚持下去。1877年，叔叔引荐梵高到阿姆斯特丹大学报考神学专业，希望梵高能像他父亲那样当个牧师。可是，由于幼年打下的知识基础太差，他难以阅读拉丁文和希腊文的宗教书籍，也不喜欢数学和几何。他认为,不学习拉丁文和希腊文并不妨碍诚心侍奉上帝,所以很快就退学了。随后他被父亲送到布鲁塞尔的一个传教士培训学校经过短暂培训后,被派往比利时南部博里纳日的矿区传教。按照教会的约定,他须通过半年的试用方可获得牧师资格。当他来到博里纳日后,看到矿工们的生活极度贫困,矿难不断发生,还有一些人患有严重的职业病。于是,他整天忙于救助矿难的伤残者和患了痨病的矿工,还捐出了自己所有的薪水和衣物,但却常常忘记按照教会的规定打开《圣经》去宣讲上帝的福音。1879年,当比利时教会的牧师来考察他的工作时,发现他衣不蔽体,满身黑尘,同矿山上的矿工毫无区别。他的上司不仅没有表彰他救助矿工们的高尚行为,反而骂他亵渎了上帝,还解除了他的教职,把他赶出了教会。这一年梵高26岁,一无所成,只留下了5次失败的口实,被父母骂为"白痴""废物"。

  这时的梵高不仅一无所有,还失去了他极为信赖的上帝。他不知道自己该何去何从,住在矿区的工棚里,如同矿区的妇女儿童们那样依靠在矿山上刨拾煤渣维持生计。当他病倒在工棚里的时候,矿区的妇女们经常给他送去食物、热汤,使他得以存活下来。他在养病的时候,每天看到妇女儿童们在矿山上刨捡垃圾的情景总是思绪万千,便用铅笔迅速勾描出他们活动的身影。他一张一张地画着,苦闷的心情慢慢得到了舒缓,成为一名画家的愿望也从他的心底日益蔓延开来,于是,他开始把自己全部的热情都投入到绘画中。

  于是,梵高的人生转入到了第三个阶段,他决心当一名画家。这时他已经27岁了,没有受过正规的训练,没有教师,没有教材,没有画室,但最严重的问题是他失去工作之后没有饭吃。当他无处栖身,忍饥挨饿的时候,一度回到父母身边去啃老,在父亲传教的乡村描绘那里的乡亲和乡野。家里的亲属把梵高看作失败的典型,都不待见他,尤其是父亲的怒骂更是让他难以忍受。这时他的弟弟提奥对他施以援手,决定支持他实现当画家的梦想。

　　提奥比梵高小 4 岁,当时在古皮尔美术公司法国巴黎分店当店员。提奥与梵高相比,虽然职业稳固,受到家人与上司的肯定,但收入也十分有限,并不能给哥哥提供稳固的经济保障。更何况当画家除支付房租及日常生活开销外,还有许多额外的花费,比如购买昂贵的绘画用品、花钱雇模特以及同行之间的交际活动等,使得梵高生活拮据、衣食不继成为常态。由于没钱购买画布,他的作品总是擦擦刮刮,反复修改,显得有些粗糙、污浊。如今在博物馆里展览的梵高作品中,人们还能看到有一些画作底本上存有未能擦尽的印痕。

　　据研究梵高生平的学者说,梵高的失败很像雪崩,具有连带性。他最先尝到的痛苦是爱情失败,然后是作品无人问津,导致生活无着、精神崩溃。1873 年梵高在伦敦的古皮尔画店里做工的时候,他看上了房东的女儿艾苏拉,产生了刻骨铭心的初恋。由于贫穷加上其貌不扬,这家的女子和家长都看不上他,求婚遭到了拒绝。这使梵高受到了严重的打击。为了离开这伤心欲绝的地方,梵高放弃了伦敦画店的工作返回荷兰。但初恋往往是难以忘怀的,性格倔强的梵高更是欲罢不能。他人虽然离开了,心却仍然放不下,不久又重返伦敦,在市郊的一个教堂里学习神学。为了能去故地偷偷地看一下艾苏拉,梵高常常要步行几十公里,以至于跑坏了好几双鞋子,磨烂了双脚。这桩无果的单相思使这个年轻人伤透了心。

　　1881 年,梵高 28 岁,已是娶妻成家的黄金年龄。这时他的姨表姐凯·沃斯死了丈夫,带着她的小孩来到姨母家小住。梵高很同情寡居的表姐,就想成为她的保护人,于是向表姐求婚,却又遭到了表姐的冷酷拒绝。表姐立即离开姨母家回到娘家。梵高不死心,又追着表姐跑到她的娘家向其父母求情,却被二人骂得狗血喷头,说他是个流浪汉、白痴,一文不名,根本没有资格娶妻成家,使他再次受到了严酷的打击。

1882年,梵高来到海牙投奔表姐夫安东·莫夫学习绘画。他在酒吧里认识了一位依靠洗衣、裁缝和卖身维持生计的女子莘·霍尼克。当时的莘已经生过4个孩子,只有一个存活下来,肚子里还怀着一个不知道父亲是谁的胎儿。她身体有病,怀着5个月的身孕,却还在街上接客。她的处境深深地刺疼了梵高的心,他决心对她施以救助。他先是雇用她当模特,随之为她治病,并准备成为她即将出生的孩子的父亲,想给她一个安稳的家,称她为自己的妻。然而,这个家仅仅维持了一年多的时间,因为梵高除了弟弟的接济之外没有经济收入,常有断炊之忧,莘便重拾旧业,仍做皮肉生意,使梵高难以忍受。莘在他那里看不到生活的希望,随后便离开了。然而梵高却因为与风尘女子同居被罩上了坏名声,既遭到家人和朋友们的指责,教他绘画的表姐夫安东·莫夫也与他彻底决裂。

1884年,梵高住在父母家。他每天到郊外练习绘画,被邻居家一个40岁的老姑娘玛戈特看上了。已在而立之年的梵高渴望自己能有个家,便与玛戈特相恋,却遭到了双方父母的激烈反对。玛戈特为此服毒自杀,经抢救保住了性命,但两人最终未能如愿成婚。生活的不顺,使梵高的心情十分低沉,因此他早期的作品色彩暗淡,格调低沉,渗透了他那忧伤和苦闷的情绪。

1885年,梵高为了学艺来到法国巴黎。他在卢浮宫博物馆里看到了许多名家的作品,也认识了一些画家,逐渐学到了一些印象派画家的表现技巧。特别是在他接触到日本的浮世绘版画之后,画风大变,笔下的作品日益明朗起来。

梵高在巴黎住了两年多,他对城市的生活感到厌倦,决定到法国南部去,好在乡野描绘田园风光。1888年春,梵高在一个叫阿尔勒的小镇租下一套房子,打算在这里安心创作。这套让他画出了《黄房子》和《阿尔勒的卧室》的出租屋虽然让他高兴了一阵子,可他预期的好日子还是没有到来。因为他是一个荷兰人,在异国这个陌生的地方既没有朋友,也没有熟人。他常常几天都不说一句话,觉得自己像一只被遗弃的流浪狗,陷入了深深的寂寞和孤独中。于是他写信邀请画家朋友高更来与他同住,以便能经常切磋绘画技艺。当年10月高更来了。然而这两个画家却相处得很不融洽,从生活习惯到艺术创作他们都无法达成共识,经常发生争吵,甚至还发展到动手的地步。就在这年12月发生了梵高的割耳事件,事后高更离开梵高回到了巴黎。

在梵高的作品中,有一幅头上裹着纱布的自画像,就是梵高割掉左耳的写照。梵高的耳朵究竟是怎么割掉的?是自残还是被高更割伤?当时艺术界有几种传闻:有人说,梵高当时贫穷,与人打赌要卖他的耳朵,便把自己的耳朵割了下来;有人说,梵高因与高更发生争执,被高更用剑割掉了他的耳朵,但梵高为了保持友谊,

图3-5 梵高割耳后的自画像

只得说是自己割掉的;还有人说,当时梵高痴情于巴黎妓院的一个女子,为了证明爱情的深厚,将耳朵割下从邮局寄给了他深爱的女子。这些说法孰真孰假?当事人在当时并没有说出真相,因此便成了一个永久的疑案。不过,当时的梵高已经患有严重的精神病却是有案可查的。1889年5月,梵高曾在圣保罗精神病院治疗。由此推断,梵高因为精神失常导致割耳自残是有可能的。

梵高的绘画生涯实际上只有短短的10年。他在短暂的人生中遭受了贫穷、孤独、疾病、失败等诸多的苦难。有人说,他的悲剧性人生,既与当时的社会环境有关,也由他执拗的性格所决定。

事实上,梵高与他挚爱的弟弟提奥并非亲密无间,而是摩擦不断。他一直责怪作为画商的弟弟不肯积极推销自己的作品,而弟弟却觉得他的作品不够成熟,显得粗糙,尤其是不适合欧洲上流社会的消费口味,希望他能有所改变。但是,梵高不听弟弟和同行们的解劝,坚持自己的绘画风格,要让那些观赏他"农民画"的人能够闻到"熏腊肉的烟味""煮土豆的蒸汽味",看到他画的马棚,好像就嗅到了"马粪的臭味"。他非常喜欢自己笔下的掘土豆与锄地的农夫。他说:

> 它可以被证明是一幅真正的农民画。它是我熟悉的。如果有人愿意看那些穿着节日盛装的农民的话,那就随他的便吧。就我个人的信念,我觉得画出他们那种粗壮不雅的样子,要比把他们画成流于世俗的可爱样子,效果会更好一些。

梵高的绘画受到市场冷落的症结也许就在这里。他的审美情趣与欧洲那些著名的画家完全不同,他不喜欢那些面目白皙、皮肤光洁细腻、身上挂满珠宝、香艳气十足的女性,而喜欢表现女性的天然之美。他说:

> 我认为一个农村姑娘比贵妇人更美,她那褪了色的、

打有补丁的裙子和紧身衣,由于气候、风和太阳的影响,因而产生出最微妙的色调。假如她穿上贵妇人的衣服,就会失去她特有的魅力。一个在地里穿着粗布衣服的农民,比他在礼拜天穿着节日盛装到教堂去更为真实。

由于梵高无钱雇用专业模特,他笔下的人物多是他经常接触的工人、农民、家庭主妇、老人和儿童。他着力表现他们自然的、慈祥的、本性的原生态,因而把劳动妇女的手画得都很粗壮,甚至让手上的青筋凸起,脸上露出疲惫和忧虑的皱纹,以呈现生活的真实状态。这种颂扬劳动者尊严,揭示人类生活疾苦的作品在当时的社会是十分稀有的。可是,那时欧洲社会的下层劳动大众根本没钱购买绘画作品来装饰自己贫寒的家,而在上流社会的有钱人中有谁愿意"嗅到马粪的臭味"而悬挂他的农民与村妇的画像呢?!他的作品当然是难逃失败的厄运。这种连连失败的情绪和生活的压力最终导致了梵高精神的崩溃。

1890年7月27日,梵高外出作画时受了枪伤,当时并没有立即毙命,过了两天他在弟弟提奥的陪伴下离开了这个凄凉的世界。这个杰出的画家只活了37岁。

图3-6 《向日葵》

尽管生活总是给梵高开着一次又一次残酷的玩笑,却没有剥夺他对这个世界的爱。我们在他的作品里看到了博里纳日的矿工、海牙的妇女、纽南的织布工、阿尔勒的烈日、奥维尔的金黄色麦田、湛蓝的星空、开满鲜花的原野、大朵的鲜花、盛开的向日葵……特别是在后期的创作中,他以强烈、明亮的色彩来描绘事物,希望自己的画作能像音乐一样安慰人们的心灵,呼唤人们的良知。

梵高对绘画艺术的认识与热爱,大多数是通过写给弟弟提奥的信展现出来的。他曾对弟弟说:

> 无论我们的日子过得多么不顺心,一个人只要选了他的手艺就要真诚地追随下去,这样他就是个有责任感、可靠且忠实的人。

他还说:

> 如果一个人目前所做的是以不朽为目标,认为自己的作品在未来有存在及流传的价值,那么就比较能够从容以待了。

这就是梵高,尽管他常常被家族亲人们误解、被所爱的女人嫌弃、被画家同行们讥笑、被社会冷落,生活十分凄苦,却至死不改其善良、慈悲和诚恳的品质,也不放弃自己独有的创作风格。正是他这种"从容以待"的执着追求,给他的作品赋予了永恒的生命力,使他的精神附着在他的作品中得以复活。他的作品打动了许多善良人的心,让观众们感觉到仿佛在画面的背后有许多东西需要倾诉。

就在梵高去世不久,艺术界出现了"梵高热",人们对其作品的评价越来越好。梵高去世的当年,有份法国报纸把他的绘画成就与伦勃朗和维米尔这两个知名画家相提并论,还有个比利时人花400法郎买下了他的一幅画。可是"渴望生活"的梵高却已经看不到了。

1891年,巴黎出现了独立沙龙举办的梵高绘画展。1896年,巴黎有个名叫安布滋·伏拉德的画商是个高超的艺术推手,他慧眼识珠,专门为梵高举办了个人画展,展出了梵高在不同时期的代表作。经过他的推荐,梵高的作品一幅可以卖到500多法郎。从此,梵高的遗作在欧洲社会逐渐热销。

1900年,在巴黎世界博览会上,梵高的作品有46幅参展。他生前卖不出去的那些画作后来在市场上成了紧俏货,能够收藏梵高绘画的人则成为显贵。梵高的灵魂借助于这些作品的扩散不仅得以复活,并且走出了欧洲,为世界越来越多的人所敬仰。

梵高生前依靠弟弟提奥的经济与精神支持成就了当画家的梦想,而梵高死后能够成为世界画坛上的名家则得益于提奥的遗孀乔安娜的不懈宣传和积极推广。梵高身后的故事就是由乔安娜来续写的。

梵高去世后,提奥为哥哥的逝去伤心不已,加之操办丧事,为哥哥举办纪念性画展,原已有病的身体挺不住了,就在哥哥去世半年后的1891年1月撒手人寰,时年仅33岁。失去丈夫的乔安娜带着刚过周岁的儿子文森特·威廉(与梵高同名)料理丈夫的遗物,可是屋子里到处塞满了大伯哥梵高生前卖不出去的画作,使她难以下手处理。她的哥哥曾建议把它们都扔出去算了,可乔安娜不肯扔,她了解丈夫提奥曾经为他哥哥实现画家的梦想付出过多少努力,怎么能把他们的心血都扔掉呢?特别是当乔安娜在整理梵高写给提奥的信件时,读着梵高一封封真诚的来信,她被梵高对弟弟、对艺术的深情打动了。此后,她便成为梵高绘画的积极宣传者。这个弱女子生前曾先后为梵高举办过7次画展。1914年,梵高写给提奥的652封书信经过乔安娜的整理和翻译,被编辑成为三卷本书信集,在阿姆斯特丹出版了荷兰语和德语两种版本,书名为《亲爱的提奥》,为研究梵高的人们提供了翔实的第一手资料。

1929年,美国传记作家欧文·斯通根据梵高的这些书信撰写了一部畅销书《渴望生活:梵高传》,被翻译成80多种文字,在世界各地行销几千万册。这本书使26岁的青年作家一举成名。1956年,好莱坞根据欧文·斯通的传记小说拍摄了由柯克·道格拉斯主演的好莱坞电影《梵高传》。通过传记小说和电影的宣传,梵高成了广为人知的世界级著名艺术大师。

梵高艺术博物馆的创立是梵高传奇人生中的又一个奇迹。随着"梵高热"的掀起,欧洲有不少博物馆在举办展览时都要借用梵高的作品去助势,乔安娜总是不厌其烦地将梵高的遗作借出与收回,细心地管理着梵高的遗作。1927年乔安娜过世,梵高的遗作由她的儿子文森特·威廉继承。第二次世界大战期间,梵高的作品散落了不少,文森特·威廉为了保住这些作品不再流失,以捐出梵高的遗作为条件,向荷兰政府请求提供永久性收藏场所。1960年,荷兰政府出资600万美金向梵高家族购买了梵高尚存的全部作品,成立了由梵高家人主控的梵高基金会。生前经常被父亲骂作"废物""家庭的不幸""耻辱"的文森特·威廉·梵高却因他那些曾经无人问津的画作让他的家族跻身荷兰的显贵之列。1962年,由荷兰国家投资,阿姆斯特丹市政府提供土地,开始兴建梵高博物馆,1973年建成开馆。它使生前漂泊无依的梵高在死后有了安放作品的家。他那孤苦的灵魂从此也不再寂寞,因为开馆伊始,每天都有许多观众去看他。这座博物馆当初是按每年接待6万观众设计的,不料梵高的名气越来越大,观众日益增多,后来每年参观的人数超过百万,原有的场地就显得十分狭窄了。1997年,有两家购买过梵高绘画的日本保险公司(安田火灾与海南保险公司)积极出资,聘请了日本著名的建筑师黑川纪章为梵高设计了一座式样非常前卫的新的梵高艺术博物馆,于1999年建成开馆。

这座位于荷兰阿姆斯特丹市中心博物馆广场旁边的梵高艺术博物馆是一座浅灰色的4层高楼。馆内收藏的梵高展品主要是提奥的遗孀与子孙们陆续捐赠出来的。共有200多幅油画、500多幅素描,另有750多封书信。据介绍,梵高早逝,他的绘画作品不太多，仅有两千余幅。这家艺术博物馆是收藏梵高作品最多的一家，约占其全部作品的四分之一。其余部分被荷兰的克勒勒-米勒博物馆、慕尼黑新美术馆、纽约现代艺术博物馆和英国国家美术馆等分别收藏。

图3-7 梵高艺术博物馆

在梵高艺术博物馆里，陈列着梵高自从事绘画工作以来各个时期不同风格的画作，还有梵高的生平介绍及相关遗物。如今人们称梵高为世界杰出的艺术家和后印象派的代表人物。他的作品《向日葵》《吃土豆的人》《塞纳河滨》《星夜》《有乌鸦的麦田》《群鸽》等油画驰名世界，已经成为价值连城的稀世佳作。

自荷兰人有了筹办梵高博物馆的动议那天起，他们便投入大量资金到处收购梵高流落出去的画作，可是却没有多大收获。因为拥有者看到梵高的作品奇货可居，出价越高就越珍视。拥有者还盼望着它能继续涨价呢！因此，在梵高博物馆里展出的作品并不都是梵高的，还有几位被其称为朋友的同时代著名画家，如土鲁斯、高更、马奈等人的绘画也在这里陪伴展出。博物馆一楼开设有书店、咖啡馆,墙壁上悬挂的都是19世纪其他画家的作品。大楼中间的两层才是梵高的画作和遗物。大楼顶部布置的是该馆对世界多家博物馆和私家珍藏的梵高作品进行扫描或复制的衍生物。

梵高遗作的天价升值是其传奇人生的又一奇迹。梵高去世前夕仅有一幅《红色的葡萄园》以400法郎售出,当时人们觉得梵高的画价格已经很高了,可是越到后来越是奇迹连连。比如:1987年3月,他的《向日葵》以3950万美元卖出;1987年11月,他的《鸢尾花》以5390万美元卖出;1990年5月,他的《嘉谢医生的肖像》以8250万美元卖出;1998年11月,他的《没胡子的自画像》以7150万美元卖出。最令人奇怪的是,他那幅售出天价的《嘉谢医生的肖像》竟是他在患精神病期间为给他治病的嘉谢医生绘制的肖像,他就是在那一年去世的。时隔100年,在拍卖会上居然能卖到8250万美元的天价,这在当时世界拍卖史上是价格最高的画作!直到2004年毕加索的《拿烟斗的男孩》拍到1亿多美元时才打破了这个最高纪录。

图3-8 《嘉谢医生的肖像》(第二版,此画有两个版本)

梵高的故事至此远远没有结束。梵高去世时，他的画家好友埃米尔·贝尔纳曾写过一篇梵高自杀身亡的报道，后来一些介绍梵高生平的文章都说梵高死于自杀，尤其是欧文·斯通的《渴望生活：梵高传》也把梵高描述成一个穷困潦倒、无处容身，最终为生活所迫而自残、自杀的艺术天才。所以许久以来，梵高死于自杀已经为社会公论。然而，进入21世纪之后，随着梵高研究的深入，世界上又爆出了一个惊天秘闻，说梵高不是死于自杀。那到底是谁杀死了这个当时还十分潦倒的艺术家呢？

2001年，美国有两位毕业于哈佛大学法学院的艺术期刊撰稿人史蒂文·奈菲和格雷高里·史密斯对梵高的自杀产生了怀疑。受专业责任感的驱使，他们决定对梵高之死进行重新调查。这两个曾经获得过普利策奖的老搭档确实名不虚传，功夫独到。他们组织了8位研究者和18位翻译者，住到荷兰的阿姆斯特丹去，对梵高博物馆的梵高书信、档案和各种相关资料进行了长达10年的艰辛研究，于2011年出版了一部长达960页的传记《梵高的一生》，书中否决了梵高自杀的结论，认为梵高是被两个顽劣的少年意外射杀的，梵高为了免于追究他们的责任而说"把自己弄伤了"。这本新版传记给读者们又塑造了一个新的梵高。

梵高的传奇人生曾被世界多个国家拍出10多部体裁不同的电影。其中影响较大的有1956年美国好莱坞拍摄的《梵高传》，1987年澳大利亚拍摄的《梵高的生与死》，1990年英国和法国合拍的《梵高和提奥》，1991年法国拍摄的《梵高》，1991年加拿大拍摄的儿童片《文森特和我》，2004年英国拍摄的纪录片《文森特·梵高全传》，2005年美国拍摄的电影《梵高之眼》，2010年英国拍摄的《梵高的画语人生》等。2016年，英国导演多洛塔·科别拉和休·韦尔什曼则用6万多张手绘油画拍摄出一部动画长片《至爱梵高：星空之谜》，不仅刷新了传统电影的表现形式，并且采用了美国传记作家奈菲和史密斯的研究成果,像拍摄侦探片那样,从追查梵高之死开始,层层展现梵高生前的生活状态,以寻找梵高死亡的真相。但在影片的最后,他们还是保留了梵高死亡的悬疑,似乎隐藏着安多宁·阿尔托式的沉思:梵高是一个被社会杀掉的人。因为病态的社会制造"疯子",污浊的世道让善良的人无处存身。

在英国广播公司(BBC)制作的科幻系列电视剧《神秘博士》第五季(2010年播出)第十集《梵高与博士》中,导演让梵高穿越时空,来到了巴黎奥赛美术馆布置着梵高绘画的展厅,他看到自己过去那些无人问津的作品竟被拥挤的人群包围着,他听到馆长这样介绍:

> 梵高是历史上最杰出的画家,没有之一。在任何时期,绝对都是最知名、最伟大的、最受敬仰的画家。他对色彩的掌控无与伦比,他把生活中遭受的痛苦磨难转化成画布上激情洋溢的美。痛苦很容易呈现,但如何糅合热情与痛苦来表现人世间的激情、喜悦和壮丽,前无古人,也许也后无来者。他不仅是世界上最伟大的画家,同时作为一个人类个体,也同样伟大。

这样的评价让梵高顿时泪下如雨。但是,观众们有谁知道,他那喷涌的泪水究竟是感动、喜悦,还是为自己生前的辛酸与委屈而奔流的呢?

社会复杂,造化弄人。世界艺术史上曾出现过许多吊诡的事,伦勃朗和梵高生前与身后的剧变就是其中的典型。发生在这两个人物身上的悲剧需要继续深入研究,因为在他们的身上聚集着诸多人生的复杂问题,比如:判断是非与善恶的公理在哪里?衡量事物高低、优劣的尺度是什么?应当怎样定义人生的荣辱与成败?家庭与社会是否能对晚成的大器们"从容以待"?如此等等,这些问题都需要我们重新进行认真的思考和细细的品味。

4

喜剧大师莫里哀与他的喜剧

那是 1673 年 2 月 17 日夜晚,巴黎皇家剧院里观众爆满,人们正在兴致勃勃地观看一部名为《无病呻吟》的新喜剧。剧中的主角阿尔冈总是怀疑自己有病,剧情就围绕着他如何防治这种似有似无的病情展开了。扮演这个角色的是法国著名喜剧大师莫里哀。随着剧情的发展,只见他剧烈地咳嗽起来,大口吐血,随之倒在舞台一角的扶手椅中,就像他往常扮演的重病者或死人一样被抬到了幕后。台下随之响起了雷鸣般的掌声,观众们甚至欢呼,演得真是太像了!可是谁也没有料到,他们最喜爱的喜剧大师莫里哀竟然真的告别了他那短暂而又辉煌的人生,永远地离开了他曾经倾注了大量情感和心血的戏剧舞台。

猴楼里出生的喜剧小丑

17 世纪初,在卢浮宫附近的十字大市场的东北角有一座小楼格外显眼。它的出色并不是来自别致的设计或豪华的装修,而是楼顶的角柱上安装了一群正在摘取柑橘的长尾猴木雕。这种别出心裁的装饰品让这座小楼得了一个雅号——猴楼。市场周围的人们每天都要去看看盘踞在猴楼顶上的那群活泼可爱的猴子。

1622 年 1 月 15 日,猴楼的年轻主人约翰·波克兰夫妇喜得长子,取名约翰·巴蒂斯特·波克兰。这孩子出生时运气不错,父亲的生意做得很大,出售装饰材料、家具、地毯和挂毯等,并在 1631 年以重金买到了"王室室内装潢特许商"和"国王侍从"的名衔。而其母亲玛丽·克雷塞来自巴黎另一家富有的王室供应商,使小波克兰有条件受到良好的教育。他 9 岁时被送进巴黎的贵族学校克莱蒙中学读书。1639 年他中学毕业后,父亲便让他继承了"王室室内装潢特许商"和"国王侍从"的名衔,开始帮助父亲料理生意。但小波克兰对商业活动十分厌倦。为了让儿子有个称心的职业，父亲便在奥尔良大学为他买下了法学硕士头衔，还买到了一个律师职位，希望他以后能成为有头有脸的穿袍贵族。在当时的法国，买官职、买爵位是新生资产阶级以财生财、由富而贵的捷径。可是，儿子对父亲苦心铺设的前程并不领情，因为他有自己的兴趣——看戏和演戏。

其实，小波克兰虽然有幸生为富家子弟，但成长的道路并不顺畅。他10岁时母亲病故，父亲很快就给他们兄妹六人找了个继母，继母很快也有了自己的孩子。因此，他在这个家里能得到的温暖越来越少。好在他还能到外公的家里找到安慰。他的外公路易·克雷塞喜欢看戏，跟着外公到巴黎各家剧院看戏就成了他少年时代最大的快乐。看着看着，这个小戏迷慢慢地长大了，他的人生大戏也缓缓地拉开了序幕。

人们常说，人生如戏，戏如人生。这样的比喻对于小波克兰来说尤其贴切。自打爱上了看戏，他就把自己的生命全都交给了戏剧。开初，他也许只是喜欢热闹，打发一下无聊的时光。随着年龄的增长，他看戏的品位越来越高，不只是琢磨戏的内容是否有趣，还会关心演员的美丑和演技的高低，最重要的是他在追剧的时候还爱上了一个漂亮的金发女演员玛德琳·贝雅尔。从此，他就同这个剧团里的一群演员混得厮熟，自己也时常被拉进剧目中串演小丑。

1643年1月，小波克兰给父亲写了一封信，表明自己将以演戏为业，愿意放弃继承权，把"国王侍从"的名衔转让给弟弟。但他希望从母亲的遗产中得到属于自己的那一份用来组建一个新剧团。他选这样的职业把父亲老波克兰给气坏了。因为在当时的法国，演员被看作下等人、乞丐和流浪汉，儿子以演戏为业有辱门庭。尽管父亲极力反对，小波克兰还是在当年6月与玛德琳兄妹等10个伙伴成立了光耀剧团,正式开始了他的职业演员生涯。这一年他21岁。

富有的约翰·波克兰先生家的长子当了戏子!他在戏中扮演了小丑!这样的传闻随之就成为邻里间茶余饭后的有趣话题。有人调侃说,猴楼里生出的孩子去当滑稽小丑有什么可奇怪的呢?立即就有人附和说,一个看着猴子做鬼脸长大的人不去当小丑还能指望他干什么!?

小波克兰知道自己给父亲的脸上抹了灰。为了不使父亲和家族蒙羞,他给自己取了个艺名叫"莫里哀"(意为常春藤)。从此,那个叫约翰·巴蒂斯特·波克兰的本名就被人们遗忘了。

初出茅庐的莫里哀一伙一心想演大戏。剧团成立伊始,他们就慌着租用了一个废球场改建剧场,还在剧场的出入口修建了宽阔的马路,满心等待着那些驾着马车的富人来看戏。可是,他们没有想到,同行的冤家们却以各种恶劣的手段作梗拆台,千方百计地阻挡这个新剧团做大。光耀剧团因得不到足够的票房收入,开业一年多便负债累累。剧场租赁商、蜡烛商、戏装及道具供应商等都追着他们讨债。1645年8月,时任剧团经理的莫里哀因欠下巨额债务被捕入狱。

流浪艺人中走来了喜剧大师

莫里哀蹲监狱的时间可能不太长。有人说是几天,有人说是几个月,也有人说还是他的父亲出钱把他从监狱里赎了出来。就在1645年末,光耀剧团因无力偿还债务解散了。莫里哀出狱后并没有回归到父亲的事业中去,而是伙同玛德琳·贝雅尔三兄妹加入了由查尔斯·杜弗雷经办的一个小剧团。这个剧团无法在巴黎立脚,只好到法国各地流动演出。他们就像流浪艺人那样走街串巷,不仅在法国的一些中小城市演出,还游遍了各个乡镇。剧团没有固定的舞台,有时租用当地的戏院,有时随地搭台露天演出。演员们也没有固定的居所,住过马棚,睡过干草屋。演出时还常常遇到各种各样的尴尬情况。如有时观众稀少,有时被喝倒彩,也遭遇过观众向舞台投掷苹果或杂物的难堪局面。每当演出被喝倒彩或受到起哄的时候,就得应急救场,插演一些闹剧、歌舞或短喜剧来扭转局势。这些困难和挫折不仅磨炼了莫里哀的意志,同时也让他在民间的闹剧中学到了许多演艺技巧。这为他日后的喜剧创作积累了丰富的经验和素材。

过去人们认为,称颂英雄事迹的悲剧是高雅的,而表现常人丑事、嘲笑丑陋人性的喜剧是低俗的。当时的演艺界多以出演悲剧为上。杜弗雷剧团开初也是这样,出演的剧目主要是悲剧。莫里哀自幼喜欢看戏,然后自己演戏,他希望自己能成为一个出色的悲剧演员。他也曾在一些悲剧中扮演过英雄或帝王的正面角色。如今我们在一些记述他的资料中还发现了他在1656年的剧目《庞培之死》(*La Mort De Pompée*)中扮演恺撒大帝时的舞台肖像画(由美术图像/遗产图像通过盖蒂图片社拍摄)。

图 4-1　莫里哀扮演恺撒大帝的舞台角色图

但在长期的舞台实践中莫里哀发现,普通大众花钱看戏,多是为了消闲解闷、愉悦身心,悲剧虽能激励人们的高尚情感,但喜剧则更容易给普通民众带来乐趣。为了让剧团维持下去,他们上演的闹剧和喜剧日益增多,需要莫里哀扮演的丑角越来越多,他的演技也日益精妙。只要他出场,一颦一笑,举手投足都能让观众乐不可支。他扭扭肢体,动动嘴皮,说出一连串机智的俏皮话便能让观众笑得前仰后合。于是他成了团里的台柱子,也成了观众们眼里的喜剧明星。1652年,老团长杜弗雷过世,莫里哀便当上了该剧团的团长。演戏之外他还要操持剧团的日常事务,联系社会各界人士给剧团拉业务。于是,他除了是一位出色的演员之外又多了一顶帽子——戏剧活动家。

莫里哀出演的喜剧在法国各省都很受欢迎。可是,当时法国的著名剧作家高乃依、拉辛等人都是悲剧写手,不常写喜剧。即便是在整个欧洲,能找到的喜剧剧本也很少。莫里哀时常对得到的喜剧剧本不满意。于是,他干脆自己动手写起剧本来。1655年,由他创作的第一个诗体喜剧《冒失鬼》在里昂上演,得到满堂喝彩。1656年,他创作的第二个诗体喜剧《爱情的怨气》在贝济耶上演后也大受欢迎。由此,莫里哀又得到一个新称号——喜剧作家。由于他自己编剧,自导自演,导演的身份也就兼而有之了。剧团声誉大振,以至于闻名巴黎。

国王给他撑起了保护伞

莫里哀在法国外省演出时,曾于1653年同波旁王室中的孔蒂亲王结为好友,遂将他的剧团称为"孔蒂亲王的剧团",由此得到了孔蒂亲王的赞助和庇护。经过孔蒂亲王的推荐和联络,莫里哀获得了回到首都巴黎演出的机会。

1658年10月24日是莫里哀生平中重要的日子。这天莫里哀在法王的宫殿里上演了自编的喜剧《多情的医生》。他那轻松欢快的表演和幽默风趣的台词不仅让王室成员笑破肚皮,也把年轻的国王路易十四(1638—1715年)给逗乐了。从此20岁的路易十四就成了莫里哀的粉丝。当然,自诩为太阳王的路易十四用不着当个追星族,他拥有的权利资源足以让众星攒月,也让比他年长16岁的喜剧明星莫里哀在他面前不能不俯首称臣。凑巧的是莫里哀与路易十四都是戏迷,君臣同好,相辅相成,使得到国王赏识的莫里哀又谱写出了更精彩的生命乐章。

过去莫里哀为了演戏,曾把父亲传下来的"国王侍从"称号让给了弟弟。当他从外地回到巴黎后弟弟去世了。还是为了演戏,他又拾回了这个身份以便于同皇室打交道。不过,莫里哀后来能与路易十四密切交往并不是依靠这个身份,真正有用的东西却是他在戏剧艺术方面所拥有的卓越才华和经常在皇宫里上演的新戏。有的作品上演之前他要先让国王过目,有的作品就是由路易十四授意创作出来的。

在法国历史上,路易十四被称为"有史以来最伟大的国王之一"。他在位72年,不仅文治武功为人称道,文人雅士们对于他的文化艺术素养和风流韵事更是津津乐道。事实上,路易十四确实特别喜欢舞蹈和戏剧。少年时代,他经常担任芭蕾舞剧中的主角太阳神,直到年近而立身体发胖了才不再参加演出。当莫里哀为皇家编制即兴歌舞剧的时候,他也仍然兴致勃勃地在其中串演小角色。当然,路易十四重用莫里哀也确实有更加深层的政治原因。他在1643年登基的时候只有5岁,由其母安娜摄政。法国多地的贵族十分反感安娜完全依赖枢机主教马萨林首相的执政作风,1648年发动了"投石党之乱"公开与王室对抗。随之又爆发了巴黎武装起义,让年幼的国王饱受惊吓。他曾跟着母亲逃往巴黎郊外的圣日耳曼宫避难4年之久。1661年首相去世,路易十四得以亲政。他有了实权就立即着手对付那些曾经与王室对抗的地方贵族势力。他所采用的手段犹似中国宋代赵匡胤"杯酒释兵权"的戏法——用糖衣炮弹瓦解敌军。他将全国各地有实力反抗王室的大贵族都召到新建的凡尔赛宫里来,每天用吃喝玩乐、跳舞看戏来消磨他们的锐气。这就需要有大量的精神文化产品用于消费,也需要有各路文艺高手们创作出绘画、雕塑、文学、戏剧、音乐、舞蹈和策划庆典来为国王粉饰太平,装潢门面。喜剧大师莫里哀的到来正好派上了用场。

莫里哀的剧团初回巴黎的时候,先是由国王的亲弟弟奥尔良公爵菲利普赞助,还将演出的场地安置在豪华的小波旁宫剧场。1660年冬,小波旁宫剧场因卢浮宫改建门廊被拆除,演出一度受到了影响。路易十四便把皇宫剧院中的黎塞留大剧院送给莫里哀使用,还赐予他丰厚的生活补贴。得到国王支持的莫里哀如同鲤鱼跳过龙门,很快就化龙腾飞起来。

然而,强光之下必有阴影。随着莫里哀的名声日隆,他受到的诽谤越来越多。开初莫里哀并不在乎。他说,没有人能免于诽谤,最好的办法就是对之不加理会,洁身自好,让世人去说吧!可是,事态的发展日益严重,以至于让他的生活和生命都受到了严重的威胁。事出都有因。先是莫里哀在1659年上演的喜剧《可笑的女才子》中嘲笑了巴黎沙龙里的贵族小姐们附庸风雅,见识肤浅。接着他又在1661年上演的《丈夫学堂》和1662年上演的《太太学堂》中讽刺了当时的夫权文化恶习,还影射了封建宗教文化在教育方面对妇女的毒害。加之他编写的故事就像画家或摄影家们对典型人物事迹的跟踪描绘和抓拍那样,真实地再现了当时社会生活中的世相、丑事。这让观众们觉得戏中的人物恐怕就是某某吧?!最可笑的是有不少人觉得,莫里哀在戏中说的这个人就是自己。于是这些喜欢对号入座的权贵人士便发起了疯狂的反击。

他们最拿手的方法是对莫里哀的私生活进行恶意中伤,让他名誉扫地。1662年,40岁的莫里哀结婚了。可他娶的妻子并不是老情人玛德琳,而是一个20岁的剧团新秀阿曼德。若说他喜新厌旧也属常理,问题在于这个小娇妻阿曼德是个有故事的人。她出生后曾被寄养在外地,来到剧团时已有9岁,官方文书上称她是玛德琳的妹妹。有研究者说,她是玛德琳17岁时与最初的情人摩德纳伯爵艾斯普里·德·雷尔的私生女。因这位伯爵不肯与身为戏子的玛德琳结婚,为避免丑闻就把这孩子寄养到外乡变成了"妹妹"。更有好事者推测,阿曼德也可能是玛德琳与莫里哀相恋时生下的女儿。复仇者便借此对他进行大肆造谣,莫里哀被骂成了乱伦的衣冠禽兽。

要命的灾祸也跟着来了,时任巴黎近卫军司令的费雅特公爵派人暗杀莫里哀。因为他认为莫里哀在《太太学堂》中披露的那个怕戴绿帽子最终还是戴了绿帽子的男人说的就是他,因此感觉受到了人们的耻笑。莫里哀虽然侥幸逃脱了暗杀,但费雅特公爵却不依不饶,声称必以杀死莫里哀而后快。路易十四知道了这件事,很同情莫里哀的遭遇。为了替莫里哀遮风挡雨,路易十四说服费雅特公爵放弃了暗杀。他还在日常生活中对莫里哀格外关照,时不时地约请莫里哀与他一起用餐。当得知莫里哀的妻子生了儿子,路易十四又主动给这个孩子当了教父,还用自己的名字给孩子取名为"路易"。遗憾的是这孩子只活了8个月。1663年,路易十四又赐给莫里哀"优秀喜剧诗人"的称号,并决定每年发给1000里弗尔(法国古代货币单位,1795年法国启用法郎后1里弗尔兑换1法郎)的津贴。随后还把莫里哀的剧团更名为"国王剧团",让剧团所有的成员都能得到稳定的俸禄。

图4-2 《莫里哀与路易十四共进晚餐》

"士为知己者死",莫里哀也是这样。他除了在1663年6到10月写出《〈太太学堂〉的批评》和《凡尔赛即兴》这两部论战性短剧来回应社会公众的批评和流言蜚语之外,就是拼命地为路易十四工作。他后来的许多作品都与路易十四有关联。

1665年,路易十四说,他想看爱情戏。莫里哀在短短的5天之内就写出了一部喜剧《爱情是医生》。路易十四又说,他想看古典爱情戏,莫里哀便写出了一部田园牧歌式的爱情喜剧《梅丽赛特》。路易十四提出要看豪华优雅的喜剧,他就创作了《豪华的求婚者》。据说,他在1668年编写的那个喜剧《昂菲特律翁》,看似是讲了一个古希腊神话中美女待嫁于英雄却被众神之王宙斯插足的爱情故事,但在戏剧里边却隐藏着路易十四的秘密。当时路易十四最喜欢的那个情妇弗朗索瓦丝本是蒙特斯潘侯爵的夫人。起初,路易十四还刻意遮掩,通过莫里哀在这部喜剧里对这个爱情故事的演绎与美化后，路易十四释然，此后便心安理得地与这位绝色美人夫妻般地生活了10多年，还让蒙特斯潘侯爵夫人为其生下了6个非婚生子女。

  在莫里哀为路易十四服务的10多年间，他经受的最大的劳累就是为王室举办各种庆典娱乐活动。如1664年夏天的庆典就办得特别盛大。当时为了庆祝凡尔赛拓建工程揭幕，路易十四想好好乐一乐，决定在凡尔赛后宫花园举办为期一周的欢庆活动。这次庆典除了皇族、朝臣与家眷之外还邀请了各类宾客600多人。庆祝活动自5月7日开始，到5月13日结束，无论白天还是夜晚都有不同的娱乐项目。其中的音乐、舞蹈、戏剧、马术比赛、大型宴会、夜间烟火与游园等内容都是在莫里哀和宫廷官员们的周密策划和细心筹备下进行的。莫里哀曾在《迷人岛欢乐会的记述》中详细记录了这次活动的盛况。他本人在这次盛会中曾负责编写、导演、排练了多场歌舞剧和喜剧，还设计出了豪华的舞台布景和各种能彰显皇家权势的道具、服饰。此外，他还为国王、王后、王太后以及皇族中的公爵、侯爵、伯爵和夫人及其公子小姐们撰写了各自的颂词。其间他还组织了声势浩大的游园活动。这些游园的队伍很像实景剧。有的扮演各路神灵，有的扮演各界人物，还有一些人扮

图4-3 迷人岛欢乐会的场景插图

演侍从、卫士、歌者、舞者、捧花者、献果者、牧羊人、农夫乃至能反映四季变化的儿童和老人等,他们都是通过穿戴的服饰和佩戴的道具等妆容来表达意境的。由此可知,莫里哀在这样的欢庆活动中曾付出了怎样的心血和劳动。

1668年,莫里哀在《凡尔赛节日的记述》中详述了筹备当年7月18日节庆的事项。如宫廷首席侍从克雷基公爵负责安排娱乐活动,国王膳食总管贝勒元帅负责照料晚宴,建筑总监柯尔柏负责建造各种活动场地。对于他本人所负责编排导演的多个剧目、舞台装饰与布景道具的记载尤为详细。他还指出,在当时演出的那些节目中,有不少内容是国王即兴临时添加的。

图4-4　莫里哀肖像

1671年上演的五幕大型悲剧《普茜谢》也是莫里哀应路易十四之令为欢庆节日赶写出来的。当时已逼近狂欢节,路易十四心血来潮,想在这个节日里看到一部有歌有舞并有壮丽布景的大戏。莫里哀感到他一个人无法在短期内完成这么艰巨的任务,便邀请了著名剧作家高乃依来帮忙。两人合作在15天内写出了剧本,剧中的音乐由作曲家吕利配制。这部歌颂纯洁爱情的悲剧虽然是个急就篇,却将音乐、芭蕾舞与情景剧融为一体,既满足了路易十四的多项要求,也创生了一个新型剧种——芭蕾舞悲喜剧。从此,这种且歌且舞且叙事的"戏剧芭蕾"在世界上逐渐流行起来。

"御用艺术家"的社会担当

在莫里哀与国王路易十四密切交往的岁月里,路易十四确实为他提供了不少支持和帮助,路易十四因而得到了爱惜人才的美名。19世纪的英国历史学家莫利勋爵曾评论说,路易十四名声在外的最好说法是"他对莫里哀的保护"。因此,就有不少人把莫里哀称为"御用艺术家"。其实,施加给莫里哀这样的称谓失之偏颇。俗眼多翳,他们既没有看到这位杰出剧作家的风骨,也没能领略到他的喜剧作品在嬉笑怒骂之中所隐藏的思想性和社会担当。

在王权专制的时代里,许多艺术家不得不依附于王权,通过为王权服务以求得事业的发展。莫里哀当然也是这样,自从他带着剧团从地方回到巴黎后,正是得自于王室的支持,演出才有了固定的场地,演员们的生活也才有了基本保障。这让作为剧团主管的莫里哀省去了许多演出之外的日常琐事而能把更多的时间和精力用在剧本创作上。他在巴黎受到的各种赞美和各种责难也极大地激发了他的创作热情和智慧。在之后的10余年里,他几乎每年都有一或两部新剧产出。他的作品共有33部,其中的27部是回到巴黎后完成的,并且有好几部作品都被后世奉为经典。如《丈夫学堂》《太太学堂》《达尔杜弗或骗子》《唐璜》《爱情是医生》《屈打成医》《吝啬鬼》乃至临终前上演的《无病呻吟》等喜剧在世界各国的舞台上都是常演不衰的剧目。

但是,这些作品最初上演的时候并不都是顺畅的。特别是《太太学堂》和《达尔杜弗或骗子》这两部喜剧受到的磨难最多。

《太太学堂》是继《丈夫学堂》之后莫里哀创作的另一部力作。这两部喜剧所反映的都是法国女性在封建制度下遭受歧视的社会现象,尤其是披露了修道院的封闭教育对女孩子身心的残害和婚姻不能自主这两方面的严重问题。

在《太太学堂》里,莫里哀塑造的主人公阿洛尔夫是个有钱人。他看到城里的太太们都有自己的情人,且讨好情人,欺骗丈夫,变着戏法花丈夫的钱。他便认为,在这世上的婚姻中绿帽子是必不可少的专有品。可他又觉得,妻子就是自己碗里的汤,怎么能容忍别的男人分享呢?!而那些有才智的女子诡计多端,防不胜防,看来只有找个傻瓜当妻子才是安全的。为了能使自己避免戴绿帽子的危险,他终于想到了一个绝妙的主意:到乡下贫苦的农家买了一个年仅4岁的小女孩,名叫阿涅丝(字义为羔羊),把她送到一个修道院里养了13年,让她对院外的世界一无所知,只知道每天向上帝祷告,爱我,缝缝纺纺,也就够了。他在42岁时找到了一处偏僻的房子,将阿涅丝从修道院里接出来准备结婚。他原以为,这个经过修道院封闭驯化的白痴女孩定能成为百依百顺的妻子,可以让他高枕无忧。不料阿涅丝走出修道院之后就碰到了一个向她求爱的青年,名叫贺拉斯,两个人很快就坠入了爱河。火热的爱情很快就让无知的阿涅丝开了窍,她勇敢机智地与阿洛尔夫周旋,最终逃脱了阿洛尔夫设置的婚姻陷阱并与自己所爱的贺拉斯结为佳偶。

这部喜剧上演后好评如潮,却有一些贵族老爷和宗教人士感觉受到了嘲讽。他们指责这个喜剧轻佻、淫秽、有辱宗教,还到处散布流言蜚语诋毁莫里哀的人品。随之又发生了费雅特公爵派人暗杀莫里哀的凶案。莫里哀虽然险些丧命,但他没有屈服,专门创作了短剧《〈太太学堂〉的批评》来回应人们对他的诽谤。他理直气壮地说:戏剧在纠正错误方面是最有效的手段。在道德上,一本正经的说教常常不如讽刺作品的俏皮话有力量。要批评大部分人,没有什么东西赶得上把他们的缺点刻画出来,让这些缺点受到公众的哄笑,这是打击恶习最有效的办法。当时的戏剧评论家们都赞同莫里哀的这种喜剧理论,赞美《太太学堂》不仅守住了喜剧应有的娱乐功效,而且还打破了法国以往的喜剧仅是插科打诨的低俗窠臼,能通过挖掘尖锐的社会矛盾反映社会现实,从而让法国的喜剧有了深刻的内涵而面目一新。因此,戏剧界把《太太学堂》看作是法国古典主义喜剧诞生的标志。这让当时还没有多大名气的喜剧作家莫里哀也能与已经在法国走红了的悲剧作家高乃依和拉辛比肩并论。后来三人被合称为"17世纪法国三大剧作家"。

《达尔杜弗或骗子》(也被译为《伪善者》)于1664年5月12日初次上演。莫里哀在剧中讲述了一个绅士上当受骗的故事。富有的奥尔贡先生在教堂里碰到了装扮得十分虔诚的教徒达尔杜弗,听信他因行善致贫成了流浪汉的谎言,便将达尔杜弗接到家中当作上宾尊崇、供养起来。奥尔贡的母亲还把达尔杜弗当作上帝派来的使者,让全家人和男仆、侍女们都要接受他的规劝,以便于死后灵魂能升入天堂。不料骗子在这个家里每天胡吃海喝,还调戏奥尔贡年轻的妻子埃耶米耳。他的恶行被奥尔贡的儿子达米斯发现了,面对奥尔贡的质问,他又用谎言狡辩使奥尔贡相信,是达米斯诬陷了他。于是,奥尔贡不仅剥夺了儿子的继承权,将自己的儿子赶出家门,还把家产转到了达尔杜弗的名下。然后又强迫女儿玛丽亚娜放弃已有的恋人准备招达尔杜弗为婿。埃耶米耳是个善良的继母,她不忍心让这个狡猾的骗子毁掉这个原本和谐的家庭,就设计让丈夫躲在桌下并假装同意与达尔杜弗幽会。这才剥去了这个骗子的伪善面具,把达尔杜弗赶走了。

可是没过几天,达尔杜弗竟然带着官差来抓捕奥尔贡,说他触犯了国法。奥尔贡猛然想起,他曾因替一个遭到通缉的朋友收藏了一个装有国事秘文的匣子而担惊受怕,就把达尔杜弗当作最知心的朋友说出了心事。达尔杜弗当时就像好汉似的要替奥尔贡分担风险,便将这个秘匣转移收藏。谁知达尔杜弗竟然把骗取的这个秘匣当作把柄将奥尔贡告发。奥尔贡因此遭到逮捕,同时还被没收了家产,他的家人被告知应立即搬出宅院。直到这时,奥尔贡才看到这个伪善者的贪婪和凶狠。奥尔贡的家人哭天抢地,一齐唾骂达尔杜弗的无耻行径。国王的侍从得到实情禀告了国王。明辨是非的国王随即下令把这个骗子送进监狱。鉴于奥尔贡曾经护国有功,国王赦免了他的罪过,将奥尔贡从妻离子散的危险中解救出来,全家人转悲为喜。

图 4-5 《达尔杜弗或骗子》剧本插图

这部揭露和鞭挞教会势力的喜剧一上演就赢得了观众的满堂喝彩。然而就在当晚,巴黎大主教佩雷菲克斯找到王太后安娜要求禁演。理由是莫里哀在戏中讽刺了天主教教士和信士。路易十四顶不住王太后和教会上层人士的压力遂下令禁止公演。莫里哀并不死心,他反反复复将该剧改了3年多,去掉了一些敏感的情节和话题,还把《达尔杜弗》更名为《骗子》在1667年8月5日再次公演。可是这部由三幕增为五幕的《骗子》仅仅演了一场,就在第二天又被巴黎最高法院下令禁演。当时发布的官方公报称该剧对宗教完全有害,并可能产生非常危险的影响。随后大主教佩雷菲克斯也发出了禁令,甚至声称:阅读或者听人朗读该剧,将被革除教籍。莫里哀本人也遭到了一些神职人员的谴责。他被指责为"无神论者""思想自由者"和"放荡者"。有个牧师还骂他是"穿着人肉的恶魔",声言定要把他打入地狱。

虽然这部几经修改的喜剧再次遭到了教会和政府的双重封杀,莫里哀仍然没有屈服。他曾三次向路易十四上书,要求放行这部喜剧。在这期间他又创作出一部讽刺贵族荒淫堕落的新戏《唐璜》来揭露法国上层社会的罪恶。《唐璜》只演了一场也被封杀了(直到百年后才重新出现在法国的舞台上)。经过莫里哀长达5年的艰难抗争,《达尔杜弗或骗子》终于在1669年2月8日解禁上演,并于同年公开刊印。莫里哀在该剧本的前言中说,他曾经嘲笑过贵族、装模作样的女人、戴绿帽子的男人和谋财害命的庸医,但该剧中的这种伪善者在法国却比他们更有势力,这是一个总是以上帝的事业掩盖其私利的行业。他还说:我居然大胆地嘲笑他们的伪装并想贬低那些正经人都在干的一种行业。这是一项他们无法原谅我的罪恶。他们带着异常的愤怒联合起来反对我的喜剧。……如果喜剧的目的就是鞭挞人类的弱点,那我看就没有理由让哪一个阶层的人幸免。由此可知,莫里哀并不是一个专为国王制造欢乐的戏剧家,他还要把"鞭挞人类的弱点"当作自己的责任。像这样不畏权贵,勇于担当道义的品格岂能把他简单地划入"御用艺术家"之流了之?!

他在喜剧中咏叹爱情

17世纪的法国处在封建社会晚期,浪漫的法国人在婚恋方面还没有浪漫起来。青年男女无论是出生于王室和贵族之家还是出生在平民之家,谈婚论嫁都不考虑双方是否能感情互悦,而是在两个家庭中进行利益磋商,利益驱使下的畸形婚姻比比皆是。加之"婚书一换,不死不散"的习俗,致使许多痴情男女爱而不得,或是殉情亡身,或是痛苦终生。莫里哀是个爱情至上的性情中人,他在自己的喜剧里一直把爱情当作主旋律反复咏唱。他在那部专门歌颂爱情的歌舞悲剧《普茜谢》中借水神帕莱蒙之口唱道:"美丽确实是爱的开始,但柔情才使它长久。""缺乏爱的心应该诅咒,爱心本是生命的天堂。"在剧情中,当各路神灵发生纷争的时候,天地的主神朱庇特做出了这样的判决:"大千世界应该屈从于全能的爱神,没有他一定陷于混乱的局面。"可惜在现实生活中人们的婚配却常常缺失了爱神的位置而由财神来主持。因此总让爱情受到铜臭气的熏染而失去纯真的味道。

莫里哀对这种利益当先的婚姻恶习深恶痛绝。他创作的喜剧多以婚姻与爱情的冲突为主线展开,将处于婚姻家庭矛盾中的爱恨情仇和悲欢离合表现得活灵活现,让观众通过这些可耻、可笑、可悲、可歌的婚恋故事去思量自己的婚姻生活。他还常常通过剧中人物的台词来表达自己独立自主的婚恋观,颂扬纯洁的爱情并鞭笞那些利用婚姻进行利益交换的封建恶习。

爱情是什么?它从哪里来?这本是个难解的复杂问题。可那些主张包办婚姻,或是热衷于政治联姻及经济联姻的人们却硬说,爱情是婚姻的果实,婚后会慢慢地培养出感情来。莫里哀便在他的多部喜剧里嘲笑这样的陈词滥调。如在《达尔杜弗或骗子》中，当专制的家长奥尔贡强迫自己的女儿玛丽雅娜放弃已有的恋人另嫁达尔杜弗时，他家的女仆桃丽娜就指责说："谁要是把自己的女儿许配给她所厌恶的男子，那么她将来所犯的过失，在上帝面前是应该由父亲负责的。"尽管这个女仆被主人扇了耳光，她也仍然坚持自己的见解，声称软弱的女人也不是好欺负的，嫁了不合宜的丈夫，就不能保证婚后守住妇道。

在男权时代，"妇道"就是男人们的软肋。妻子的价值不只是要有漂亮的脸蛋，坚守贞操才是重要的价值标准。莫里哀在喜剧《太太学堂》中不仅嘲笑了这种观念，还通过披露阿洛尔夫为避免戴绿帽子而利用修道院的封闭式教育蓄养幼女阿涅丝为妻的荒唐事谴责了这种恶习。他设置的剧情不仅没有让阿洛尔夫等到婚后同妻子培养出爱情来，而且还让这个"羔羊"般的少女一走出修道院就变得聪明起来，敢于同阿洛尔夫斗智斗勇，最终得以与自己喜欢的男人结了婚，由此使阿洛尔夫鸡飞蛋打，成为笑柄。

在另一部喜剧《乔治·唐丹》中，莫里哀塑造的主角乔治·唐丹是个富有的农夫。为了攀附权贵，他以高价娶了一个贵族女子为妻。婚后不仅未能培养出爱情，反而常常受到妻子的捉弄。他提心吊胆，处处防护，最终也没能阻挡妻子出轨，亦成为笑柄。

爱情有时也会像兴奋剂一样致人发昏。莫里哀在喜剧《恨世者》中塑造的贵族青年阿尔塞斯特恨世嫉俗，常以诚恳清高自许。可是，他觉得自己的理智无法控制住自己狂热的爱情而被一个虚伪、狡猾、善于应酬的寡妇塞里曼娜所耍弄。这个寡妇利用自己的姿色将多个追求者玩弄于股掌之中，她的心"披着一件爱情的美丽外衣，竟挨着次序许给了全人类"。最终让阿尔塞斯特成为众人的笑柄。

图 4-6 《恨世者》剧本插图

莫里哀在喜剧《女学究》里还嘲讽了另一种"柏拉图式爱情"。剧中那个潜心学问的女学究阿耶芒德宣称自己要嫁给哲学。她标榜自己的爱情高尚纯洁,为爱而爱,只追求心灵上的结合,以此摆脱低俗的肉体和物欲的污染。但她的情人克利唐德则宣称,人的肉体与心灵不可分割,相爱就必须爱一个完整的人。他不能接受这种无婚姻的爱情,然后就把他的爱转向了自甘平庸并愿意与他结婚的另一个女子,即阿耶芒德的妹妹亨丽埃特,最终让女学究为失去心上人而痛不欲生。

生活是复杂的,脆弱的爱情也常常经不起岁月的煎熬。即使是有爱情的婚姻家庭也只能享有短暂的爱情之乐,然后就被柴米油盐的烦恼生活弄得一地鸡毛。莫里哀也常在他的婚姻爱情戏中诉说夫妻日常生活的酸甜苦辣。如他在喜剧《爱情是医生》中就表达了这种无奈的情感。大幕拉开,男主角斯嘉纳赖尔便向他的朋友纪尧姆先生感叹道:"啊!生命是多么奇怪的东西!……我只有一个老婆,她却死啦。"他又说:"我不能想起她而不流泪。我对她的行为本不十分满意,我们三天两头吵嘴,但死毕竟把一切问题调解了。她死啦,我哭她。她若活着,我们还会吵架。"他的寥寥数语便道破了陷在日常繁杂生活中的夫妻们的矛盾心理。

讽刺和嘲笑就是他战斗的主要武器

人们都把莫里哀的喜剧称为讽世喜剧,是说他擅用尖锐泼辣的讽刺和嘲笑去抨击现实生活中一切丑恶的东西。在他创作的喜剧中,法国各阶层都有一些人受过他的嘲笑。其中有矫揉造作的贵族小姐、故作深奥的女学究、顽固的父亲、专横的丈夫、吝啬的守财奴、热恋的青年、花花公子、自以为清高的愤世嫉俗者、坑蒙拐骗的僧侣、落魄的贵族、羡慕贵族的新富人、骗钱的庸医、喜欢吹牛的将军、雁过拔毛的官吏、无病呻吟的地主、贪吃鬼、老色鬼等形形色色的人。他们的愚蠢、贪婪、好色、懒惰、怪癖、虚荣、狂妄自大乃至恶习等不良行为都成了他讽刺和嘲笑的对象。讽刺和嘲笑就是莫里哀用于同社会上各种丑恶现象做斗争的锐利武器。

莫里哀在喜剧中曾多次讽刺和嘲笑庸医。由于他的母亲在很年轻的时候就因病去世,后来的两任继母也都是年纪轻轻的就被疾病夺去了生命。庸医们不仅从他家骗走了大量的钱财,还让他的亲人因治疗不当而受罪、丧命。他本人也曾经历小病治成大病,大病久治无效的痛苦。于是他对当时的医生和医术产生了怀疑,特别痛恨那些糊弄病人、谋财害命的庸医。所以,他就时常在喜剧中抨击他们。如在《爱情是医生》中,那位舍不得将独生女儿嫁出去的父亲为了给装病的女儿治病,同时请了四个医生来会诊。这些医生讨论的治病方案都是放血、催吐与灌肠,要让她死在医生们的规矩里。这规矩就是当时治病的常用套路,无论病人患了什么病,都要放血、催吐或灌肠。最具讽刺性的喜剧是他创作的《屈打成医》。在该剧中,莫里哀塑造了一个完全不懂医术的樵夫斯嘉纳赖尔被屈打成医的荒唐故事。他借斯嘉纳赖尔之口讽刺医生说:"我觉得行医这个道道,是个顶好的职业,因为,看好了也罢,看坏了也罢,反正照样有人付钱。出了偏差,我们什么也不担当。料子随我们剪裁,爱怎么剪裁就怎么剪裁;一个做皮鞋的,不敢错剪一块皮,错剪了,赔也赔不起。可是治坏了一个人,一根毫毛也不用赔。我们自来不会有差池,过失总在死鬼身上。总而言之,干这行的好处可大啦,死鬼全有最高的美德、规矩、谨慎,大夫把人医死了,从来没有见过死人抱怨的。"据说他对庸医的讽刺遭到了不少医生的忌恨,临终前就没有请到肯为他救治的医生。

　　社会生活中还有许多过度吝啬的人也让莫里哀恼恨。于是他在喜剧《吝啬鬼》中塑造了一个吝啬人的典型阿巴贡让人们嘲笑。这个极端吝啬的老头认为"世上的东西,就数钱可贵"。为了省钱,阿巴贡想出了各种各样的办法:请客时他让厨师准备八个人的饭菜应付十个客人就餐;为了让家人少吃食物,他自印历书,把禁食的斋日增加了一倍;他自己平时晚饭也吃得很少,夜间饿了就到马棚里去偷吃喂马的荞麦;平时马不拉车就不给饲料,让马饿得皮包骨头;即便是问候一声早安,他也舍不得说,而是借给你一个早安。更可恶的是他在儿女婚事上采用的节俭方法。妻子去世后,一双儿女都到了婚嫁年龄。为了省钱,他把女儿许给年近半百的老汉,因为男方不要陪嫁。他让儿子娶个有钱的老寡妇,因为不花钱还能捞到一大笔收入。放高利贷也是他平日里赚钱的老办法。有一次他在中间人那儿放高利贷的时候,见到的借贷者竟是自己的儿子。父子俩一见面都很惊诧,父亲骂儿子是个花花公子,大手大脚地花钱。儿子骂父亲是个吝啬鬼,放着大堆的钱却刻薄子女。当他得知一个既年轻又漂亮的姑娘玛丽雅娜因落难陷于困境时,他就想趁机少花几个钱娶她为妻。不料这个美丽的姑娘却是儿子的恋人。就在他与儿子争夺媳妇的当儿却发现埋在后花园里的一万个金币不见了,这可要了他的老命!他怀疑家里的每个人都是贼,要让警察、法官和刽子手们都来把他们统统绞死。甚至,他恨不得把自己也吊死。这些搞笑的行为表现使阿巴贡从此成为"吝啬鬼""钱串子""守财奴""放高利贷者"的代称。

在欧洲的封建社会里,贵族一直居于社会上层,有着无与伦比的优越感。资产阶级诞生之后,有许多富人仍然羡慕贵族,看重人的贵族身份并喜欢模仿贵族的做派招摇过市。莫里哀在喜剧里嘲笑了这些新生的资产阶级。他在《贵人迷》(也被译作《布而乔亚贵族》)中塑造的主角汝尔丹就是个富了之后还想求贵的商人。他在日常生活中处处模仿贵族的行为举止,穿衣戴帽都要按照欧洲贵族的颜色和款式来制作,就连一双丝袜也要求裁缝照着贵族的丝袜式样缝制。他虽然已经年老体胖,却雇用了音乐、舞蹈、剑术、哲学先生来训练自己的文化素养,力求把自己修饰得像个绅士。这帮人看到汝尔丹知识浅薄、爱慕虚荣,便把他当成傻瓜和摇钱树来糊弄,汝尔丹的家也变成了他们打斗取乐的场所。最搞笑的一幕是汝尔丹试穿新衣。为了能让自己的衣着与贵族身份相符,他特意让裁缝给他制作了一套礼服。穿上礼服后,汝尔丹顿时觉得自己找到了当贵族的感觉。帮他更衣的裁缝徒弟们称他为"贵人",向他讨赏钱。为着这个称呼,他便像贵人似的给了赏钱。于是裁缝师傅说:"爵爷,我们谢谢您了!"为着这声"爵爷",汝尔丹又赶快拿出赏钱。得到了赏钱的徒弟们欢天喜地要去喝酒了,就说了句"恭祝大人健康"。汝尔丹更加陶醉了,让他们别急着走,还要给赏钱!为了能与上层社会的人扯上关系,他结交了一个能出入宫廷的破落贵族,名叫多朗特伯爵。他多次借钱给伯爵,还认为是被伯爵抬举了。他还多次委托多朗特伯爵给自己暗恋的侯爵夫人送情书、钻石等贵重礼物。为了能与侯爵夫人约会,他支走妻子,让多朗特帮着他设置家宴接待这个假想的情人。他不顾自己的女儿已经有了心上人的事实,坚持要把她嫁给贵族,认为多陪嫁些嫁妆就能让女儿当上侯爵夫人或伯爵夫人。逼得女儿的情人克莱翁特不得不采用仆人科维埃尔的计谋,将自己打扮成向他家求婚的土耳其王子,还参照土耳其的礼仪给汝尔丹封了一个游侠骑士的名头。经过这一番折腾,汝尔丹便高高兴兴地把女儿送给了克莱翁特为妻。

图4-7　汝尔丹先生的舞蹈课(《贵人迷》舞台表演图)

　　司法官们本应该为公众主持正义,可是他们却利用职权处处揩油。莫里哀也曾是受害者。在喜剧《司卡班的诡计》中,莫里哀讽刺了法国司法界的各种官吏。他借用剧中主角司卡班之口诉说了打官司的麻烦:"您单看打官司,要费多少手脚,也就行了。没完没了的上诉,一重一重的审级,手续烦难,还不提个个儿如狼似虎的官员:什么承发吏啦、代诉人啦、律师啦、书记官啦、检查员啦、报事员啦、审判官啦,还有他们的见习生,你就别想逃过这些人的手。

这些官员见钱眼开,没有一个不贪赃枉法的。"而且,他还列举了这些官吏在各个执法过程如何勒索当事人的方法,如传票钱、登记钱、代诉钱、誊写诉状钱、律师出庭建议与辩护钱等等必不可少,总之是说:"您一告状,就算下了地狱啦。"从这番说辞中我们就会知道,社会上的许多人有了冤情而不敢打官司的重要原因。

莫里哀从不重复自己。他一生创作了33部喜剧,涉及的内容十分广泛。莫里哀不仅是一个优秀的喜剧作家,还是一个杰出的喜剧演员。他在喜剧中展现的笑料都不是无缘无故的,而是力图引起观众对某些常见错误的关注或警觉,让喜剧的笑声能发挥出疗伤治愚的社会功能。在他的演员生涯中曾扮演过316个角色,其中有24个重要角色。这些角色中有贵族老爷、资产阶级新富人、医生、牧师、病人、农夫、男仆等。其中有些重要角色就是他自己创作的那些荒唐离奇故事中的主角。他们各有鲜明的个性,台词机智幽默,肢体动作滑稽可笑,一举手一投足就能引得观众哈哈大笑。他曾在一个剧本的序言中说,仅是阅读他的剧本并不能完全领略其中的妙趣,还须借助于肢体动作和语气声调来协助才能理解其中的深意,如做鬼脸、眨眼睛、扭身子、打棍子、翻跟斗、屈膝爬行等肢体语言都是提高表现力的有效方法。他的服饰和道具丰富多彩。有观众记载,他亲自设计的帽子顶尖檐小,假发长而蓬松。每行屈膝礼,他的假发就会"扫过全场",让他所扮演的人物显得格外滑稽可笑。正是他对剧中这些人物夸张的表演才让那些有各种丑行的人受到嘲笑,进而也为社会大众提供了自我反省的镜子,使那些当事者的可笑行径受到嘲笑后能产生羞耻感而后改过自新。因此,法国著名作家司汤达称莫里哀为"伟大的人类画家",说他在舞台上再现了人们的世相。

喜剧大师化为不死鸟

莫里哀在舞台上倒下了。临终前,他仍然没有忘记给观众留下欢笑。去世的那天,他觉得自己很难受。他的妻子和徒弟都劝他休息一下,当晚就不要再登台演出了。可他说:那怎么行,我不演出,50多个人的剧团吃什么?其实,他患了5年多的肺结核,当时病情已经很严重了。在那个时代,结核在全世界都是要命的病症,患者需要有良好的营养和休息。但是,莫里哀顾不上这些。看过他履历的人都知道,他仅是在1667年及之后的这一年多时间里没有登台演出,但并没有停止创作。就在他患病的这5年间,每年都有新作推出,甚至一年写出两三部作品,相继推出的新剧多达10余部,其中有几部喜剧都被后人奉为经典。他若不是拼命地写作,怎么能有这么多的佳作问世!?当最后这部被称为经典喜剧的《无病呻吟》写成后,他本人仍然出演主角阿尔冈,仅仅演了4场就倒下了。他在台上扮演的是一个对自己健康状况疑神疑鬼的假病人,整天无病呻吟,看病吃药。在现实生活中,他却是一个患有严重肺病的真病人。当他在戏台上咳嗽、咯血,以至于咳破了喉管倒下去时,观众还以为他表演得太逼真而满堂喝彩。没有人能想到他的生命竟至终点。犹如凤凰涅槃,51岁的喜剧大师莫里哀被定格,他似乎化作不死鸟在戏剧舞台上永生了。

由于莫里哀生前曾多次得罪教会、讽刺教士,因此临终时没有牧师肯为他祷告。去世后因是戏子身份,教会也不允许埋在公共墓地里。后经莫里哀妻子请求,路易十四帮他协调了巴黎圣约瑟夫公墓内一块不受洗者的墓地便草草地安葬了。没过几年,路易十四烦闷时,他就思念起这个曾给他增添过许多欢乐的莫里哀来。

他在1680年10月21日颁布了一道诏令,以莫里哀的剧团为骨干合并了巴黎的另外两家剧团,成立了法兰西喜剧院,作为演出莫里哀喜剧的基地。如今这个国家剧院仍然以上演莫里哀的喜剧为主。人们也把它称为"莫里哀之家"。

据记载,莫里哀生前有个艺术评论家朋友布瓦洛曾经劝他说,身为喜剧作家,如果不再扮演小丑就可以当选为法兰西学术院的院士。莫里哀谢绝了朋友的提携,一直坚持扮演着他自己在喜剧中所嘲讽的那些小丑,直到逝世。1778年,法兰西学术院为莫里哀立了一尊由著名雕塑家乌东为他制作的半身雕像,下面刻着:"他的光荣什么也不少,我们的光荣里却少了他。"由此可知这个学院的院士们对于当初没能把莫里哀这样杰出的剧作家揽入其中的遗憾之情。莫里哀正是用自己独特的方式向历史证明,即便是戏剧小丑,只要有仁心铁骨,能担道义,也一定能像法兰西学术院的院士们所标榜的那样成为"不朽者"!

图4-8 莫里哀半身雕像

1839年,法兰西喜剧院著名喜剧演员约瑟夫·雷尼耶向巴黎市议会提议,希望为法国的"喜剧之父"莫里哀建一座纪念碑。这个提议立即得到广泛响应。地址就选在法兰西喜剧院旁边。这座气势宏伟的雕像纪念碑由三位雕塑家于 1844 年合作完成。底部是一座多边形狮子喷泉。碑体用白色大理石雕成。碑的两旁各有一尊缪斯女神雕像。右边的女神代表轻喜剧,左边的女神代表严肃喜剧。在她们手中拿的卷轴上刻写着莫里哀创作的喜剧清单。莫里哀雕像由青铜制成,坐在纪念碑的顶部。他身着绣花古装,手里握着羽毛笔,似乎正处在创作的冥想中。雕像后部是一座带有四根科林斯柱式的拱门。拱门顶部是一个半圆形山花。山花中间还有一个手持花环的小精灵坐在花丛中。据说,这是法国首次为国王及军政要员之外的人建造的国家级纪念碑。由此可知,此时的法国人已经不再轻视喜剧小丑,进而要向喜剧天才致敬!

图 4-9　竖在法兰西喜剧院旁边的莫里哀纪念碑和青铜雕像（全景与局部）

莫里哀去世 300 多年后,他创作的那些喜剧不仅在法国各地的舞台上持续上演,还被翻译成 50 多种语言搬上了世界各国的舞台,由此使世界各国观众都能从他的喜剧里得到欢笑。

莫里哀的喜剧作品于20世纪初开始传入中国。如今已有20多个剧目被翻译成中文。近年来在北京和上海的多家剧院里都上演过莫里哀的《无病呻吟》《吝啬鬼》《太太学堂》和《女学究》等剧目,让中国的观众也分享到了他的喜剧文化大餐。

在法国,莫里哀除在文学和演艺界拥有崇高地位之外,还被视为"法兰西精神"的代表。20世纪前期,法国人为了纪念本国历史上诞生的那些对世界有重大影响的巨人,曾把20多位杰出的政治家、军事家、思想家、文学家、艺术家和科学家的肖像印在法郎纸币上。1958年版50000法郎纸币上的人物便是莫里哀。1960年1月法国币制改革,面值缩小(100法郎变为1法郎),票面上的人物肖像没有改变,让这款纸币有了两种版面。他是以法国最伟大的喜剧作家、杰出演员、戏剧活动家、芭蕾舞喜剧创始人等多重荣耀而入选的。

图4-10 印有莫里哀肖像的法郎纸币

当代的评论家们认为,莫里哀的作品达到了当时欧洲喜剧的最高水平,堪称近代喜剧的典范。1987年,法国戏剧界设立了莫里哀戏剧奖,获奖者都是代表法国戏剧创作和表演最高水平的人。颁奖仪式常在每年4月的一个晚上举行,当晚被称为"莫里哀之夜"。1996年,法国文化部又做出规定:将每年的4月定为莫里哀戏剧月。在这个月里,法国各地都会上演莫里哀的传世名作供民众免费观赏。

300多年来,先后有法国、英国、俄国、日本等国家的多个传记作家为莫里哀立传。笔者曾在国内读过苏联作家布尔加科夫的《莫里哀传》和法国作家皮埃尔·加克索特的《莫里哀传》,它们都是中译本。如今有人还把莫里哀创作的一些喜剧故事改编成电影和电视剧,也有人把他的生平事迹编成电影和戏剧在世界各国传播,可知他的影响力是何等强大。

5

伏尔泰把微笑当作武器

伏尔泰爱笑。有个传记作家说,伏尔泰从出生就给这个世界开了一个玩笑:他落地的时候像个死婴,经接生婆反复拍打才弄出一口气来。父母共生有 5 个孩子,他是小末。两个哥哥在他出生前已夭折,看着他那十分纤弱的小样儿,父母担心他也难活下来。不料,他却挺了过来,潇洒地活到了 84 岁。在此后的岁月里,伏尔泰的玩笑越开越多,越开越大,以至于巴黎的王公贵族们都被他笑怕了。因为伏尔泰多才擅写且文笔火辣,一旦成为他嘲笑的对象,他们的丑事与隐私就会被添油加醋地写进他的诗歌、戏剧或小说里,随着作品的传播而贻笑大方,甚至成为全世界的笑料。也正是因为他那富有创意和高强杀伤力的笑法,他的人生变得起伏跌宕、丰富多彩。

伏尔泰原名叫弗朗索瓦·马利·阿鲁埃,1694 年 11 月 21 日生于巴黎。他的父亲弗朗索瓦·阿鲁埃在法国财政部任职,身份是国王顾问、夏特莱公证人。母亲玛丽·玛格丽特·杜玛尔是巴黎高等法院一位书记官的女儿。殷实的家境让伏尔泰自幼获得了良好的教育。他天资聪颖,幼年就有了神童的美誉。

面对灾祸他一笑而过

伏尔泰爱笑,并非是幸运女神一直眷顾,使他的生活一帆风顺。事实上,自幼年以来他也遭遇了种种不幸。7 岁时他失去了母亲,年迈的父亲对他格外娇惯,让他养成了一种放荡不羁的性格。他爱好广泛,精力充沛,总有自己独到的见解,尤其讨厌约束,因而不断地给父亲戳窟窿、惹是非。

1711 年,17 岁的伏尔泰中学毕业了。为了选个可以立身的好职业,父亲让他去学法律,希望他未来能当个有社会地位的法官。

伏尔泰对父亲说,他不喜欢用什么职业把自己拴住,只想当个自由的诗人。但父亲认为,当诗人将是"生累父母,死于饥饿"、对社会毫无用处的人,执意将他送进了一所法科学校。为了让儿子有个稳定的前程,父亲还打算花钱为他捐个官职。可是伏尔泰不领父亲的情,也非常讨厌父亲那种拘谨、务实的处世作风,他要按照自己喜欢的样子生活,要凭着自己的能力在社会上挣得名气。他陶醉于诗歌和剧本的创作,不肯把时间和精力花在功课上。

伏尔泰爱好广泛,博闻强记。巴黎的灯红酒绿既给这个天才少年带来了创作的激情,也为他猎取写作素材提供了丰厚的土壤。最难得的是他还有一种得天独厚的家庭文化资源。作为国王顾问的父亲阿鲁埃和作为皇室神甫的教父弗·夏托纳夫因职业的需要都经常出入王宫和官府,熟悉皇家及王公大臣们的各种掌故、恶习和笑话,使他有机会了解上流社会的各种生活状态,这些内容为他的创作提供了坚实、可靠的材料。年轻的伏尔泰写起来无所顾忌,尤以揭露黑暗、讽刺和嘲笑权贵为乐事。因而也常常招致打击和迫害,不几年间他就遭遇了多次重大的挫折。

1715年,统治法国半个多世纪的路易十四过世了。摄政王奥尔良公爵菲利普生活腐化堕落,他和自己的女儿斐利公爵夫人在宫廷有了丑闻,伏尔泰写了长诗讽刺这对父女的乱伦丑事。摄政王很恼火,把伏尔泰流放到巴黎东南的乡村苏里8个月,经多人斡旋才得以回到巴黎。

1717年,伏尔泰又写下讽刺诗《幼主》(也称《小孩的统治》,路易十五5岁继位,故称幼主)影射宫廷的淫乱生活。摄政王大怒,把他关进巴士底狱监禁了11个月。被关在阴暗监狱里的伏尔泰也没有学乖,出狱后他还当面感谢摄政王为他提供了食宿。他那部颇有名气的悲剧《俄狄浦斯王》就是他在巴士底狱里开始创作的,完成后首次以伏尔泰这个笔名发表。据统计,他为躲避官府审查一生共使用过175个笔名,伏尔泰是其中最响亮的一个。这部作品于1718年秋在巴黎上演引起轰动,连续上演45场,场场爆满,打破了巴黎国家大剧院一个剧目持续上演场次的最高纪录。由此伏尔泰在巴黎走红。

伏尔泰火起来之后既让许多人看着眼红,也让一些人忌恨恼怒。特别是贵族骑士罗昂就见不得没有贵族身份的伏尔泰在贵族圈子里受宠受敬、高谈阔论。1726年,罗昂便指示扈从把伏尔泰痛打了一顿。当伏尔泰提出与他决斗时,罗昂又动用关系先是把他关进巴士底狱,两周后又将他驱逐出境,使其流亡英国。3年后经人疏通才得以回国。面对这些遭遇,伏尔泰一笑而过,他还说"几个苍蝇咬几口,绝不能羁留一匹英勇的奔马",依然我行我素,不改本初。

浪漫的情史

伏尔泰终身未婚,却有着无比浪漫的爱情生活。他的初恋发生在1713年,时年19岁。当时教父的兄弟德·夏多纳夫出任荷兰大使,伏尔泰趁机作为随员到了海牙。刚到海牙3个月,他就遇到了因母亲改教流亡到荷兰的法国姑娘奥林坡·杜诺耶,两人随即坠入爱河,便不顾使节的操守频频约会,受到姑娘母亲的强烈反对。夏多纳夫无奈只好将他遣送回国,斩断了他们的情缘。

伏尔泰回国后先是在一家律师所任书记,后来干脆做起了职业作家。当他的几个剧本相继在巴黎上演之后,伏尔泰开始在巴黎文坛上爆红,成为著名的诗人和剧作家。自古才子多寒酸,依靠写作发财的人极少。伏尔泰也说他所从事的写作是乞丐的职业,不能靠它赚钱。他出生在富有的中产阶级之家,父亲于1722年过世后他得到了一大笔遗产。有了本钱的伏尔泰开始从商,他在金融界朋友的帮助下投资债券和买卖军用物资,很快就赚到了上百万法郎,才华和财富两旺。加之伏尔泰长相清秀,个性洒脱,让巴黎的富家子弟们相形见绌。无论他走到哪儿都能受到热捧,更不乏漂亮的姑娘围追。传说他有多个情人,曾与一个喜剧女演员和一个漂亮寡妇有过同居史。

图 5-1 伏尔泰肖像

伏尔泰生平中遇到的最浪漫的爱情发生在 1733 年。巴黎才女埃米丽·夏特莱侯爵夫人经人联络与自己的偶像伏尔泰会面了。两人一见如故,相见恨晚,随即坠入了情网。这一年伏尔泰 39 岁,埃米丽 28 岁,她已是两个孩子的母亲。这让他们的爱有了一些顾虑。伏尔泰写了一首诗《赠夏特莱夫人》说:"如果你还想让我爱你,就请归还我爱的年龄。"表明爱情已不属于他这样的年纪,友谊才是对他最大的安慰。埃米丽才智超群,她不仅以自己独有的魅力吸引着伏尔泰,还以高远的卓识来反驳来自世俗的非议:"有朝一日,他将为所有人爱戴,就像今天他为他的友人所爱戴。"由此可知,她的爱情已超越了年龄、超越了现实、超越了小我、超越了时空,因而成为历史的绝唱。

埃米丽出身于名门。幼年时因长相不太出色,她父亲便聘请名师教导,使她在数学和物理学方面有了非凡的造诣。她还学得女孩们通常不肯涉足的马术和击剑,成为名媛中的奇女子。埃米丽的幸运是她在成年后又嫁了一个心胸开阔的好丈夫夏特莱侯爵。他性情温和,不拘小节。因在军界任职,少有时间陪伴夫人,对于爱慕他夫人的那些男友没有醋意,这就让夏特莱侯爵夫人得以在当时还歧视女性的社交圈和学术界中自由驰骋。当她见到伏尔泰之后还写信给前一个情人黎塞留伯爵,责怪他为什么不早些把这么杰出的朋友介绍给她。与伏尔泰相处了几次之后,她就发现:他是"一个各方面都很可爱的家伙,是最能为法国增光的人物"。伏尔泰对埃米丽也赞赏备至,称她是"一个伟人,她唯一的错误就是做了一个女人"。从此两人心心相印,形同夫妻,毫不避忌地出入于巴黎的各种社交场合。不过,这种开心的日子没过多久,他们就得到消息,伏尔泰出版的《英国书简》被法国当局查封烧毁,出版商已经下狱,正在通缉作者伏尔泰。伏尔泰再也不愿去住巴士底狱了,逃到哪里去呢?夏特莱侯爵有一处祖产位于法国与比利时边境,名为"西雷庄园",那儿幽静、偏僻,便于出逃国外。埃米丽便带着伏尔泰躲进了西雷庄园。

伏尔泰入住西雷庄园原是为了避难,但因有了埃米丽这个红颜知己的悉心帮助和相伴,西雷避难所反倒成了他们享受甜蜜爱情的安乐窝。尽管这里的生活环境无法与巴黎相比,可心灵上的安宁能把地狱变成天堂。他出资修缮了庄园里的老城堡,在城堡的两头为埃米丽和自己装修出两套豪华的办公室,建造了实验室和拥有两万多册图书的图书馆,另建了会客厅和小剧院等配套设施,把这个避难所变成了从事文化研究的乐土。昔日的朋友们纷纷到西雷庄园聚会。这里虽然没有巴黎的舞会和剧院,可是伏尔泰也能创造出独特的取乐方式。他有时放幻灯,有时朗读自己写的故事,有时将自编的剧本台词分发给大家,让他们扮演剧中的角色。谁要是没有快速记住台词,或者是没能正确理解台词而导致表演失误,就会引得哄堂大笑。这就是伏尔泰的生活主旨——自己笑,也引别人笑。当有人嘲笑他的行为轻狂时,他总是振振有词地辩解:"如果造化不给我们一点轻狂的天性,那我们就是最不幸的动物了。正因为还可以轻狂一下,所以大多数人没有上吊。"据说他的这种生活方式曾被朋友们四处传播,大肆渲染,就连俄国的叶卡捷琳娜女皇也知道了,称伏尔泰为"快乐之神"。普鲁士王子腓特烈也写信赞美他那独有的能使人心畅笑的文字。他回信说:哲学家如果不能笑掉额上的皱纹,祸该临头。我视严肃为病症。

聚在西雷庄园的男女朋友们也常常打情骂俏,相互取乐。尤其是有两个喜欢吃醋的贵夫人多次嘲笑埃米丽的容貌缺乏柔美,不够细腻。伏尔泰却说:"外表的美只能取悦于人的眼睛,而内在的美却能感染人的灵魂。"正是得自于心灵上的契合,伏尔泰与埃米丽才产生了旷世之恋。其实,作为学者的伏尔泰和埃米丽并没有沉湎在嬉戏的恋爱生活中。这对情侣各有自己的研究兴趣和研究方向,他们惜时如金,总是忙于撰写各自的论著,有时相互修改对方的作品,顾不上卿卿我我、谈情说爱,以至于住在城堡两头的这两个人还常常靠传递纸条互致问候。他们在西雷庄园共同生活了15年,看看他们的研究成果便可知道他们都忙了些什么。

在这15年里,伏尔泰在西雷写下了理论专著《形而上学》和《牛顿哲学原理》;创作出戏剧《恺撒之死》《穆罕默德》《放荡的儿子》和《海罗普》;还写下了著名的短篇哲理小说《如此世界》和中篇哲理小说《查第格》等。这些成就不仅让伏尔泰在法国学界日益出彩,并且在欧洲也产生了巨大的影响。1743年,伏尔泰当选为英国皇家学会会员。1746年,又当选为法兰西学院院士和俄国彼得堡科学院名誉院士。在这段时间里,法国王室与伏尔泰一度休战。

先是路易十五撤销了对伏尔泰的通缉，1744年，经过篷帕杜夫人的斡旋，伏尔泰得到准许回到巴黎，并在次年担任了宫廷史官，随之又被路易十五任为侍臣。埃米丽也将牛顿的《自然哲学的数学原理》由拉丁文译成法文出版，为传播牛顿的理论做出了重大贡献，被誉为法国的第一位女科学家。他们获得了爱情与事业的双丰收。

　　1749年，埃米丽去世了，伏尔泰与她的稀世恋情理应落幕，不料埃米丽的死因使这部戏剧又有了新的高潮。因为埃米丽死于产褥热。可她生的孩子既不是伏尔泰的，也不是她丈夫夏特莱的，那么这个孩子是谁的呢？原来在年前有个爱好诗歌的青年军官德·圣朗贝尔男爵慕名来拜访他们。埃米丽与这位英俊的侯爵聊着聊着就爱上了。当伏尔泰发现他们有了私情的时候也愤怒了一会儿，埃米丽回敬说，他已年老体弱，圣朗贝尔也真诚地向他道歉，他旋即就释怀了。当埃米丽发现自己怀上了圣朗贝尔的孩子后，她找伏尔泰商讨对策，伏尔泰就像一个戏剧导演一样，他们设法叫回了她的丈夫夏特莱先生，他俩一起愉快地生活了两个月，然后就名正言顺地生下了孩子。遗憾的是埃米丽得了产褥热过世，这个孩子也没能活下来，却留下了一个凄婉的爱情故事：当埃米丽即将告别人世的时候，她的身边围着丈夫夏特莱、情人伏尔泰和圣朗贝尔三个男人，他们哭成一团。伏尔泰没有因埃米丽的情感走神而怪罪她，还写信给朋友述说了自己失去爱侣的悲痛："我失去了我的另一半——一个与我天生相配的灵魂。"此后，作家们为他们的这种奇异爱情写出了好几本小说，最有趣的是传记作家奥里克斯写下的《爱的四重奏》，巧妙地呈现了伏尔泰和他们之间的友情、爱情以及复杂的人际关系。

图 5-2 伏尔泰和他的情人埃米丽

在伏尔泰的浪漫情史中,他还有一个柏拉图式的情人在文化史中也被广泛传诵。这位红颜知己也是一个有史可查的传奇女子,名叫夏洛特-索菲·彭丹克伯爵夫人。她出身于王室,但婚姻不幸,命运坎坷。她是伏尔泰的忠实读者,读过他全部的作品。她与伏尔泰见过两次面,并在他的身边短暂停留。直到伏尔泰去世前,他们一直保持着密切的通信联系。牛津伏尔泰基金会在编纂伏尔泰全集时,发现了他俩在 40 年间来往的书信和便笺多达 300 余件。学者弗雷德里克·德洛弗勒和雅克·高尔密埃在编辑伏尔泰与彭丹克伯爵夫人的书信集时还撰写了一部传记体小说《伏尔泰与他的红颜知己》在巴黎出版。

藏在哲理小说中的嘲笑

哲理小说是法国近代启蒙作家创立的一种新型小说体裁。这种运用滑稽的笔调通过虚构故事阐明哲理的小说始于孟德斯鸠的

《波斯人信札》。随后便涌现了伏尔泰、卢梭和狄德罗等一批哲理小说家。其中以伏尔泰的哲理小说数量最多，影响最大。在法国伽利玛出版社的"七星丛书"中，收集到的伏尔泰哲理小说多达26篇、部。以《查第格》《老实人》《天真汉》这三部中篇小说最为滑稽可笑。它们不仅语言俏皮，笑料爆棚，并且意味隽永，哲理洋溢，被推为18世纪启蒙文学的杰作。

《查第格》，也称《查第格或命运》，初版于1747年。书中借助于古巴比伦青年查第格的坎坷命运嘲笑那些秉持迂腐爱情观的人。主人公查第格是个品性高洁的英俊的年轻人。他为了保护未婚妻被打瞎了一只眼，不料他那挚爱的心上人被权贵抢去不久就变心了，甚至还要割下他的鼻子给新情人治病。作者又描写了查第格几次无辜入狱，险些丢掉性命的不幸遭遇以影射当局的司法官员胡作非为，草菅人命。故事中的国王专横无道、宠信奸佞，导致国运颓败则是作者对法王路易十五专制暴虐、耽于声色的暗讽。作者给主人公查第格赋予了超人的才智，每每化险为夷，最终战胜了邪恶并被人们拥戴为国王，从而让读者相信"恶必罚，善必赏"的天规。

在1759年完成的哲理小说《老实人》中，伏尔泰塑造的主人公就是老实人赣第德。他是男爵妹妹的私生子，寄居在男爵的美丽城堡里。故事中的另一个重要人物是男爵家的家庭教师邦葛罗斯，他的言行深深地影响了赣第德人生观的形成。邦葛罗斯是德国哲学家莱布尼兹的信徒，笃信莱布尼兹的乐观主义哲学。他认为："事无大小，皆系定数；万物既皆有归宿，此归宿自必为最美满的归宿。岂不见鼻子是长来戴眼镜的吗？所以我们有眼镜。"赣第德深信邦葛罗斯的哲学，觉得男爵的家就像天堂，自己住在这里就是上天最美的安排。然而，当他与男爵的漂亮女儿居内贡表妹相爱后却被踢出了家门。他四处流浪，由德国到荷兰，再从西欧到南美，又从南美回到西欧，后来又跑到了东部的君士坦丁堡。他一路上跌跌撞撞，见到了各种天灾人祸和社会弊病，遭受了世间的冷漠、欺诈和陷害等等磨难。这些苦难经历让他知道了这个世界并非"一切都是最好的安排"，这样的说辞不过是维护旧制度和旧礼教的骗人鬼话罢了。而在故事中相信"一切皆善"的哲学家邦葛罗斯也没有得到多少善待，他的遭遇甚至比他的弟子赣第德更加悲惨。他先是从男爵夫人的侍女那里染上了花柳病，烂掉了半个鼻子。男爵在战争中家破人亡之后，这位乐观的家庭教师也成了到处流浪的叫花子。当他乘船到了里斯本，却赶上了当地的大地震难以生存。不料又遇到了那些愚昧的葡萄牙人相信教士的邪说，认为找几个异教徒举办一次"异端审判"献祭便可防止余震。喜欢看热闹的邦葛罗斯和他的弟子赣第德在这场闹剧中都成了替罪羊。他们先是被化妆成魔鬼的模样游街，然后又被暴打、绞死……他们受尽折磨，一次次地死里逃生，这才明白人是世间最凶恶的动物。"地球上满目疮痍，到处都是灾祸啊。"赣第德终于醒悟，他对哲学家说不再相信其乐天主义。在故事的大结局中，这群受尽苦难的人找到了黄金国，过上了安逸、富有的日子。可是，他们又觉得生活烦闷无聊，最终由一位老农给出了药方："工作可以使我们免除三大害处：烦闷、纵欲、饥寒。"于是赣第德说："种咱们的园地要紧。"由此可知，幸福的真谛就在劳动里。

《天真汉》于1764年面世。在这部小说中，伏尔泰塑造了一个来自加拿大原始部落休隆的青年，名为天真汉。他早年父母亡故，被休隆人养大。当他游荡到法国小山修院的时候巧遇叔父一家，皈依了天主教，受洗时又爱上了漂亮的教母圣·伊佛小姐。故事以这对年轻人的真挚爱情为主线展开，描述了天真汉怎样击退了侵扰法国人的英国士兵；到王宫受赏时又怎样遭到诬陷被投进巴士底狱；圣·伊佛小姐为了营救丈夫又怎样屈服于权贵失去贞节，最后又怎样羞愤死去。经过将天真汉纯真、善良和勇敢的行为与法国教会的虚伪、狡诈和残害百姓的可耻行径相比较,无情地揭露了法国教会对人们的愚弄和迫害。

如此等等,不一而足。伏尔泰在哲理小说中讲述的这些故事,看似虚妄离奇、荒唐可笑,但在现实生活中都有真实的指涉。朋友们都说伏尔泰是个喜欢记仇的人。他受过的那些伤害可以一笑而过,但没有一笑了之。他把自己亲身经历的、目睹的或听说过的许多恶人、丑事和悲惨事件都编排在他的小说中,以假讽真,指桑骂槐,肆意嘲笑和抨击。因而法国和欧洲有不少统治者把他的书列为禁书,认为他利用这些作品严重地扰乱了社会秩序,损坏了统治者的形象。如路易十六在法国大革命中被关进了监狱,他有闲读了伏尔泰和卢梭的书,这才发现,他的王国就是被这两个人攻陷的。

笑是最有力的武器

人们常把生活比作镜子。面对镜子,你哭它就哭,你笑它就笑。伏尔泰深谙这个道理,练就了笑对挫折的能力。不过,早年身处逆境时,他却笑得很勉强。伏尔泰说:"我狂笑,是为了防止疯狂。"笑着笑着,他把笑演练成了生活中的一种常态,每每遇到艰难曲折,总是一笑而过。笑着笑着,他的仁慈和宽厚提升了笑的温度和热度,给周边的世界带来了强烈的光亮和温暖。笑着笑着,他的笑越来越有力量,如同神枪利箭,既可抵挡来自专制政府的迫害和打击,也可驱逐来自世俗和宗教的魑魅魍魉的侵扰。笑着笑着,他脸上的笑仿佛变成了一张人类交往的通行证,付出了善意,收获了友谊。他由法国走到英国,走到荷兰,走到瑞士,走到普鲁士,无论走到哪里,凭着脸上的笑容,他打开了人们紧闭的心扉,赢得了众多的朋友,脚下的道路也日益宽阔起来。他的作品越写越多,出版的障碍越来越少,传播的速度越来越快,对敌对势力的杀伤力也越来越强。他说:"笑,可以战胜一切。这是最有力的武器。"

伏尔泰爱笑,他的笑内容很丰富。欧洲的作家们对伏尔泰的笑进行了多样化的描绘,如慈祥的微笑、轻蔑的冷笑、讥讽的嘲笑、挑逗的大笑、示威的狂笑等,不同的笑容各有不同的内涵。法国19世纪著名作家和文学评论家法朗士曾这样描绘:"笔在伏尔泰的指缝里一面飞奔,一面大笑。"笔下的文字连珠炮似的射向了他所嘲笑的各个对象,如专横无道的国王、操弄权力的奸臣、草菅人命的法官、愚弄百姓的教会神职人员、战争贩子、持不同政见者和愚昧无知者等等都在其中。他的笔法变化多端,有诗歌、戏剧、哲理小说、论文以及专题性和便捷化的小册子等,嬉笑怒骂,冷嘲热讽,言辞犀利,字字珠玑。官府越是要查禁销毁他的作品,他的读者就越多。法国乃至全欧洲的读者们甚至将他的作品当成了美味的精神大餐。

面对来自社会方方面面的敌对势力,伏尔泰有时笑得也很艰难。法国文豪雨果说:"平静是这位哲学家伟大的一面,平衡的心态在伏尔泰身上最终总会重新确立。不论他正义的愤怒多大,总会过去,恼羞成怒的伏尔泰总会让位于心平气和的伏尔泰。于是,从这深邃的双目里露出了微笑。"事实也正是这样,他的伟大就在于当他处于艰难困苦或遭受沉重打击的情况下,他往往都能从容应对,化险为夷,破涕为笑,转怒为喜,在轻蔑一笑中展露出他的顽强不屈。如印度诗人泰戈尔所说:"当他微笑时,世界爱了他;当他大笑时,世界便怕了他。"

很久以来,伏尔泰一直推崇开明君主的统治,认为有了聪明睿智的好国王,就能创造出美好的社会生活来。他在许多作品中都要塑造一个开明君主为人们营造幸福的家园。在现实生活中他也一直在寻找这样的好国王。1736年,他遇到了向他求教的普鲁士王储腓特烈。腓特烈崇拜伏尔泰的渊博学识和幽默文笔,伏尔泰喜欢腓特烈的聪明好学、志趣高远。两人一度视彼此为知己,建立了亲密的通信联系。1740年腓特烈继位后大权在握,便多次写信盛情邀请伏尔泰到普鲁士去。1750年,伏尔泰终于动身来到普鲁士,住进了腓特烈二世建在波茨坦的无忧宫,成了这个所谓的"开明君主"的座上宾。他原以为腓特烈能够接受自己的治国理念,却不料每天只是为爱好文学的国王修改诗文,似乎成了国王装点门面的工具。他原以为普鲁士有了腓特烈这样才智杰出的好国王就能成为"北方的雅典",却不料当上了国王的腓特烈与其他的封建统治者毫无二致,他穷兵黩武,急于扩张,反而把普鲁士变成了"冰冷的斯巴达"。日子长了,腓特烈也失去了对伏尔泰的崇敬感,又讨厌他身上那种法国文人固有的自由傲慢的姿态。当伏尔泰在普鲁士因商业投资惹上官司的时候,腓特烈就更加轻慢他。腓特烈的文臣也拼命挤对他,有个人还刻毒地说,伏尔泰不过是腓特烈的一个橘子,橘汁榨干后老皮就会被丢弃。伏尔泰的处境越来越尴尬,他笑得也越来越羞涩,于是声称自己"赞赏普鲁士国王的才智,但绝不是他的党羽",然后选择了离开。

1753年,伏尔泰离开普鲁士的时候沿途大费周折。先是遭到普鲁士警察的追截和关押,跟随他生活的寡居侄女德尼夫人经不住惊吓和颠簸一直生病,叫苦连天。然后他又被法国当局拒于国门之外。年届花甲的伏尔泰日暮途穷,若是内心脆弱的人也许该大哭而返了。可是,处在困境中的伏尔泰不忧不惧,仍然轻蔑地笑对。1754年,他们来到了瑞士都城日内瓦,在近郊普兰京斯买地建房,名为"德利斯",意为"快乐山庄",打算在这里安度晚年。不料仅仅过了三年,因为他和百科全书派在新出版的《百科全书》中批评了瑞士的文化而受到了瑞士政府的驱逐。频频的打击没有让伏尔泰气馁,他依旧风轻云淡地笑对,还幽默地说:"在这个地球上,哲学家要逃避恶狗的追捕,就要有两三个地洞。"如同中国成语中的"狡兔三窟",伏尔泰就用这样的方法逃避追捕。他在日内瓦、洛桑和法国与瑞士交界的费尔奈分别建造了三个住所。在这三处住宅中尤以费尔奈的家营建得最为成功而成为后世的美谈。

1758年,伏尔泰在费尔奈买到一个废弃的庄园建成了第三个住所。如同蝶儿追踪花香,各地拜访他的学者、名流络绎不绝。不几年间,他的小楼拥挤不堪,只好扩建两翼以纳四方宾客,他戏称自己是"欧洲旅店的老板"。这位年近古稀的老者还在费尔奈创建了制表厂、丝袜厂、花边厂、学校、剧院、教堂、医院等一系列的生产和服务机构。他还自做广告推销产品,说他的表很准,可准确地把握时间,于是把他的钟表卖给了双方正在作战的俄国女皇和土耳

图5-3 费尔奈小镇的伏尔泰故居

其国王。他把丝袜厂出品的第一双丝袜寄给法国的旭阿索公爵夫人,信中说:"夫人,只请你试穿一次,穿了之后可以把你的腿给任何人看。"于是让他们的丝袜成为欧洲贵妇和名媛们的抢手货。由于他的成功营销,费尔奈小镇如同他小说中的黄金国一般富裕安乐。他在这里住了 20 年,把一个只有几十口人的贫穷小村发展到拥有上千口人的繁华小镇。人们亲切地称他为"费尔奈族长",还把这个小镇称为"伏尔泰小镇"。

伏尔泰自年轻时起就喜欢打抱不平,直到晚年他一直都没有放弃对专制与暴政的抗争。对于遭遇了暴政、酷刑、战争和宗教迫害的民众他都要施以援手。当他在费尔奈安居之后,得知瑞士边界的一些居民因政府的暴政而流离失所,他温和地笑着接收了这批难民,在费尔奈为他们重建家园,并进行法律和生活各方面的救助。当时在瑞士和法国发生过多起断案不公的诉讼,不管对方的势力有多大,他都要竭尽全力予以谴责,还发起公共救助运动,呼吁改革不公的司法制度。其中最有名的是替卡拉斯杀人案申冤。1762 年 3 月,伏尔泰听说在法国图卢兹城的新教商人卡拉斯涉嫌杀死了想皈依天主教的儿子马克,被天主教法官判处车裂酷刑并没收了所有家产。卡拉斯夫人哭诉无门,生存无着。伏尔泰首先觉得这是一种惨无人道的宗教迫害,他接济了这个不幸的家庭,了解到其中的冤情,便不顾自己年老多病,亲自搜集证据为其伸张正义。经过三年多的奔走呼号,1766 年 3 月终于使卡拉斯一家的冤情得到昭雪,家产得以返还。卡拉斯冤案的平反,影响了整个欧洲,有多宗有冤无处申告的当事人都把伏尔泰当成了救星,到他这儿寻找法律和道义上的援助。直到 80 岁,伏尔泰还在帮人打官司。正是通过抗拒这样的司法不公案件,晚年的伏尔泰又赢得了"欧洲的良心"和"社会改革家"的称号。

伏尔泰不仅是一个勤勉的学者与作家,也是一个善于劝勉劳动的教育家。晚年的伏尔泰仍然忙着阅读写作、开垦荒地、种植花园、改造住宅、为居民们建造农舍、改良动物品种等等,每天都要工作10多个小时。他在许多作品中赞美劳动:"劳动是快活的根源。""所有的人都是好人,除了游手好闲之辈。""无所事事的人无异于行尸走肉。""如果你不想自杀,那就永远别让自己闲着。"……他一生以劳动为乐,勤于笔耕,共写下了50多部悲剧和喜剧,2000篇、部论著和小册子以及2万多封书信。由于他的许多作品曾被列为禁书遭到毁弃,人们不曾看到全貌。后世的学者们在编辑出版《伏尔泰全集》时只得多次变更载文数量,曾有56卷本、70卷本和72卷本的区别,后经牛津伏尔泰基金会的广泛搜集和整理,到2020年已增至220卷之巨。其中的《哲学通信》《哲学辞典》《查理十二传》《路易十四时代》《彼得大帝在位时期的俄罗斯帝国史》《风俗论》等哲学和史学专著在世界哲学和史学领域里都享有盛名。他实现了早年对自己的期许:依靠自己争得名气。人们在他的头上戴了多顶桂冠,如优秀诗人、剧作家、哲理小说家、哲学家、史学家、政论家、社会改革家、法兰西思想之王、启蒙运动领袖等,有人还称他为全能手。丰收的喜悦让他笑颜常开,因此可以说他是世界上最幸福的人。

图5-4 《伏尔泰全集》72卷本

他笑到了最后

伏尔泰爱笑,他笑得很长久。从出生到死亡,他都以多样化的笑容面对世界。即便是死神来敲门,他也忘不了开个玩笑,表现出对死亡的达观态度。伏尔泰自出生时起体质就很瘦弱,容易生病。晚年又受中风和尿毒症等病痛的长期侵袭。他对抗死神的方法就是勤奋地工作,直到生命结束的时刻。

据说伏尔泰晚年在费尔奈建小教堂时,特意在教堂的后墙脚下为自己设计了一个墓穴。他嘱咐家人说,在他死后将棺材的一半伸进教堂里,另一半埋在教堂外。若是上帝让他上天堂,他就光明正大地从教堂里升天;如果上帝让他下地狱,他就从另一头悄悄地溜走。伏尔泰在费尔奈住了20年,魂牵梦绕的还是巴黎。可是,由于他多次得罪路易十五,因此只有在流放地才能躲避追查,平安地生活。1774年,路易十五去世了,新君路易十六跟他没什么过节,他决定回巴黎,家人和朋友都劝他别折腾了,加之生病当时没能成行。1778年2月10日,84岁的伏尔泰终于回到了阔别28年的巴黎,他像一个凯旋的英雄,沿途受到人们的欢呼和簇拥。3月30日,伏尔泰出席了法兰西学院大会并当选为院长。当晚法兰西国家大剧院还上演了他的悲剧《爱琳》。当伏尔泰来到剧院包厢时,全体观众起立为他欢呼,有一位演员还跑上来为他戴上了桂冠。伏尔泰笑了,他说:"你是要我在光荣中死去吗!?"这句话竟成了他璀璨人生的结束语。由于从流亡地回巴黎的远途劳顿,加之回到巴黎后同朋友们的频频互访,劳累与兴奋让伏尔泰病倒了。5月30日夜伏尔泰永远地睡去了。

据说伏尔泰临终前仍不失幽默风趣的品性,嘲笑了前来为他送终的牧师。他问道:"牧师先生,是谁叫你来的?"牧师答道:"伏尔泰先生,我是受上帝的差遣,特来这你做临终祈祷的。"伏尔泰说:"请拿出你的证件来,让我检验一下,以防有人假冒!"然后转过脸看着床边忽明忽暗的灯光问道:"怎么,灵前的烛火已经点燃了?"随即辞别了这个世界。他先是被安葬在香槟省侄子所在的一个教区小礼拜堂内,法国大革命爆发后,制宪会议于1791年做出决定,将他的棺木迁葬于法国的伟人纪念堂——巴黎先贤祠。

图5-5　伏尔泰雕像与墓碑

伏尔泰爱笑,即便是在他死后,他的笑容也没有完全消失。他的音容笑貌还存留在朋友们的印象里,被作家们写进传记中,被画家们绘在肖像上,被雕塑家们塑在雕像里,通过这些文学作品和艺术品再现。其中影响最大的艺术品是法国雕塑家让-安东尼·乌东为伏尔泰制作的雕像。1778年2月,乌东得知伏尔泰回到巴黎的消息后就立即拜见了这位行将就木的老者。乌东捕捉到了伏尔泰当时的表情特征:疲惫的脸,脱落了牙齿的嘴,下垂的脖子,他的微笑和强烈的精神活力从深邃的双眸和扬起的眉毛间流露出来。凭借这次会见,乌东为伏尔泰制作了多种塑像,有胸像也有坐像,据说有几十款之多。后来的艺术家就依据乌东的模型又创作出了画像、雕像、漫画乃至缩微类徽章等多介质的形象化作品。它们都有一个共同的特征，就是突出了伏尔泰这种睿智、慈祥和含蓄的笑容。

图 5-6 伏尔泰的坐像与立像雕塑

在第二次世界大战期间，德国军队于 1940 年 6 月占领了巴黎，他们每天路过法兰西学院门前时看见伏尔泰铜像上那种嘲弄的笑容无法忍受，便把它拆毁熔化了。也许是伏尔泰这种自信的笑容击垮了作为占领者的傲气，德国人很快就失败了，而面带笑容的伏尔泰雕像仿佛更多了。

雨果在《纪念伏尔泰逝世一百周年的演说》中突出了伏尔泰的笑："他以微笑战胜暴力，以嘲笑战胜专制，以讥讽战胜宗教的自以为是，以坚毅战胜顽固，以真理战胜愚昧……微笑，就是伏尔泰。"

6

卢梭的那把不息之火

在巴黎先贤祠的地宫里有一座墓,墓面上建有两扇门。门缝微启,从中伸出一只举着火把的手。可能是墓主生前在心里窝了太多的火,即便是肉体被深埋于地下,可他魂灵中那股愤怒的烈火仍然从墓穴里持续地向外冒。若是在墓园内观看这个火把,它若明若暗,似乎很弱小。若是你洞悉世界历史,回望两百多年来世界各地连绵起伏的政治风潮便可知道它的威力究竟有多大,竟然烧毁了强大的法兰西封建王朝,然后这把星星之火形成了燎原之势,一直由欧洲烧到美洲、亚洲,继而把整个世界都给照亮、熏染了。点燃这把火的人如今就在这座墓穴中安眠。可是,他的魂灵仍然在世界各地到处游逛,人们时常还扯着他的旗子为"自由"和"民主"而呐喊。说到这里,你一定会想起墓中的这个人来——他就是卢梭。

图6-1 卢梭肖像与先贤祠内的卢梭墓

提起卢梭这个人,虽不能说是妇孺皆知,但他逝世至今已有两百多年,在思想文化界却仍像个明星似的受人热捧。人们在他的头上戴了思想家、哲学家、教育家、文学家等多顶桂冠。当然,也有不少人敌视他,把他当作"疯子""野蛮人""一切革命的始作俑者"

"无政府主义分子"等等,有人甚至还说他是一种"无时无刻不在的灾祸"。那么,卢梭究竟是个什么样的人呢?

"大自然塑造了我,然后把模子打碎了"

在世界思想史上,卢梭是个毁誉参半、争议极大的人。他在介绍自己时说:"我生来便和我所见到的任何人都不同;甚至于我敢自信全世界也找不到一个生来像我这样的人。虽然我不比别人好,至少和他们不一样。大自然塑造了我,然后把模子打碎了。"因而他就显得与众不同,独一无二。

1712年6月28日,卢梭出生在瑞士日内瓦风景如画的莱芒湖畔。他的父亲依萨克·卢梭是一个钟表匠。他的母亲苏萨娜·贝纳尔是一个牧师的女儿,在卢梭出生的第10天因产褥热去世。他在姑母的抚育下得以成活长大。因此,卢梭把自己定义为一个生而不幸的人。他说:"我父亲在我那唯一的哥哥出生之后,便应聘到君士坦丁堡去当了宫廷钟表师。我父亲不在家期间,我母亲的美丽、聪慧和才华给她招来了许多向他献殷勤的男人。……但是我母亲的品德是能够抵御这些诱惑的,因为她非常爱她的丈夫,她催他赶紧回来。他急忙放下一切就回来了。我就是父亲这次回家的不幸的果实。10个月后生下了我这个孱弱多病的孩子。我的出生使母亲付出了生命,我的出生也是我无数不幸中的第一个不幸。"

在卢梭列举的诸多的不幸中,他的第二大不幸是在10岁时又失去了父亲的庇护。1722年,他的父亲因与议会官员产生纠纷惹上了官司,先由日内瓦逃到尼翁,此后又逃到法国里昂避难。从此卢梭就失去了父亲的照管。卢梭原本有一个长他7岁的哥哥,可哥哥少时因缺少管教而离家出走后就杳无音信了。孤苦无依的卢梭被舅父贝纳尔送往包塞,托付在牧师朗拜尔西埃牧师家里学习基本知识。当时有表兄陪伴,他的童年因此也获得了许多乐趣。可是,也就是在这里卢梭初次遭遇了不公正的暴打。起因是牧师的妹妹发现放在厨房砂石板上烘烤的拢梳被掰断了梳齿,便怀疑是在隔壁读书的卢梭弄坏的。愤怒的火种从此在他幼小的心灵里扎下了根。他说:"即使我活到十万岁,这些情景也一直历历在目。这是我有生以来第一次对不公正和暴力的感受,它深深地铭刻在我的心上,……以后它变得非常坚强并且完全摆脱了个人的利害关系,无论不公正行为的受害者是谁,也无论它是什么地方发生的,只要我看见或听到,便立刻怒发冲冠,有如身受。每当我在书中读到凶恶暴君的残忍,或是邪恶僧侣的阴谋诡计的时候,真有心不惜万死去把这些无耻之徒宰掉。"可见这件事对卢梭的一生影响有多大。他觉得自己欢畅的童年生活到此戛然而止。随后他便中断了仅有的两年学习生活去当学徒。

卢梭早年的丑事多是他在自传中自己抖搂出来的。他在自己的学徒生涯记述中说:"由于师傅的暴虐专横,终于使我对于本来喜爱的工作感到苦不堪言,并使我染上了自己痛恨的一些恶习,诸如撒谎、怠惰、偷窃等等。这一时期我身上发生的变化,回忆起来,令我深刻地体会到,在家靠父母和出外当奴隶之间的天壤之别。我生性腼腆而懦怯,尽管可以有千百个缺点,但决不至于堕落到厚颜无耻的程度。在此以前,我所享受的正当的自由仅只是一点一点地缩小范围,而现在呢,它完全化为乌有了。跟父亲在一起的时候,我肆无忌惮;在朗拜尔西埃先生家里的时候,我无拘无束;在舅父家里,我谨言慎行;到了我师傅那里,我就变得胆小如鼠了。从那以后,我就成为一个堕落的孩子。"他甚至说:"我生来就是为挨揍的。""由于经常挨打,我渐渐对挨打也就满不在乎了。后来我觉得这是抵消偷窃罪行的一种方式,我倒有了继续偷窃的权利了。"直到晚年,卢梭对于自己少年时因何撒谎、因何偷东西、因何挨打的经历都记得清清楚楚。他说:"如果我把学徒时代从崇高的英雄主义堕落为卑鄙的市井无赖所走过的每个历程一一讲述,那就永远讲不完了。"正是这些独特的经历造就了一个陷于污泥而后知返的卢梭。

"我的读书癖越受到限制,兴致也越高"

许多人都说卢梭是一个天才,事实上他是靠勤奋自学成才的。除了上述说到他在牧师朗拜尔西埃的家里所受过的两年私塾教育之外,他从来没有进过正规的学校。他说:"我不知道五六岁以前都做了些什么,也不知道是怎样学会阅读的,我只记得我最初读过的书,以及这些书对我的影响:我连续不断地记录下对自己的认识就是从这时候开始的。我母亲留下了一些小说,吃过晚饭我就和父亲读这些小说。起初,父亲不过是想利用这些有趣的读物叫我练习阅读,但是不久以后,我们就兴致勃勃地两个人轮流读,没完没了,往往通宵达旦。一本书到手,不一气读完是决不罢休的。有时父亲听到早晨的燕子叫了,才很难为情地说:'我们去睡吧;我简直比你还孩子气呢。'"可知,卢梭的第一任老师是父亲,早逝的母亲为他留下了许多书,由此引导着卢梭走进了书中有趣的世界。卢梭后来能由一个流浪儿成长为世界著名的思想家就得自于他少儿时期培养起来的读书嗜好。

人文之光:世界文化名家探微

图 6-2　卢梭给父亲读书

卢梭常以自己拥有读书的嗜好而沾沾自喜。每每回忆起早年的阅读经历他总是饶有兴趣,意味悠长。他说:"我的读书癖越受到限制,兴致也越高,不久,就陷入狂热状态了。有一个有名的女租书商,名字叫拉·特里布,她向我提供了各种各样的书籍。好书坏书都行,我不挑选,什么书我都同样贪婪地阅读。我在干活的案子上读,出去办事的时候读,蹲在厕所里读,我经常一连几小时沉醉在书籍里。我读得头晕脑涨,别的事儿什么也干不下去了。我师傅窥探我,捉住我,打我,抢走我的书。有多少本书被撕毁,被焚烧,被扔到窗户外边去啊!拉·特里布的店铺里,有多少部残缺不全的文集啊!我没钱付给的时候,我就把自己的衬衫,自己的领带,自己的衣服给了那位租书商。我每星期日一定把师傅付给我的三个苏零花钱给她送去。"读书上瘾培育了卢梭终生追求学问的志趣,无论是在劳累饥饿之时,还是流浪途穷之时,甚至是身染重病之际,他始终把阅读和寻求知识当作一种解厄除困的灵药。他甚至说:"死亡的逼近不但没有削弱我研究学问的兴趣,反而似乎更使我兴致勃勃地研究起学问来。"为获得更多的知识,卢梭博览群书,从古希腊罗马的经典著作到当代的启蒙论著,从文学、历史到自然科学抓住什么无所不读。他读书纯粹是因为有兴趣,没有目标,没有界限,也没有人督导劝勉,如荒原跑马,经常穿越在文学、哲学、史学、数学、天文地理和音乐等领域间。广博的学识不仅丰富了卢梭的精神世界,也铸就了他善于学习、勤于思考、勇于对抗种种压迫的坚忍品格,终于使其成为世不多出、卓尔不群的卢梭。

"我这颗兴奋起来的心所更渴望的是爱情"

在人类的各种情感中最珍贵、最醉人的情感便是爱情。卢梭是个浪漫而又多情的才子,爱读小说的他早早地就萌生了朦胧的爱情。据他自白,他11岁时假想着自己是个骑士,萌发了保护女人的愿望,便同时爱上了22岁的德·菲尔松小姐和11岁的戈登小姐,初尝了爱情的滋味。"对于她们两个,我同样地害怕失宠;不过,我对一方是体贴备至,而对另一方则是唯命是从的。把世界上所有的财富都给我,我也不愿去惹德·菲尔松小姐生气。可是,如果戈登小姐命令我去跳火坑,我相信,我马上就会去跳的。"这种孩童们过家家般的恋爱说起来像是笑话,但这种爱的感受却给卢梭留下了持久而又甜蜜的记忆。

少年卢梭的爱情纯洁无瑕,无涉年龄,无涉财富。但他长着一双爱美的眼睛,他爱的是长得秀美、肤色柔润、谈吐优雅、举止大方、穿着飘逸的女子。他曾经模仿小说中的人物,凭着甜美的歌喉到城堡附近或深宅大院的门外去唱歌,幻想着能碰到艳遇公主或贵族小姐的好运。他为此曾经唱哑了喉咙,等到的结果却都是无人理睬。不过,他与华伦夫人的相逢也应是一种奇缘。他认为在自己的一生里只有和华伦夫人在一起的那段时光才算作幸福。但他与华伦夫人的不伦之爱让他终生都处在既温暖甜蜜而又羞愧悔恨的矛盾心理中。

那是1728年,16岁的卢梭不堪忍受雕刻匠师父的暴虐性情而出逃。流浪途中他经德·彭维尔神父介绍去小城安讷西投奔华伦夫人。"我本来以为她一定是个面目可憎、老态龙钟的丑老婆子,我认为德·彭维尔先生说的善心的太太只能是这个样子;然而我现在所见到的却是一个风韵十足的面庞,一双柔情美丽的大蓝眼睛,光彩闪耀的肤色,动人心魄的胸部的轮廓——我这新入教的年轻信徒,一眼便把她完全看遍了。我立刻被她俘虏了。"

图6-3 卢梭初见华伦夫人

华伦夫人是个有故事的人。她出身于一个老贵族之家,出嫁后陷在不幸的婚姻烦恼中。当她听说国王到该地游访时,竟然冒险越过了安讷西湖,匍匐到国王的膝下寻求庇护。这个楚楚动人的小妇人当即就打动了国王的心,被赐予两千法郎年金之后皈依了天主教。天主教会的神父们常常把一些流浪者送到她那儿去救急。

华伦夫人比卢梭大12岁,她称卢梭为"孩子",让生来就失去了母爱的卢梭从此有了华伦夫人这个"妈妈"。最初的几年里他们形同母子,相互关心,相互照顾。但随着卢梭年岁的增长,他们之间的情感日益微妙复杂起来。卢梭看待华伦夫人若母、若师、若友、若情人,最终在他20岁时冲破了"母子"关系的束缚,在亲爱的"妈妈"怀里吃到了禁果。同时他还与华伦夫人的管家阿奈分享爱情,两个男人既是情敌又是好友。阿奈去世后他替代阿奈管家,似乎成了家中的重要成员。他在这里读书、学习,接受华伦夫人为他推荐的工作,帮助她研究实验药物等。这种温馨的生活又维持了多年,据他所说,当他外出治病回来发现"妈妈"另有所爱时他选择了逃离远游。然而,那份甜蜜的爱情却一直温暖着他的心。

卢梭成为著名作家之后,他那秀美柔润的文字曾博得了不少贵夫人的喜爱,如杜宾夫人、埃皮奈夫人、乌德托夫人和卢森堡夫人等,她们都曾与他有过极为亲密的交往。他身边还有其他各色女子的纠缠,曾留下了一些拈花惹草的风流韵事。但他似乎对这些女人并没有太多的兴趣。他说:"我这颗兴奋起来的心所更渴望的是爱情。凡是可以用金钱得到手的女人,在我的眼睛里,她们所有的动人之处,都会荡然无存。"

尽管卢梭被标示为浪漫主义文学家,但他对于爱情却有着悲观主义情绪。他说:"我真正是生来就注定要做我易于动情这个弱点的牺牲品的,因为爱情战胜了我,我就那么倒霉,我战胜了爱情,我又倒霉得更加厉害。"在对待婚姻方面,他也未改变其平民本色,选择的侣伴是非常务实的。他说:"我要有一位忠实的朋友,一个可爱的妻子,一座小屋,一头乳牛和一只小船。将来我有了这一切的时候,我才算在世上享到了完美的幸福。"他的这些希望并没有完全落空,他找到了一个谈不上美丽却陪伴了他终生的妻子。

1745年,卢梭在下榻的旅馆里碰到了善良而又痴情的洗衣女仆戴莱丝·瓦瑟。此时卢梭33岁,长戴莱丝10岁。他记述了初次见到戴莱丝的情景,他被她那双活泼又温柔的眼睛吸引了。彼此好感,成了情侣。虽然戴莱丝没有文化,但她对卢梭温柔体贴,不离不弃。直到1768年,年过半百的卢梭在布戈市市长的主持下与戴莱丝补办了婚礼。卢梭在写给朋友莫顿的信中说:"25年来相聚的岁月,终于使我们结为一体。信心和互爱使我们紧紧地结合在一起,直到我死为止,她将是我最温柔和我所需要的伴侣。"

不过,平庸的婚姻并没有化解卢梭心中浪漫的情愫,他以火热的爱情酿造出了一部情意绵绵的书信体爱情小说《新爱洛伊丝》于1761年出版。作者在书中借用一对恋人的情书讲述了一场在封建社会压迫下的爱情悲剧。书中的故事犹如一枚枚催泪弹,让无数读者,特别是女性读者们的泪水浸湿了手帕。因而它成了当时世界的畅销书。

"我是为音乐而生的"

卢梭自幼喜爱音乐。他声称:"我是为音乐而生的。"虽然在他获得的诸多桂冠中并没有音乐家这个美称,而他却是一位真正的音乐家,既有终生的音乐实践,也有丰富的音乐作品和系统的音乐理论体系。

据卢梭自述,他在音乐领域里的成就完全是自学自练、盲打误撞获得的。最初的音乐喜好来自幼年时照料他的姑姑。她有一副甜润的嗓子,经常哼出一些优美的乡村小调。他便跟着姑姑学着哼唱,唱着唱着就学到了不少小调。从此,音乐就成了卢梭向生活进军的号角和慰藉,到了晚年他还依靠帮人抄写乐谱维持生计。就这样,他边走边唱,直至生命终结他才停止了对音符和乐谱的操弄。

卢梭能获得系统的音乐知识受益于华伦夫人对他的帮助。当年他从师傅那里逃离之后,觉得自己就是一只飞出牢笼的自由鸟,到处流浪,沿途吟唱。当他投奔华伦夫人之后,他的不幸身世博得了华伦夫人的同情,特别是卢梭出生后就失去了母亲这一点就深深地触动了她幼年失母的疼痛,因同病相怜,便对这个清秀的流浪少年格外照顾。她发现卢梭天赋异禀,喜欢音乐且有一副好嗓子,就教他唱歌弹琴,还经常在家里举办一些小型音乐会,使他有机会认识了一些乐界人士并读到了许多乐理方面的书籍。为了快速记住乐谱,他竟然有了独到的发现,即用阿拉伯数字识记乐谱。卢梭对自己的这个发现甚为兴奋,他用1、2、3、4、5、6、7这几个数字来标记Do、Re、Mi、Fa、So、La、Si这7个音阶,还对它们的优点和使用方法进行了系统的论述,写下了论文《新乐谱记谱法》,满心希望能打入巴黎的音乐界。

1742年,卢梭带着他的梦想开始闯荡巴黎。他向巴黎科学院呈交了论文《新乐谱记谱法》,原以为他发明的这个以数字替代五线谱的简谱可以一炮打响。不料主持评审的三位评委虽然不是乐界的内行,却也有些见识,他们扒出了1665年巴黎方济会修士苏埃蒂的论文《学习素质和音乐的新方法》,认为简谱的提法早已有之,由于当时受到抵制而胎死腹中。他们虽然肯定了卢梭编制的简谱简化了音乐的记录与识谱,在内容与方法上都比苏埃蒂有了更大的进步,但不利于演奏和指挥,只是给卢梭颁发了一纸奖状以示鼓励而不予以推广。倔强的卢梭自然不肯罢休,他继续补充完善自己的音乐理论,后来将其改写为《现代音乐论》并公开出版了。

为了能在乐界立脚,年轻的卢梭加大了火力赶制进攻的"炮弹"。他先后写下了百余首歌曲,创作了6部歌剧。据说这些猛料获得的收益并不大,唯有歌剧《乡村占卜师》最受欢迎,相继演出

400多场,甚至演到了法王的枫丹白露宫,还得到了路易十五的赞赏。他因受到百科全书派的赏识而成为《百科全书》音乐部分的撰稿人。1768年他还出版了一部《音乐辞典》。由此可知,卢梭应有一顶音乐家的桂冠才是。

那么,聪明的卢梭在巴黎乐界为何未能红起来呢?他自己认为是他曾经崇敬的和声学奠基人和音乐理论家拉莫不喜欢他,一直在压制和排挤他。有拉莫一手遮天,他在音乐上是难以得志的。因此,卢梭便将火力转向了政治阵地。不过,他始终没有放弃音乐这个饭碗。他时常为人抄乐谱,当家庭音乐教师。他晚年落难的时候甚至以替人抄乐谱为生计。他死后,有人根据他的账单做过统计,在最后的7年里,卢梭替人抄写的乐谱有12000多页。他曾说自己为音乐而生,可知最后他也死在乐谱里。

"金钱金钱,烦恼根源!"

卢梭在金钱面前一直是个充满了矛盾心理的人。他说:"我所具有的矛盾之一就是:对金钱的极端吝惜与无比鄙视兼而有之。"正是因为有了这样的矛盾心理,这个满腹才华的作家一直过着居无定所、颠沛流离的清贫生活,终生都未能改变其贫穷的命运。他曾多次解析自己的矛盾心理:"我热爱自由,我憎恶窘迫、苦恼和依附别人。只要我口袋里有钱,我便可以保持我的独立,不必再费心思去另外找钱。穷困逼我到处去找钱,是我生平最感头痛的一件事。我害怕囊空如洗,所以我吝惜金钱。我们手里的金钱是保持自由的一种工具;我们所追求的金钱,则是使自己当奴隶的一种工具。正因为这样,我才牢牢掌握自己占有的金钱,不贪求没有到手的金钱。"

虽然卢梭时常抨击社会不公,却也没有为自己的贫困而怨天尤人,反而保持着达观幽默的心态:"我的淡泊不过是出于懒惰罢了。我觉得,有钱的乐趣抵偿不了求财的痛苦。"极度贫困的生活磨炼了卢梭的忍耐力,即使是饥寒交迫他也不改操守。他说:"我虽然差不多过了一辈子穷日子,甚至时常吃不上饭,但我没有一次不是只要债主向我要账,我立刻就还他的。我从来没欠过受到催索的钱,我宁肯自己受点罪也不愿欠人家钱。穷困到在大街上过夜,当然是够受罪的,这样的事我在里昂经历了很多次。"他甚至说:"我深深觉得,金钱不是由我这样的人使用的东西;只要手头有几文,我都感到可耻,更不用说去使用它了。万一我有一笔足够让我过惬意生活的收入,老实说,我决不会当一个守财奴。我一定把这笔款子统统花光,并不用它生利吃息。"

其实在卢梭的一生里并不是没有碰到发财的机会,而是他对金钱的矛盾心理总是让他选择退缩。比如,卢梭曾受聘到威尼斯法国大使馆给蒙太居伯爵当秘书,还在法国财务总管弗兰格耶处担任过出纳经管金库等,这些职位都是肥缺。但他却烦于周旋、苦于应酬,没干多久就以自己不能胜任工作为由辞去职务。他说自己更喜欢替人誊抄乐谱、按页取酬的工作。

当卢梭的歌剧、论文和小说在巴黎出彩之后,他的声望日高,报酬也多,若能努力写作完全可以过上富裕的生活。卢梭却说:"当一个人只为维持生计而写作的时候,他的思想就很难高尚。为了能够大胆地说出伟大的真理,就肯定不能屈服于对成功的追求。我将我写的书交到公众面前,相信是为公众的利益说了话,而且其他的一切都在所不惜。"

卢梭出名之后也就有了名家的烦恼,受到各种应酬的缠绕,他觉得自己连享受清贫生活的自由也给剥夺了。"我深刻地体会到希望中的清贫而独立的生活只是一种奢求。"他拒绝接受权贵们的馈赠,甚至退还人们送给他的礼品。于是人们骂他摆臭架子、傲慢无礼。为了躲避各种烦扰,卢梭离开了热闹的巴黎特意搬到乡下居住。可是无论他逃到哪里都难以摆脱金钱的烦恼。比如那些黏着他的年金甚至成为他终生难以卸载的心理包袱。

第一个要赐予卢梭年金的人是法王。1752年,卢梭的歌剧《乡村占卜师》在巴黎火起来,从巴黎的多家大剧院一直演到了枫丹白露宫。法王路易十五和王后看过这个歌剧后都很喜欢,就派使者找到卢梭,说要召见他并赐予他一项年金。卢梭犹豫再三,最后以健康不佳为由推脱了。卢梭放弃年金的行为遭到了亲友们的谴责。朋友还批评他是"愚蠢的骄傲"。

时隔10年,卢梭的名气更大了,却因出版《爱弥儿》遭到了法国当局的通缉。他逃到普鲁士境内纳沙特尔伯爵的封邑莫蒂埃居住,受到了普鲁士国王的庇护。1763年,腓特烈国王为了表示自己爱惜人才,不仅馈赠礼品,还决定赐予他年金。卢梭再次谢绝了普鲁士国王的馈赠和年金而离开了普鲁士。这件事传出去之后,他受到的辱骂更多了。人们骂他是个十足的傻帽儿、伪君子、故作清高、不识抬举等等。

图6-4 卢梭逃亡英国时期的肖像

1766年，他在英国哲学家大卫·休谟的帮助下又由瑞士的伯尔尼圣皮埃尔岛逃往英国避难。他的朋友于1767年帮助他向英王乔治三世申请到了每年100英镑的年金，并帮他代取。为此，他与朋友闹翻了，只好更名为勒努逃回法国加莱。由此可知，他发出"金钱金钱，烦恼根源！我怕金钱，甚于我爱美酒"的感叹不是玩笑，在他这些看似幽默的感叹背后有着怎样辛酸的经历。不明就里的人都觉得卢梭就是个怪异的傻子，他怎么能害怕金钱呢？人们读了卢梭在《忏悔录》中的解释之后才明白其中的奥秘："那笔可以说是到手的年金，我是丢掉了；但是我也就免除了年金会加到我身上的那副枷锁。有了年金，真理完蛋了，自由完蛋了，勇气也完蛋了。从此以后怎么还能谈独立和淡泊呢？一接受这笔年金，我就只得阿谀逢迎，或者噤若寒蝉了。"他还说："尽管当时我的命运似乎还可使我获得更稳定的生活条件，我也放弃了，不仅毫无遗憾，而且引为乐事。我摆脱所有那些诱惑，抛弃不切实际的幻想，一心一意过慵懒的生活，让精神安静下来——这从来就是我最突出的爱好，最持久的气质。"卢梭这些特有的操守与信念正是我们中国古人所赞赏的人格："穷且益坚，不坠青云之志！"

"人生而自由，却无往不在枷锁之中"

也许是卢梭早年的伤痛太多、疤痕太深的缘故，他的心灵深处似乎埋藏了一个易燃易爆的火药罐，让他的论著处处充满了火药味。面对社会的各种不公和压迫，他那犀利的言辞仿佛连珠炮似的越发越猛。

1749年，卢梭写出了一篇应征论文《论科学与艺术》，他在巴黎一炮打响。当时他的好友狄德罗因为出版《论盲人书简》被囚禁在巴黎郊外的文新尼城堡。为了去狱中看望好友，卢梭走了很远的路。中途休息时他掏出携带的《法兰西信使》杂志来看,偶然发现杂志上有则第戎学院的征文——《论科学与艺术的进步是否有助敦化风俗》,灵感的火花顿时点燃了卢梭许久以来愤懑的思绪。他顾不得社会大众对科学与艺术的普遍性赞美而以慷慨激昂、惊世骇俗的言辞,斥责它们都是些虚浮的东西,束缚和掩盖了自然的美和真,抛掷花环于人类所戴枷锁之上,终致人类在日常生活中不堪重负。他还把埃及、希腊、罗马这些文明古国由盛到衰甚至灭亡的原因都归咎于科学与艺术的发展,从而得出结论:在文明社会中,由于科学、艺术和文学同财富和奢侈密切联系在一起,其不但无助于敦风化俗,反而会伤风败俗。当第戎学院在1750年为征文颁奖的时候,卢梭的征文以其论点新奇、论证有力、文笔优美得了头奖。籍籍无名的卢梭由此一鸣惊人,从此在法国文坛上火了起来。那一年他38岁,思想体系日趋成熟。

1753年冬,卢梭看到第戎学院又发布了一则《论人类不平等的起源是什么》的征文。这个题目正是经常盘旋在卢梭头脑中的一个重大问题。于是,他又写下了题为《论人类不平等的起源和基础》的应征论文。在这篇论文中,他考查了人类历史文明发展的过程,从经济和政治上挖掘出社会不平等的起因。他指出:文明社会的贫困、奴役和全部罪恶,都是建立在私有制之上的,私有制就是一切罪恶的根源。唯有用暴力推翻罪恶的封建专制政权才能建立起平等、合理的社会制度。他还认为,个人的自由需要以共同体为条件才能实现。他说:"我愿自由而生,自由而死。这意味着,每个人都遵纪守法,无论是我还是其他任何人,都甘受这种光荣的约束,这种舒适且有益的约束,即使是最高贵的人也甘愿加之己身,因为除此之外,他们无须再受任何其他的束缚。"这篇论文对于当时的封建统治阶级来说,无异于一枚重磅炸弹,震动了整个欧洲,让他的敌人们都坐不住了。结果这篇征文不仅未能获奖,也无法在法国面世。经过不懈努力才于1755年在荷兰出版,并且还引发了敌对阶级对他的迫害。

图6-5 《论人类不平等的起源和基础》插图

1762年,卢梭于4月在荷兰阿姆斯特丹出版了他的政治学代表作《社会契约论》,5月又随之出版了他的教育哲理小说《爱弥尔》,这两部著作犹似暴风雨前夜发出的两颗响雷让全天下震动。他在《社会契约论》中开篇就说:"人生而自由,却无往不在枷锁之中。自以为是其他一切的主人的人,反而比其他一切更是奴隶。"而这个让人们失去自由的枷锁就是国家的强权统治。他指出:国家是社会契约的形式,只能是自由的人民自由协议的产物,如果自由被强力所剥夺,则人民可以用强力夺回失去的自由,这就是革命。在这部4卷本著作中,他系统地阐述了国家与政府的关系,指出我们应该建立的国家最高权力应属于人民。同时还强调,人民的主权不可转让、不可分割、不可侵犯、不可替代。他还向所有遭受奴役的同胞们呐喊:"放弃自由,就是放弃了人性,抛弃了做人的权利和义务。放弃一切的人是得不到任何回赎的。"他在这本书中的呐喊后来被人们评为"人类解放的第一个呼声,世界大革命的第一个煽动者"。他提出的"主权在民"的主张也被看作是现代民主制度的基石,不仅影响了欧洲的革命,影响了美国的独立战争,并且对世界其他国家的革命运动也产生了深远的影响。

卢梭创作的长篇小说《爱弥儿》原本是讨论儿童教育的,他却指责是罪恶的社会把人给染坏了,认为"自然曾让人幸福而良善,而社会却使人堕落而悲惨"。卢梭这些激扬的文字惹怒了欧洲的许多统治者,于是让法国和瑞士政府、教会乃至曾经以朋友相称的达官显贵们视他为敌,说他胆大妄为、亵渎宗教、试图打倒教会和推翻各国政府。巴黎高等法院向卢梭发出了通缉令;政府查封、焚烧了他的书籍;巴黎大主教毕蒙在教会发布文告把卢梭列为上帝的敌人;沙龙和文化媒介也印发宣传品、编造谣言,用各种恶毒的语言羞辱、诽谤他。卢梭不仅承受了灭顶之灾到处逃难,还背负着万劫不复、遗臭万年的精神压力。这让形单影只、孤苦无援的卢梭在余生的岁月里一路逃亡,一路为自己鸣冤叫屈,写下了一系列浸满了血泪的著作,其中《忏悔录》、《卢梭评判让-雅克:对话录》(简称《对话录》)和《孤独漫步者的遐想》(简称《漫步遐想录》)被称为卢梭自传三部曲。

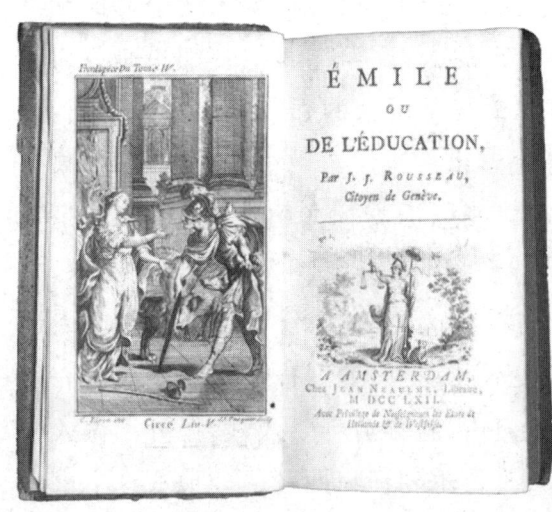

图6-6 《爱弥儿》插图

图 6-7　卢梭写作《爱弥儿》时在蒙莫朗西居住的小楼

"卢梭将永远是原来那个卢梭"

1762年，卢梭遭到法国当局的通缉之后开始走上了漫长的逃亡之路。他先由法国逃到瑞士，接着由瑞士逃往普鲁士，再由普鲁士逃往英国，然后又由英国潜回法国，8年之间辗转于多个小镇和荒岛，或寄人篱下，或栖息于窝棚、茅舍之中。他觉得自己快要累死了，需要休息。可凶恶的敌人却不给他喘息之机。来自四面八方的看得见和看不见的敌人纷纷围剿过来，都要将他置之死地而后快。最让他痛心的是朋友的背叛，尤其是那个自己曾经尊敬的亦师亦友的学界泰斗伏尔泰竟然在1765年还印发了一个匿名小册子，题名为《公民们的感情》，对卢梭的个人生活和人品进行了猛烈的抨击，说他将自己的5个孩子丢弃给了育婴堂，把他所患的先天尿道狭窄与尿潴留病说成是性生活糜烂导致的梅毒，还谴责他为人狂妄自大、傲慢无礼等等。随着这些揭发和宣传，卢梭被人们看成是疯子、骗子、野蛮人、人类的敌人等。眼见自己被人抹得一团漆黑,卢梭很是着急,他要告诉世人"休想按照他们的模式塑造一个让-雅克;卢梭将永远是原来那个卢梭"。于是就在逃亡期间他开始撰写《忏悔录》来为自己辩护,他要还原一个真正的、清白的卢梭。

卢梭在《忏悔录》中开章即说:"我现在要做一项既无先例,将来也不会有人仿效的艰巨工作。我要把一个人的真实面目赤裸裸地揭露在世人面前。这个人就是我。"在这本书中,他记述了自他出生至1766年被迫离开法国圣皮埃尔岛这50多年间的人生经历,也勾勒出了自己思想形成的心路历程。他说:"当时我是什么样的人,我就写成什么样的人。当时我是卑鄙龌龊的,就写我的卑鄙龌龊;当时我是善良忠厚、道德高尚的,就写我的善良忠厚和道德高尚。"言之切切,掷地有声。

卢梭的《忏悔录》在逃难途中断断续续写了4年,1767年完成了第一部,1780年完成了第二部。书中虽然列举了他自幼年以来犯下的过失和缺点,但他自持自己是一个善良、正直、清白的人,有些过错在他人看来实在是一种不可饶恕的罪过,但也实属无奈之举,尤其是对自己丢弃孩子的悔恨也写得悲悲切切。他说:"我也理解,把我将孩子送进育婴堂这个指责稍加变化,就很容易演化成指责我是不近人情的父亲,指责我仇视孩子。然而不容分辩的是,我之所以采取这一步骤,主要是怕他们不如此就会有一种几乎不可避免的坏上千百倍的命运。"他还说:"要说《新爱洛伊丝》和《爱弥儿》出于一个不爱孩子的人之手,那未免是世上最荒唐的事情了。"针对有人对他身体上疾病的指责,他也详述了他在患病时怎样就诊、怎样使用探管导尿以及医生们多次无效的治疗等经历。他说自己早已与死神面熟,还希望死后解剖尸体,查明病因。他一件件回忆着往事,历数着受到的种种羞辱、诬蔑和迫害,如泣如诉,鸣冤叫屈,看似在忏悔,实际是在为过往的行为辩护。他希望通过《忏悔录》能为自己遭遇的不公正待遇做些澄清:"既然我的名字要流传下去,我决不愿自己有虚假的名声,也决不愿人家把一些不属于我的美德和恶行归给我,也决不愿人家把我描绘得不像我自己。"他完成这部书稿之后,在前言中下结论说:"这是世界上绝无仅有,也许永远不会再有的一幅完全依照本来面目和全部事实描绘出来的人像。"然而他的《忏悔录》当时却无法出版。他曾经寻找一些场合去朗读,也被人阻止了。

卢梭在1767年逃回法国后到处躲藏,经孔迪亲王斡旋,法国当局于1770年默许他回到巴黎,但不能随意发表言论。卢梭看到自己多年来拼命挣扎并未能洗刷自己的名声,却仍希望通过继续写作来消除人们对他的误解。1775年,他完成了《对话录》。1776年,他又开始撰写《漫步遐想录》,当他写到第十次漫步时,尚未结篇就去世了。他在《漫步遐想录》中说:"但我还是寄希望于未来,希望较优秀的一代在更好地考察这一代对我的评断、更好地考察

图6-8 采集植物标本的卢梭

这一代对我的所作所为时,将不难看清我的本来面目。正是这一希望促使我写出了我的《对话录》,启发我做出万千愚蠢的尝试来使这部《对话录》能传诸后世。"

图6-9 卢梭晚年栖居的小屋

上天不负有心人。卢梭去世刚刚过去10年法国大革命就爆发了,历史的发展变化完全顺应了卢梭的愿望。革命者奉卢梭为"法国大革命之父"并替他昭雪了冤屈。法国大革命领袖罗伯斯比尔还说:"卢梭通过高尚的灵魂和高贵的人格表明他作为人类导师的价值。"当时的革命者还把他的头像印在报纸、宣传册和旗帜上,使其成为号召革命的精神领袖。

1791年,法国国民公会投票通过决议,给大革命的象征卢梭竖立雕像,并以金字题词"自由的奠基人"。1794年,革命政府又将埋葬在巴黎北郊埃尔姆农维尔小镇的卢梭遗骸隆重地迁进巴黎的先贤祠。墓碑上刻的铭文说："睡在这里的是一个爱自然与真理的人。"这是他逝世16年之后所得到的哀荣。"自然与真理之子"从此成为他的代称。

图6-10　法国大革命纪念卢梭的宣传画

遗憾的是，竖立于先贤祠广场上的卢梭铜像（由保罗·贝尔特于1800年制成）被二战期间的德国占领者销毁炼铜了。如今站在原来位置上的雕像是法国雕塑家安德烈·比泽特-林代于1952年雕刻的石像。

图6-11　位于先贤祠广场上的卢梭雕像

卢梭虽然出生于瑞士日内瓦，但受生活所迫，还没有等到成年就到法国闯荡。后来又因为超前的民主政治理论不被政府见容而成为逃亡者。当时他四处流浪，瑞士政府也不肯接纳这个瑞士人的儿子。直到法国大革命之后，卢梭的政治哲学思想影响了法国和欧洲乃至全世界，他终于受到了家乡人民的爱戴。1834年，瑞士政府在法国为卢梭订制了一尊由雕塑家詹姆斯·普拉迪尔创作的铜像运回瑞士。卢梭的这座雕像纪念碑于1835年2月在日内瓦的卢梭岛上落成。

图6-12　位于日内瓦卢梭岛上的卢梭雕像

卢梭生前未能出版的著作，后来陆续得以出版，有的著作还被翻译成多种文字，其中有许多为中译本。2012年，为纪念法国启蒙思想家卢梭诞辰300周年，商务印书馆还特意出版了一套9卷本《卢梭全集》，内容涉及政治、经济、哲学、教育及文学艺术等多个领域，这些论著就是卢梭能获得思想家和文化巨匠称号的理论基石。

历史的进程曲折迂回。在卢梭逝世后的两百多年里，世界上的革命与反革命从未停止厮杀，研究卢梭的论著层出不穷，人们对待卢梭的好评与恶评也随着时局的变迁而反复无常。有人把卢梭提出的"民主、自由、平等"的口号看作人类的普世价值和永恒追求；也有人说卢梭反人类、反社会，永远是社会最阴险和最可怕的敌人。那么,我们就无须回答卢梭究竟是个什么样的人。读者若是看过卢梭写下的这一系列自传体著作,也许能认同他本人的说法:"卢梭将永远是原来那个卢梭。"我们在读卢梭的这些作品时感觉他那颗脆弱的心仍然在跳动,他心中的那团怒火仿佛还在燃烧,而这些饱含着血泪的文字就像一团团火焰在我们的眼前滚动。如若这世上的不公与不幸还得不到改善的话,他那个不死的灵魂仍然会像荒原上的烈火那样"到处乱窜"。

7

拿破仑是救世主还是魔鬼

在世界历史上,拿破仑·波拿巴(1769—1821 年)是个饱受争议的人物。有人说他是救世主,也有人说他是魔鬼。善恶两端,誉毁参半。因评议者各有自己的立场和观点,孰是孰非各有自己的理由。

拿破仑究竟是个什么人?本文不打算回答这样的问题,仅是拾取了世界文化艺术界的名流们在塑造拿破仑形象时的一些故事和作品,来看看拿破仑在他们眼中的善恶美丑。

拿破仑的艺术情愫

"半救世主,半撒旦。"拿破仑看到这个评价后笑了。自从滑铁卢之役败北以来,拿破仑看到了人们对他的各种评价,他很平静,也很满足。他说:"人类并没有像大家说的那样忘恩负义。之所以常有人对此抱怨不已,是因为行善之人想要的回报比他付出的东西还要多。"也许是他在世的时候对于回报不太贪心的缘故,他死后却收到了异乎寻常的回报。如今他已过世两百年,在这漫长的岁月里人们不仅没有忘记他,崇拜他的队伍反而扩大了:关于拿破仑的著作已经数以万计,可是有人还在写;对于他的政治和军事活动进行研究的学术论文已经汗牛充栋,却仍有新的成果持续涌现;有关他事迹的电影已经多达 70 多部,却仍有人在创作新的影视;描绘他形象的画作已经多不胜数,却有人还在继续临摹或创作新的作品。那么,拿破仑持久不衰的魅力究竟来自哪里呢?看吧——他的魅力就蕴藏在他那浓烈的艺术情愫中!

一、拿破仑曾经是个文艺青年

　　被誉为世界著名军事家和政治家的拿破仑曾经是个文艺青年。他出生在意大利西部海域科西嘉岛西岸的阿雅克肖小城。这个岛是地中海的四大海岛之一,土地肥沃,风光旖旎,并有着重要的战略地位。它曾隶属于意大利,但在意大利王国衰落之后欧洲的许多强国都想要占有它,以英国人和法国人的争夺最为激烈。1769年8月15日拿破仑出生的时候,法国人刚刚拿到了科西嘉岛,因此他一出生便成了法国人。不知底细的人都说拿破仑出身于贵族,拿破仑也经常强调自己拥有贵族身份。那是因为欧洲人看重贵族,贵族能够享有许多特权。可是,拿破仑家的贵族身份据说是他的先辈在意大利得到的,到他父亲卡洛·波拿巴的时候他家就已经很穷了。卡洛曾经是一位律师,后来追随科西嘉的独立运动领袖保利,试图建立一个独立的科西嘉共和国。独立运动失败后保利投奔了英国,卡洛却归服了法国。卡洛夫妇共养育了8个孩子,生活很艰难,也无钱让孩子们读书。经过卡洛的斡旋,法国王室承认了他家的贵族身份。老大约瑟夫上了免费的教会学校。老二拿破仑在9岁时上了免费的布里埃纳军校,15岁时被选入巴黎贵族军官学校专攻炮兵学。可拿破仑更喜欢历史和文学艺术,早年的梦想就是像他所崇拜的启蒙思想家卢梭那样当个作家。

　　因为家境贫穷,拿破仑衣着简朴,又操着一口浓重的科西嘉土话,这让他与法国的贵族子弟们格格不入,经常受到耻笑和孤立,于是养成了极为忧郁的气质。那时候拿破仑觉得自己是个外国人,他喜欢读科西嘉史,对于父亲归服法国颇有怨言。他常常希望科西嘉能从法国独立出去。1785年拿破仑的父亲去世,母亲带着一大群孩子,生活无以为计。16岁的拿破仑中途辍学当了兵。随后他被授予炮兵少尉头衔,便将微薄的军饷寄给母亲养家。

生存的困境让拿破仑对生活产生了厌倦。他看到父亲正值英年却被胃病折磨致死,觉得人都是要死的,还不如自杀为好。他在16岁时写下的那篇《论自杀》中说,他在人群中总是觉得孤独寂寞,只能听凭满腹忧郁的摆布。他自问:"既然难逃一死,自杀不是更好吗?"

也许是养家的责任感驱使他没有自杀,就想着怎样出人头地来改变命运。忧郁和孤独让他经常沉浸在书本之中。他喜欢读古希腊史学家普鲁塔克的历史学,更喜欢读当代思想家伏尔泰和卢梭的著作,他接受了他们关于自由、民主与平等的理念,向往过上这样的生活却不可得。他在日记中说"终日做梦,尽情地愁闷,总是离群索居",沉浸于自己的精神世界。

拿破仑尝试着当个作家,他开始写小说。在那部名为《新科西嘉》的处女作里,他写到一只在海上失事的英国海船被困在荒岛上,船员们遇到了一位年长的科西嘉流亡者。这个人就是书中的主角,他开始每天向英国人讲述科西嘉的故事。小说刚写了一半,恰遇法国文坛在全国发布了一则"论幸福"的征文广告。这则广告让拿破仑很动心,他为此努力了几个月,反复修改应征文稿,觉得自己定能像卢梭那样拔得头筹而一鸣惊人。结果他却落选了!从此他的作家梦也随之失落。

曾经攻读过炮兵专业的拿破仑觉得自己还拥有另一个厉害的武器——大炮。他想,也许大炮能把梦想变成现实,于是扭转了自己前进的方向。

二、拿破仑征服世界的艺术

法国大革命爆发的时候拿破仑正值青春年华,社会的动荡让他看到了自己的用武之地,于是他放弃了作家梦,开始投身于政治。当他将笔杆子中的智慧与枪杆子中的威力融会贯通的时候,一连串的奇迹出现了,梦想的花园里也疯长出许多欲望来。

自从法国大革命爆发之后,欧洲的封建王国多次缔结反法联盟,要把这个资产阶级新政权扼杀在摇篮里,战火连年不息。遗世独立的拿破仑期待成功,一旦走上战场他就有一股子天不怕地不怕的冲劲。1793年他24岁,偶然得到了领军的机会,便一举攻克了法国的王党堡垒土伦,从此成了一位征服者,进军路上凯歌常奏。1795年10月,他帮助督政府平息了保王党的叛乱被晋升为陆军中将并当上了巴黎的卫戍司令。1796年春他被任命为法兰西共和国意大利军总司令,到1797年底他便征服了意大利北部,多次打败欧洲最强大的霸主奥地利帝国。1798年春他被任命为东方军总司令出征埃及,打败了埃及凶悍的马穆鲁克骑兵军团,扫荡了亚历山大和叙利亚的土耳其军。1799年秋他由埃及回到法国发动"雾月政变"当上了法兰西共和国第一执政。1804年底他举行了别致的加冕礼,当上了法兰西第一帝国的皇帝。此后他就独揽军政大权横扫欧洲,除了西边因大海阻隔的英国和东边因大雪困厄未能征服的俄国之外,他的剑与大炮所向无敌,让欧洲大陆的大部分国家都臣服了。一连串的胜利把这位马背上的英雄变成了让敌军闻风丧胆的战神。

战争原本是血与火的搏斗,让千军万马战死沙场。但是,严酷的战争没能杀死拿破仑身上浪漫的艺术细胞,却让他在熊熊的战火中展示了独有的创造力。他一手舞剑,一手挥笔,在争得土地、俘虏敌兵、收获战争赔款、从欧洲多个被征服国里搜集到以千吨计量的艺术品的同时,还赢得了敌军将领的敬佩和广大民众的好感。因此,他曾经带着炫耀和轻快的语气对部下说:"战争艺术是简单的,如同一切美好的事物。"

图7-1 《身着隆重加冕服的拿破仑》

拿破仑的名字在科西嘉土话中的意思是"荒原雄狮"。这只雄狮具有一对智慧的眼睛,总是能捕捉到社会变动的细微之处而独占先机。拿破仑的双手既能舞剑,也能握笔,如同猫爪一样锐利、轻柔。他常常写下甜言蜜语将被征服者按摩得服服帖帖。拿破仑曾对自己的取胜之道做过这样的解释:"你知道我在这世界上最欣赏什么吗?在建功立业方面,武力并没有什么作用。世界上只有两种力量:智慧和剑。而从长远看,剑总是被智慧所战胜。""我很少拔剑,我是用我的双眼,不是用武器取得胜利。"他一直把法国大革命期间的民主、自由与平等口号作为思想武器,把他的队伍称为国民军,宣称为保卫国民而战,其战斗力是当时欧洲其他国家的雇佣军无法匹敌的。他在每次战役之前总是首先细心观察、精确计算,使用最小的成本去换取最大的利益。他把自己打造成"解放者"的模样,大军所到之处都要先发布告与传单以宣传他的解放政策,呼唤被征服地区的抵抗者放下武器。他的宣传让那些祖祖辈辈饱受封建势力欺压的人民倍感亲切,不仅不把他的军队看作侵略者,反而当成救星,对他们满怀期待。强大的舆论攻势常常让敌军不战而降,纷纷倒戈。

比如,1797年拿破仑率领军队途经瑞士时受到的欢迎就空前热烈,沿途人民夹道欢迎,甚至高呼:"拿破仑万岁!""和平使者万岁!"他自豪地说:"在这些人心中,我是他们反抗达官显贵的支持者和救世主。"

再如,1797年拿破仑在意大利组建阿尔卑斯南共和国的公告中声称:"法兰西共和国痛恨暴君,答应给各国人民兄弟般的亲情。"他呼吁征服地的人民支持法国军队,宣称法军将保护当地人的财产,尊重他们的人权和宗教。他还使用各种动听的词令征收赋税。他占领了意大利的伦巴底后在征税时这样说:"请你们以友谊为重,尽快施以援手。我们向各省征收2000万法郎,我们需要这笔钱。对这么富庶的省份来说,这点钱微不足道。"

另外,拿破仑在1798年率军远征埃及的时候也采用了巧妙的艺术手法。他将这次东征称为"史诗中的一次行动",要给埃及来一场"文艺复兴"运动。他除了筹备400余艘军舰和配置的大炮之外,还选拔出175位著名学者随军,并带有200多箱图书和科研仪器。有人把这个特殊配备的队伍称为"移动的大学",也有人称其为"移动的图书馆"。在地中海航行的时候,英国著名的海军将领纳尔逊率领英国舰队一直在搜寻法国的舰队以拦截其东征之行。拿破仑却在他的军舰"东方号"上主持研讨会,组织学者们讨论卢梭的论人类不平等的起源问题。当他们登陆打下亚历山大港之后,拿破仑下令使用多种文字沿途散发传单、张贴布告,宣称他们的军队不是为了侵犯埃及人的利益,而是为了把埃及人从马穆鲁克的统治下解救出来,要给他们带来平安和自由的新生活。当法军攻占了埃及的首都开罗之后,他向教长和显要人士发出这样的宣言:"把你们河岸的船只放过来,并派代表团通知我你们归降。以面包、肉类、草料和大麦供应我的部队。不要惊慌,要宁静如常,我确信再无他人比我更急于为你们的幸福效劳的了。"在法国军队围城鏖战的间隙里,拿破仑仍然表现出悠闲的样子,让随军而来的数学家组织了一场微积分考试,让化学家们讨论如何改进面包烘焙、尼罗河水净化乃至怎样酿造出没有啤酒花的啤酒,还让各学科的学者们组成科学与艺术委员会,每隔五天碰一次头,分别讨论各类专题。

拿破仑喜欢使用知识装饰自己。后来他得到了许多头衔,其中他最喜欢的那个头衔是"法兰西学院院士"。他将这个头衔印在公务信笺的顶部四处张扬。他认为,必须让士兵们知道,统帅比他们有知识,由此才能令士兵们对统帅产生敬意。他广泛的兴趣和渊博的知识对于他的文治武功确实发挥了很大的作用。

拿破仑喜欢音乐。他让部下抄录各种音乐作品,让音乐家谱写军歌,让士兵们在战前高唱军歌。他说:"在所有艺术种类中,音乐最能影响人的激情,因此立法者应特别加以关注。一首大师倾情创作的交响曲能够触动人的情感,其影响力远远超过道德教育书籍,后者虽能说服理智,却无法改变人的习惯。"

为了破除军中殴打士兵的陋习,拿破仑曾下达这样的命令:"殴打士兵逼其招供的可耻习惯该废除了。用拷打的方法进行审讯,只会导致这些可怜的人说些我们喜欢知道的内容。我现在禁止使用这种违背人道和理性的手段。"这些巧妙的施政命令既合理又合情,故而能取得较好的效果。

对待士兵们出现的失误,拿破仑的处理方法既富有技巧,也很有人情味。1796年,他在攻打意大利曼图亚时急行军一昼夜。部队安顿之后拿破仑不敢有丝毫松懈,夜间不停地巡岗。当拿破仑发现有个岗哨靠着树干睡着时,他拿起枪在哨位上站了半个多小时。那个岗哨突然醒来,发现总司令在此站岗吓得魂飞魄散、跪地求饶。"朋友,"拿破仑说,"这是你的枪。你们艰苦作战,又走了那么长的路,你打瞌睡是可以谅解的;但是目前,一时的疏忽就可能断送全军。我正好不困,替你站了一会儿。下次可要小心。"这件暖心的故事被众口相传,极大地鼓励了士兵们的忠诚献身精神。

即使是在战场上刀枪相对,拿破仑也忘不了妙笔生花似的先在他的长剑上绣花。每次战役之前他总是首先使用优美的辞令与敌方的统帅打心理战。拿破仑曾自夸道:我的一支笔胜于三千杆毛瑟枪。当军队进入战场时,他一面陈列其庞大的军事阵势,另一面却以袍泽兄弟的身份给敌方的将领写信,请求他们想一想战争

图7-2 《拿破仑进入勃兰登堡门》

中血流成河、尸横遍野的残酷,想一想战争的无穷祸患和胜负未卜的前景,劝导他们放下武器不做无益的抗争,赶快蒂结公正、平等的和约结束战斗。当时的奥地利帝国是拿破仑最强大的敌手,他多次与奥地利的卡尔大公在战场上对决。他便多次在战前写信和这位总司令进行智慧上的较量。尽管卡尔大公曾回复他说,不要以私人的情谊来扰乱国家的大事,但在内心里却也被他的花言巧语柔化。还有一封写给德军总司令查理大公的长信甚至让对方感激涕零,立即派使节与他商谈停战协定。

在对待恋爱与婚姻的个人问题上,拿破仑也像诗人与作家那样表现得极其浪漫、富于情调。比如,他给爱妻约瑟芬的信时常情意绵绵、肝肠寸断以表达其思念之深。在信的末尾他还要写上给妻子一千个吻,吻遍她的全身。可是约瑟芬是个情场高手,有许多情人。有时他给妻子的家书也写得醋意十足,火药味冲天,扬言要把他的情敌撕成碎片。由于妻子不能生育,他需要找个能给他生育继承人的妻子,也为了与奥地利皇室联姻以瓦解反法同盟,他便与约瑟芬离婚了。离婚后的拿破仑仍然扮演得像个心上人似的常常与前妻在信中谈情说爱,倾诉思念之苦。当他与奥地利王室联姻之后,奥皇弗朗茨二世给这位新女婿的待遇却没有多少改变,仍然组织了第六次和第七次反法同盟,最终把他打垮了。他在反思自己的过错时也使用诗一般的语言来讲述:"奥地利成了我的家属,可这段婚姻却使我迷失了我自己……我踏入了一条布满鲜花的深渊。"拿破仑写给两个妻子与情人的情书后来被人们译成多国文字,还被誉为"美中至美的情书"。

三、囚徒拿破仑的自辩艺术

拿破仑一生指挥战役60多次,其中打赢的有40次,所以他常常以"战神"自居。尤其在他赢得了几次以少胜多、出奇制胜的战役之后,吹鼓手们更是将其描述得神乎其神,编出多种传奇故事,似乎让人们相信拿破仑是一位常胜将军可永立不败之地。然而,局势的变迁如同天气幻化不可捉摸,拿破仑最终被自己膨胀的野心给打败了。

在拿破仑创立法兰西帝国之初,他率领的法军势头确实很猛。当时欧洲有英、法、德、俄、奥这五大列强,其中四大列强都以法国为敌,并且曾七次结盟联合攻打法国。1805年10月20日,拿破仑大军在乌尔姆战役中打垮了奥军主力,并在11月14日攻占了奥地利首都维也纳。在拿破仑加冕一周年纪念日的12月2日这天,他率领的法军又在奥斯特里茨的"三皇会战"中打败了俄奥联军,瓦解了第三次反法联盟。

图7-3 《拿破仑接受维也纳城的钥匙》

"三皇会战"胜利后,拿破仑成了欧洲大陆的霸主。经过运筹,他于1806年7月12日建立了莱茵联邦,将脱离了神圣罗马帝国的各个邦国以及周边 30 多个侯国、公国和王国都纳入了法兰西帝国的保护之下。同年 8 月 6 日又迫使奥地利皇帝弗朗茨二世放弃了神圣罗马帝国的皇帝称号,横行 800 多年的神圣罗马帝国的历史由此终结。

拿破仑取得的这些胜利既威胁到了普鲁士人的利益,也伤害了这个强国的自尊心。于是普鲁士皇帝威廉三世在路易皇后的积极支持下决定对法宣战,还同英、俄缔结了第四次反法联盟。1806 年 10 月 14 日普法双方在耶拿开战。谁知一向强势的普军却也不经打,当天就败下阵来。皇帝和皇后逃走,国土大面积失落,法军于 10 月 27 日挺进了普鲁士首都柏林。德国大诗人海涅曾夸张地说:"拿破仑呵一口气,就吹掉了普鲁士。"随之法军向东扩张,于当年 11 月攻入波兰,占领了华沙并建立了华沙大公国。到 1807 年 6 月法军又在艾劳战役和弗里德兰战役中打败俄军,双方签订了和平条约,瓦解了第四次反法联盟。至此拿破仑兼任了意大利国王,成为莱茵邦联的保护者和瑞士联邦的仲裁者,他还把自己的兄弟约瑟夫分封到那不勒斯、路易分封到荷兰、杰罗姆分封到威斯特伐利亚为国王。一系列的胜利让拿破仑的头脑越来越膨胀,他觉得征服整个欧洲不在话下,还想把巴黎变成欧洲的首都。

泰极生否,拿破仑也没能逃出这个凶咒铁律。当拿破仑在东线获得节节胜利的时候,西线的战场却没有什么起色。由于隔海而居的英国海军力量极其强大,拿破仑一直无法打败这个老冤家。尤其是在 1805 年 10 月的特拉法尔加海战中法国与西班牙联合舰队遭到了覆灭性打击,越过海峡征服英国的梦想破灭了。于是,拿破仑决定利用法国在欧洲大陆上的优势制约英国。1806 年 11 月他在柏林颁布了一个"柏林敕令",命令所有同法国结盟的国家不得与英国有任何贸易往来,企图在经济上困死英国。可是,这个封锁令却一直未能得到较好的落实。先是西班牙和葡萄牙受自身利益的驱使抵制该"大陆封锁令"。拿破仑决定教训一下这两个不听话的小国。他在 1807 年 11 月贸然发动了伊比利亚半岛战争,葡萄牙很快被拿下了,不料西班牙人却十分顽强,让这场战争打了 6 年,拖垮了法国 30 余万大军,法国以失败告终。

俄国对于拿破仑的大陆封锁体系也很反感,此后干脆退出了这个体系。为此拿破仑决定远征俄国。1812 年 6 月他率领 57 万大军兵分三路向俄国推进,当年 10 月攻入了莫斯科。俄国的严冬来得早,让拿破仑遭遇了北方特有的大雪。俄国的图库佐夫将军又对他实施"焦土政策",放火烧毁了放弃的城池并进行坚壁清野。法军因得不到给养多被饥寒吞噬,仅剩下 3 万多残兵于当年 12 月撤回巴黎。拿破仑的人生从此坠入低谷,由高高在上的皇帝旋即沦为阶下囚。

图 7-4 《拿破仑从莫斯科撤退》

拿破仑率领残部回到法国之后,反法联盟诸国决计不给他喘息之机。东线由俄军、普军和奥军三大军团从东北南三个方向包剿过来,西线由英国、葡萄牙和西班牙组成的联军对法军进行夹击。拿破仑率领新征的18万大军应对30多万反法联军十分吃力。虽然他也取得了吕岑战役、包岑战役和德累斯顿战役的几次胜利,但在1813年10月的莱比锡战役中激战三天还是败给了反法联军,这次战役打破了拿破仑帝国不败的神话。1814年3月31日反法联军攻占了巴黎,拿破仑被迫签订了退位诏书,5月4日被流放到地中海南部的厄尔巴岛,波旁王朝复辟。

拿破仑的第一次被流放待遇还不错。依据《枫丹白露条约》,他退位时保留了皇帝称号和400名卫兵,由波旁王朝为其提供200万法郎年金并被称为厄尔巴岛之王。欧洲的君主们以为,这个魔王此后也只能在面积只有200平方公里的这个小岛上终老天年了。

然而,拿破仑只在厄尔巴岛待了10个月。他表面上在忙着治理这个小岛,暗地里却密切地关注着欧洲和法国的动向。当他听说第六次反法联盟因在维也纳会议中分赃不均闹崩了,巴黎人民对复辟的波旁王朝也非常不满时就笑了。随之他自导自演了一幕闻名世界的历史剧——"百日王朝"。拿破仑溜出厄尔巴岛之后于1815年3月1日在法国南部海岸登陆直捣巴黎。他率领了一支几百人的小部队沿途招募旧部和新兵,在十几天里就收编了14万正规军和20万志愿军。而路易十八派出阻击拿破仑的保王大军迎风溃散,甚至还纷纷归降。据说当时拿破仑给路易十八写了封幽默的短信说:"我亲爱的国王,请别再派兵过来了,我的人手已经足够了。"路易十八也很"听话",便急忙收拾行囊逃到了比利时。拿破仑便于当年3月20日入驻巴黎的杜伊勒里宫重登皇帝宝座。

拿破仑重返巴黎的消息震惊了欧洲,英、俄、普、奥等国的宿敌们立即又组成第七次反法联盟,集结60万大军分为五路向他扑来。立足未稳的拿破仑便带着他收编的20万新军迎击。1815年6月18日,当法军与反法联军在比利时南部的滑铁卢决战时,由于下雨路滑,法军未能按照拿破仑的部署及时赶到指定阵地,被威灵顿将军率领的英军击溃了防线。双方激战三天,法军最终全线崩溃。滑铁卢之败彻底断送了拿破仑的军事与政治前途,他于6月22日退位,"百日王朝"旋即落幕。

图7-5 《滑铁卢战役》

1815年10月,拿破仑被押送到大西洋中南部的圣赫勒拿岛,距欧洲大陆有7000多公里。第二次流放他被剥夺了所有名分,英国人还在这个远离海岸的孤岛上设置了一个军营来专门看守这个特殊的囚徒。尽管拿破仑身陷牢笼,恶劣的生活环境却也没有完全抹去他的浪漫情调。他还在做美梦,想在晚年当个史学家、化学家或植物学家。在被囚禁的日子里他有了时间,每天上午用来口述回忆录,由他的随从拉斯·卡斯伯爵书写,下午学习英语,其余时间就读书读报,获取外界的各种消息。

当拿破仑看到有人讥笑他将权力当作情人时,他争辩说:"我爱权力。但我是作为一个艺术家而爱它的。我爱权力,正如一个艺术家爱他的小提琴。我爱权力,因为我能用它来制作声响、音调与和谐的乐曲。"

当拿破仑看到有人指责他不该将法兰西共和国变成帝国、搞专制、搞独裁时，他声称自己是"人民的君主"。在《圣赫勒拿岛回忆录》中他曾留下这样的话："我填补了无政府状态的沟壑，平息了动乱。我涤除了革命的罪孽，使革命变得神圣，让人民变得高贵，巩固了国王的统治。我激励竞争，褒奖功勋，让荣耀不再那么遥不可及！这一切都堪称了不起！那么人们还有什么可控诉的呢？还有什么是连历史学家都无法为我澄清的呢？这是我想得到的吗？可事实上，历史学家就是为我辩护的。你们说我专制？他会表明，独裁只是形势所迫。要是有人说我妨碍自由？他会证明：我们未曾彻底摆脱放荡、无序和骚乱，这些只与我们一墙之隔。要是有人斥责我对战争的极度狂热呢？他会指出，那是由于我们总是遭受袭击。全面实施君主制度？他会告诉众人，那只是个偶然，是敌人自己把我们一步步引到这里的。那这是不是我的愿望呢？啊！他肯定会发现我还有很多的凌云壮志，都是有史以来最伟大和最高尚的！那就是建立并打造一个理智有序、富强繁荣的帝国，能够充分享有人类的智慧！然而这样的抱负却未能实现，历史学家不免会为此感到惋惜了！"

对于人们指责拿破仑自戴王冠，他反驳说："难道我们是强盗吗？而我只是个篡位者吗？可是先生，我没有废黜过任何人。我只是在溪流中找到王冠并将它拾起，是人民把它戴在了我的头上。我们必须尊重他们的选择！"他又说："我登上了空置已久的王位，一身清白，没有犯下历代君主通常都会犯的罪过。""如果说后世和历史的非议有哪一点会让我担忧，恐怕是他们不认为我太坏，反而觉得我太过仁慈。"直到谢幕，拿破仑对自己的人生一直是充分地自信和肯定的。他说："不管别人多么费尽心思地诋毁我的人生，歪曲我的性格，了解我的人都知道，我的管理是无可指责的。在我的整个统治期间，没有任何一个秘密行动是我不敢拿到公堂对簿的。我根本不会不安,甚至还会有几分优越感。"

当拿破仑看到有人称他为"马背英雄"时,他也不认同这个简单的赞美。他说:"我真正的光荣并非打了40次胜仗,滑铁卢之战抹去了关于这一切胜利的记忆。但是有一样东西是不会被人忘却的,它将永垂不朽——那就是我的《民法典》。"这个《民法典》也被称为《拿破仑法典》。拿破仑不仅亲自领导了这部法典的制定,并且参与了法典制定的每个细节。按照他的设想,《民法典》应是每个公民的通用读物,要让法国的农民能在油灯下读懂自己的权利,它将和《圣经》放在一起成为人们的行为准则。法典充分吸纳了法国大革命的优秀成果,确立了资本主义社会的立法规范,同时也废除了封建社会的一系列陈规旧法。这部法典果然不负拿破仑所愿而成为后世公认的语句优美、行文简洁的文学杰作,也成为欧美各资本主义国家效法的典范。由此可知,拿破仑要强调的是,他确实不只是一个马背英雄,他在文治武功的各方面都有雄才大略和远见卓识。

瞧!针对人们的种种诘难他辩解得何等巧妙!

拿破仑在圣赫勒拿岛平静地生活了6年,1821年5月5日因病辞世。不过,也有人怀疑他死于谋杀——慢性砷中毒。当时他被安葬在该岛的天竺葵山谷。有人在清理他的遗物时看到他在一张纸片上写着:"我是被钉在岩石上的新普罗米修斯,一只秃鹫在啄我。是的,我偷了天上的火种奉献给了法国;火种已经重新上升到了它原来的地方,我却被钉在这里!"

在人类历史上,"成者为王,败者为寇"几乎是评价历史人物的通例,但拿破仑却是个例外。他死后欧洲有许多文化名人对他的传奇人生给予了极高的评价,尤其是德国诗人歌德写下了长诗赞美拿破仑的进取精神和艺术才华,还夸奖拿破仑像德国音乐家洪默尔摆布钢琴一样摆布世界:"在任何时候他都胸有成竹,应付裕如,就像洪默尔那样,无论演奏的是慢板还是快板,是低调还是高调。"

拿破仑在遗嘱中说:"我愿我的身体躺在塞纳河畔,躺在我如此热爱过的法国人民中间。"法国人民也没有忘记他,经过法英两国政府的多次交涉,在他去世19年后法国人终于迎回了拿破仑的遗骸,1840年12月15日为他举行了隆重的国葬仪式。90万巴黎市民冒着严寒为他送葬,他的灵柩通过了他曾经为庆功建造的凯旋门,如愿地安眠到了塞纳河畔的荣军院。

上天似乎没有辜负拿破仑的艺术情怀,他生前受到众多文学艺术家的颂扬,死后仍然赢得了无数崇拜者。颂扬拿破仑的各类文学艺术作品层出不穷,即便是他的陵墓也被打扮得特别漂亮。

拿破仑的棺椁安放在荣军院圣路易金顶教堂地下墓室的中央,周围有12尊胜利女神雕像守护,大理石地面上刻着8次大捷的名称,环廊墙壁上用10幅浮雕图讲述了包括编制《民法典》在内的十大功绩,墓室的穹顶上绘有飞舞的众神。借着艺术家们的艺术作品,拿破仑或许已经实现了他那"不朽"的宏愿。

图7-6 拿破仑陵墓

在西方绘画中看到的拿破仑

绘画是一种无声的语言艺术。它既可造形,也能传神,有着经久不衰的魅力。在绘画中肖像画是其中的一类,也被称为写真。就是说它能够准确地展示人的真相貌和真性情。肖像画有着特异的传播功能,在人类的造神活动中曾发挥过重要作用。古代的神话人物和帝王将相都是借助于肖像画艺术被人们广泛认知。拿破仑善于打仗,便想将自己塑造成为"战神"的形象。当他掌权之后最喜欢做的事就是在征战的间歇里让画家们为他绘制肖像画。因此有人将他称为"政治艺术大师"。其实,拿破仑处世的艺术无处不在。若是用艺术家们的行话来定义拿破仑的话,应该将他看作是行为艺术家们的鼻祖,仅是在画家们的作品里我们就可以看到他在各种政治和军事活动中的精彩表演。

1799年拿破仑30岁,他当上了法兰西共和国第一执政。但是,他感到当个第一执政缺乏稳固性,于是便在33岁时将第一执政升格为终身执政。可他又感到终身执政的权力仍然缺乏硬度,于是便在35岁时又加冕为法兰西帝国的皇帝。可他还是不愿只当一个法国人的皇帝,于是便在36岁时又加冕为意大利国王……他还要像古罗马的恺撒大帝那样去统一欧洲、征服世界。

其实,权势和财富都不是拿破仑的终极追求,他还有一个宏愿就是成为一个不朽的人。在《拿破仑文集》里,我们看到他曾多次探讨过"不朽"这个主题,并且还处心积虑地利用文化艺术为自己塑造出美好的形象,希望能受到万众的敬仰而实现其不朽的追求。让我们来看看拿破仑在短暂的52年生命里是怎样经营其非凡人生而实现其夙愿的。

所谓"不朽",通常是指形神不灭,英名永存。在我国,古人将立德、立功和立言称为"三不朽"。考察拿破仑的一生,若论建功立业,他的确是一位出类拔萃的猛将。但是,他所取得的每项功业对于另一些人来说就是灾难,特别是对于欧洲的封建君主们来说更是毁灭性的打击。这让他的德行评价冰火两重天。爱他的人称其是解放者、是救世主,恨他的人说他是入侵者、是撒旦,于是拿破仑就成了一个难以定论的多面人物,让他的不朽打了些折扣。

　　欧洲的画家们各有自己的立场。他们对于拿破仑的态度有爱,有恨,或者爱恨交织。各不相同的情感让他们笔下的拿破仑艺术形象有美有丑,姿态万千。这里我们选取了其中的几幅油画、漫画和邮品上的图画来看看拿破仑在世界上的影响力究竟怎样。

一、油画中展现的拿破仑形象

　　1799年,拿破仑通过"雾月政变"当上了法兰西共和国第一执政。从这时起,他有了利用艺术手段来重塑自己形象的能力和机遇,便一改从前那种孤僻、冷漠与焦躁的习性而变得热情、稳健、和蔼可亲。他无论走到哪儿,都成功地吸引了观众们的注意力,让法国那些有才华的年轻人都成了他的追随者,其中有许多是艺术家。那时候世界上的照相术还没有诞生,画家们的画笔就成了报道和再现各种重大社会活动的重要工具,从而把万众仰视的拿破仑变成了一件件可供大众鉴赏的绘画作品。

　　在法国的帝政时代里,究竟有多少件以拿破仑为主题的绘画作品呢?恐怕没有多少人能说清楚。1825年,法国曾出版过一本《法国大革命:拿破仑·波拿巴的战争画册》,书中收录的拿破仑彩色与黑白绘画图片共有330多幅。而流布于社会上的各种拿破仑绘画更是数不胜数。在这些绘画中有肖像画、生活画、战争画、宣传画、历史画等，其身影、服饰与场景千变万化，仅在肖像的面部就可见到他的喜、怒、哀、乐、愁等各种思绪。在这些绘画中不乏大师级的作品或被称为世界级名画。据研究者称，在拿破仑当政期间，为他绘画的艺术家有230多人。他们之中最著名的是路易·大卫和大卫的得意门生格罗、热拉尔和安格尔这4个人。若是能将他们的作品全部汇聚起来，便可从中看到拿破仑一生各阶段的重大活动和精彩生活。这里挑出4幅油画来看看画家笔下出彩的拿破仑。

第一幅油画是路易·大卫创作的《拿破仑越过圣伯纳德山》。大卫是一位早年就积极投身革命的著名画家，后来成了拿破仑的积极追随者。他在为拿破仑绘制画像时非常注重表现拿破仑的英雄气概，《拿破仑越过圣伯纳德山》就是其中的典范。据记载，在1800年6月的马伦哥战役前夕，拿破仑为了迷惑敌军选择了十分险峻的行军道路。5月16日，他在翻越阿尔卑斯山脉中的圣伯纳

图7-7　油画《拿破仑越过圣伯纳德山》

德山隘道时为了对付陡峭的山路特意骑了一头驴子。但大卫在这幅油画里却把拿破仑的坐骑变成了一匹凌空飞驰的骏马。

画面中的骏马前蹄腾空,马身右倾,鬃毛与尾巴向前飞扬。马背上的拿破仑头戴镶有金边的双角帽,上身穿藏蓝色军服,腰间扎的白色腰带上还装饰着金色流苏。下身穿着米黄色贴身裤子,足穿黑色马靴。他左手牵着马缰绳,右手指向前方,身上的红色斗篷随风飘动。一副奋勇无敌的英雄形象跃然纸上。拿破仑很喜欢这幅画,他让大卫复制出4份送给他的亲友。这幅绘制于1801年的油画后来就成为画家们反复临摹的蓝本,还有人以此为原型制作出了大量雕像。

第二幅油画是大卫绘制的《拿破仑的加冕典礼》。画中描绘了1804年12月2日拿破仑在巴黎圣母院举行加冕礼的盛况。据记载,拿破仑为了筹备这场加冕礼足足花费了半年多时间。为了求得帝王身份的合法性,他在半年前搞了一次公民投票,结果以350万张票赞成、2500张票反对"当选"为皇帝,并在当年5月18日通过了法国元老院的决议案,宣告法兰西帝国的成立。为了筹备这次登基大典,他自导自演,准备了服饰、权杖与桂冠等道具,打算参照查理曼大帝登基时的仪式举行加冕礼。不过,拿破仑对从前帝王登基的仪式有不少讨厌的地方,就想出了一些新花样来变革。比如,在打制黄金皇冠的时候,他舍弃了以十字形支撑帽顶的老式样,而新创了一款用月桂枝编成的无顶圆环。为了见证他的登基合乎宗教传统,他从罗马请来了教皇亲自到场为他祝圣。为了表明他不是小国的僭主,而是要成为法兰西帝国的合法皇帝,他请来了欧洲各国的贵客参加典礼。当仪程进行到教皇为新皇帝戴皇冠时,拿破仑不肯按照老规矩行跪拜礼,抢先从礼仪台上抓起皇冠自己戴上了,他又拿起后冠给跪着的妻子"加冕",意在表明他的权力是自己挣得的。从大卫绘制的这幅油画上看,其场面之宏大、寓意之复杂堪称一部好看的大戏。有研究者称,这张加冕典礼图如实地记录了当时的真实场景,在所有的人物中只有拿破仑的母亲当时不在场,是在后期绘制中被特意安插进去的。因此,这幅油画被史家称为历史画。

这幅油画长9.31米,宽6.1米,特别奇丽壮观。它让大卫从1805年初一直忙到1807年底才完成。画面中共绘制了130多个人物肖像。除了拿破仑和他的亲属、部将之外,还包括邀请来的罗马教皇庇护七世、卡普拉拉枢机主教和欧洲各国的70多位达官贵人。借助于这幅油画的展览和流传,拿破仑加冕为帝的故事从此广为人知。

图7-8　油画《拿破仑的加冕典礼》

第三幅油画是安托万-让·格罗创作的《拿破仑在阿尔科莱桥》。画中描述的是1796年11月15日拿破仑在意大利北部的阿尔科莱村与奥意联军会战时的情景。当时敌军用强大的火力封锁了桥面,士兵们畏缩不前,法军无法渡河。这时只见年轻的司令官拿破仑身先士卒跃上桥面,他右手挥刀,左手舞旗,冲向敌军。振奋的法军蜂拥而上,一举夺得了胜利并扭转了整个战局。随军画家格罗抓住了拿破仑这一瞬间的举动创作了这幅油画。

画面中的拿破仑英姿飒爽,沉着勇敢。特写的面孔被刻画得冷峻而富有感染力。棕色的头发随意披散着。身上的深色衣裤搭配金、红色的绣花领襟和腰带,让他显得极为精悍。画面背景云雾缭绕,硝烟弥漫,暗示了激烈的战斗氛围,由此将这位青年英雄的精神气质表现得淋漓尽致。

图7-9 油画《拿破仑在阿尔科莱桥》

第四幅油画是让·奥古斯特·多米尼克·安格尔绘制的《第一执政拿破仑》。安格尔被誉为法国的肖像画高手。这幅油画是安格尔在1804年受比利时列日布市的委托为拿破仑绘制的肖像画。画面中的拿破仑身着红衣、黑鞋、白袜,腰挂长剑,右手按着桌子上的公文,左手习惯性伸在衣襟中。办公桌上罩着藏青色的天鹅绒桌布,身后摆放着精制的靠椅。半撩的窗帘外映入一座哥特式教堂。教堂旁边的尖塔刺向苍穹。据说画家这样创作,是为了迎合官方的要求,要将拿破仑塑造成为一位政府高官的模样,以承担起比利时保护人的角色。

图 7-10　油画《第一执政拿破仑》

　　仅从上述这 4 幅油画来看拿破仑,他在不同场合下所呈现出的姿态都很出色。画主的传奇人生加上画家们娴熟的表达技巧,让这些作品受到了广泛的好评,从而使拿破仑的肖像画成为一种价值连城的艺术品被欧洲的收藏家和博物馆争相收藏。后来就连它们的复制品也都成了人们热购的紧俏货。

　　拿破仑生前除了当皇帝治国和当将军带兵打仗之外,还做过兼职模特,让欧洲的画家们创作出了大量绘画作品。拿破仑去世之后,他生前的这些作品使他的魂魄不断地在各种艺术品中持续显身。200 年来,世界各国的艺术家们似乎已经把拿破仑变成了中国神话故事中那个打不死的孙悟空,拔下一根猴毛吹口气就变出成群的孙猴子来,从而让拿破仑的形象附着在各种器物上飞往世界各地,成为大众的熟人。瞧瞧下边这 4 种小东西吧,它们都是著名画作的衍生物,在它们的身上就能看到栩栩如生的拿破仑!

　　其一是个农家种植的葫芦,它的外皮被烙上了《拿破仑越过圣伯纳德山》的名画。

图 7-11　宋兆峰葫芦烙画《拿破仑越过圣伯纳德山》

其二是个用玳瑁镶嵌的烟盒。盒盖上装饰着拿破仑与妻子约瑟芬的肖像画。

图 7-12　镶嵌着拿破仑与妻子约瑟芬肖像的玳瑁烟盒

其三是两对材质不同的花瓶。瓶壁上的绘画既有拿破仑个人的肖像，也有他率军征战时的群像与场景。还有带有拿破仑肖像的水杯、汤勺、牙刷把儿等小物件等，不胜枚举。它们都被设计得十分精妙！

图 7-13　带有拿破仑头像的花瓶

图 7-14　展示拿破仑战争场景的瓶子

年轻的读者们对拿破仑的战争故事图片尤其感兴趣。我国作者吕中元曾在 2004 年出版了一本《画说拿破仑战争史》，仅在这本书中选用的拿破仑绘画就有 500 余幅。每幅绘画都有画内与画外的精彩故事，可见关于拿破仑的绘画数量之多，故事之丰富。

图 7-15 《画说拿破仑战争史》封面

二、被漫画丑化了的拿破仑形象

漫画是一种具有强烈讽刺性和幽默感的绘画品类。它以夸张、变形、扭曲、比拟、讽刺等手法构成诙谐的画面以取得讽刺或歌颂的效果。展现在漫画中的拿破仑有多副面孔,其中被丑化的拿破仑形象居多。

在拿破仑的时代里,虽然追着拿破仑绘制肖像的画家们大多数都像大卫一样是拿破仑的拥护者,他们笔下的拿破仑多是战无不胜的英雄形象而为法国乃至欧洲中下层受压迫的民众所敬仰,但是,世上的对错与善恶都因阶级立场的不同而各有其评价标准。与拿破仑和法国为敌的那些欧洲人就无法以仰视的眼光来看待拿破仑。他们常常使用"科西嘉怪物""科西嘉矮子""魔王""暴君""入侵者""人间的灾星"等恶语来称呼和评价拿破仑,并开动各自的宣传机器来污蔑和讥讽他。利用漫画丑化拿破仑就是一种特别有效的打击方式。

7 拿破仑是救世主还是魔鬼

英国是西方漫画的发祥地,同时也是法国的宿敌。据研究者称,自拿破仑当政以来英国漫画家发表讽刺他的漫画有千余幅,以嘲笑拿破仑本人和他的政治及军事活动。他们在漫画中将拿破仑塑造成为一个小鼻子、长胳膊、双腿细短且穿着大靴子、戴着大帽子的小个子男人。有不少作者还将他的身子绘成狮子、老虎、鳄鱼、毒蛇等凶猛的野兽或害虫以表明他是个怪胎,在漫画中对他实施割头、吊打、绞刑等严酷的惩罚方式。为了营造有趣的场景,漫画中有使用钢叉、扫帚、斧子等武器追打、驱赶他的图景,也有将其装在木桶、鸟笼、盒子之类的器物中进行捉弄的图景,从而使他丑态百出、威风扫地。在这些漫画中影响最大的是詹姆斯·吉尔雷的作品。他在拿破仑称帝前后的几年间就绘制了一系列漫画来讥笑拿破仑的野心。每幅作品都很生动、风趣,又有极大的杀伤力。这里挑出 3 幅作品来看一下,便能知道吉尔雷的厉害。

其一是吉尔雷于 1803 年创作的《疯癫的小博尼》。画中以拿破仑于当年 3 月 14 日在巴黎杜伊勒里宫向英国大使惠特沃思勋爵大发雷霆的外交事件为背景:穿着长靴的小博尼(拿破仑)用拳头推翻了周围的世界,他大声喊着"复仇、复仇!""我发誓用剑将英国人从地球上消灭掉"……四周弥漫着他的疯癫言论。在这幅漫

图 7-16 漫画《疯癫的小博尼》

画里拿破仑被描绘成一个爱发脾气的坏孩子。从此,忧郁、愤怒、自吹自擂就成了拿破仑的反面形象。

其二是吉尔雷于1803年创作的《波拿巴登陆英国48个小时之后》。画中肥胖的英国志愿军约翰·布尔用钢叉挑起一颗血淋淋的拿破仑的头颅,周围还聚集着众多手持木棍和长矛的士兵。意味着拿破仑已被杀死,拿破仑的对英战争也将迅速失败。这幅漫画中的预言很快变成了现实。1815年,拿破仑被以英国为首的第七次反法联盟军打败后流放到圣赫勒拿岛。1821年,他在英国士兵看守的孤岛上死去。

图7-17 漫画《波拿巴登陆英国48个小时之后》

其三是吉尔雷于1805年创作的《危险中的铅锤布丁》。在这幅漫画中,身穿将军服、头戴双角帽的法国皇帝拿破仑与身着军团制服、戴大绒帽子的英国首相小威廉·皮特正在共享盘中餐——地球。他们使用刀叉在球体上任意切割着自己喜爱的那一部分。身材高大的皮特切下了欧洲大陆,身材矮小的拿破仑只切到了一小块海洋,以此揭露英法瓜分世界的阴谋。

7 拿破仑是救世主还是魔鬼

图 7-18 漫画《危险中的铅锤布丁》

英国还有一位著名的漫画家乔治·克鲁克香克也创作了系列化的拿破仑漫画(从拿破仑在科西嘉岛出生后的求学时代开始,到他逝世时的每件大事都有作品发表)。如 1814 年 5 月拿破仑首次被流放到厄尔巴岛,克鲁克香克立即创作了《拿破仑前往厄尔巴岛》的漫画在伦敦刊出。画中的拿破仑被锁在笼子里由骑马的哥萨克人拉着。笼子顶部插着他破碎的皇冠、权杖和剑。拿破仑发出哀叹:"哦!这些哥萨克人!"意味着他远征俄国的惨败。

图 7-19 漫画《拿破仑前往厄尔巴岛》

1815 年 6 月底,当拿破仑再次被流放到圣赫勒拿岛时,克鲁克香克于当年 7 月又发表了《拿破仑前往圣赫勒拿岛》的漫画。画中的拿破仑仍被关在鸟笼里由驴子拉着,周围聚集着喊打他的暴民。

图7-20 漫画《拿破仑前往圣赫勒拿岛》

俄国出现讽刺拿破仑的漫画大多是在卫国战争中。因为之前的俄国曾一度与法国结盟,沙皇亚历山大一世禁止国内出现反法与反拿破仑的言论。1812年,法国以俄国不执行拿破仑的封锁令为由远征俄国,结束了两国的友好关系。俄国漫画家以卫国战争为主题创作了大约200多幅讽刺拿破仑的漫画作品。但他们的绘画风格却比英国人温和得多,并且多数是在法国撤军之后由匿名漫画家创作出来的。

当时人们见到的拿破仑公报和法国人的评论中都把拿破仑远征俄国的失败归咎于天意,认为是俄国的"酷寒将军"夺走了法国人的荣耀。但俄国的作家和艺术家们却都不同意这个见解。他们强调,打败拿破仑军的力量是民意而非天意。因为俄国人像西班牙人一样顽强勇敢地抵抗了法军。特别是俄国的农民宁肯烧毁自己的粮草,也不让法国士兵得到给养。于是,漫画家便绘制了不少有趣的漫画来讥笑法国人。比如,在莫斯科州立历史博物馆里收藏的两幅匿名作者在1813年创作的漫画就表达了这个见解。其一是《拿破仑出逃》,画中有一个农夫正在拦截坐在雪橇上逃跑的拿破仑,展示了俄国农夫英勇无畏的爱国精神。

图7-21　漫画《拿破仑出逃》

其二是《拿破仑从俄国带到巴黎的鼻子》。这幅漫画借用了俄国寓言中鼻子与寒冬吵架的故事:鼻子说它不怕寒冬,寒冬便用棒子在鼻子上敲了一棒,傲慢的鼻子立即起了个大包。画中的法国皇帝拿破仑从俄国逃回巴黎时鼻子上长了个大包。他去求医,一个医生说,得把鼻子切掉;另一个医生说,切了鼻子就送了命。以此讽刺拿破仑的傲慢。

人文之光：世界文化名家探微

图 7-22 《拿破仑从俄国带到巴黎的鼻子》

三、邮品画面中展现的拿破仑形象

邮品是一种通行天下的邮资凭证。在邮品家族中有普通邮票、纪念邮票、特种邮票、专用邮票、小型张、小版张、小全张、首日封、邮资封、实寄封、明信片等多类成员。它们既是一种用于传递邮件的凭据，也是一种负载着特定文化含义的艺术品。邮品进入收藏环节之后又变成了一种难以衡量价值的历史文物。而被印在邮品上的人物当然都是具有特定纪念意义而又有故事的人物。喜欢集邮的人就会发现，在世界各地的邮品中也能时常碰到栩栩如生的拿破仑肖像画。

我们在观赏收藏家们展出的邮品时曾见到了拿破仑本人使用过的信笺和明信片。但当时世上还没有邮票这东西，拿破仑本人当然没有使用过邮票（法国邮票自1849年诞生，印在票面上的头像先是罗马女谷神，随后就出现了拿破仑的侄子路易·拿破仑的头像,此人时为法兰西第二帝国皇帝,被称为拿破仑三世)。而如今能见到的印有拿破仑肖像的邮票多是20世纪后半期流传下来的纪念邮票。其版式有单枚、双联、四方联、小型张、小全张和小版张等多种式样。票面上的图案主要是拿破仑肖像和他主持的重大政治活动以及重大战役图画。比如:

1952年法国发行的单枚邮票为《拿破仑在勃艮第军营向将士授勋》。

图7-23 法国邮票《拿破仑在勃艮第军营向将士授勋》

1969年法国发行的单枚邮票为《纪念拿破仑诞辰200周年》。

图7-24 法国邮票《纪念拿破仑诞辰200周年》

1973年法国发行的单枚邮票为历史绘画《拿破仑加冕》图局部。

图 7-25 法国邮票《拿破仑加冕》图局部

2004年法国发行的单枚邮票为《纪念拿破仑颁布〈民法典〉200周年》。

图 7-26 法国邮票《纪念拿破仑颁布〈民法典〉200周年》

2004年法国发行了《拿破仑骑兵》小全张和《拿破仑近卫军》附捐小版张+6票《骑兵》等。这些邮票都有特别的纪念意义。

图 7-27 法国邮票《拿破仑骑兵》小全张

7 拿破仑是救世主还是魔鬼

图7-28 法国邮票《拿破仑近卫军》
附捐小版张+6票《骑兵》

用于反映拿破仑学习、生活及其亲属肖像的邮票也有很多。日期最近的是2019年7月,法国邮政为纪念拿破仑诞辰250周年发行了一套5枚《拿破仑故居》小版张纪念邮票。票面上边印制了青年拿破仑肖像油画,下边4枚邮票展示了4处老建筑,即阿雅克肖、布里埃纳、巴黎和瓦伦西亚,它们都是拿破仑曾经生活过的故居。

图7-29 法国邮票《拿破仑故居》
小版张

在收藏的邮品中,我们还能见到有不少带有拿破仑肖像的明信片也都设计得很精美。如 1960 年发行的明信片《拿破仑加冕》、1969 年发行的纪念明信片《拿破仑在阿尔科莱桥》,还有拿破仑在战场看望伤员、拿破仑视察学校以及历次重大战役场景的风光片等都展现了拿破仑独有的精神面貌。

图 7-30 《拿破仑加冕》明信片

图 7-31 《拿破仑在阿尔科莱桥》明信片

也许是时光老人给拿破仑增添了更多的神秘感的缘故,如今人们竟然把拿破仑的普通信笺也当成了价值万金的收藏之宝。有研究者曾查询到拿破仑生前写过两万多封信,其中有上千封信已在各家拍卖行拍卖过。据国际在线报道,2006年3月4日,莫斯科格罗斯拍卖行将拿破仑于1796年6月8日写给新婚妻子约瑟芬的情书拍卖得12万美元。2013年春,在中国嘉德邮品钱币拍卖会上,有一封拿破仑在1806年写给尤金王子的亲笔信拍出了人民币304.75万元。还有一件拿破仑密函也拍出了人民币121万元。这种破旧的老邮件常常是人们看后就随手丢弃的废物,却卖出这样的高价,可知此人在后人心中的分量。

图7-32 拿破仑写给妻子的情书

世界上还有几十个国家和地区也发行了大量带有拿破仑肖像的邮票,其中有些国家发行的拿破仑纪念邮票甚至多达几十种。这些邮票的设计内容涉及拿破仑生平的方方面面。票面除了选择历史名画之外,也有许多邮票图案是别出心裁的新作品。比如:1969年古巴发行的邮票为油画《拿破仑将军》。

图 7-33 古巴邮票
《拿破仑将军》

1969年摩纳哥发行的邮票为油画《拿破仑肖像》。

图 7-34 摩纳哥邮票
《拿破仑肖像》

1969年利比里亚发行的邮票为油画《拿破仑肖像》。

图 7-35 利比里亚邮票《拿破仑肖像》

有的邮票除了票面上有拿破仑的肖像画之外还有更加丰富的内容。比如：1974 年几内亚发行的邮票《拿破仑征战的一生》小全张用 16 枚不同画面的邮票展示了他所指挥的 16 次重大战役的场景。

图 7-36 几内亚邮票《拿破仑征战的一生》小全张

1990 年比利时发行的邮票《拿破仑滑铁卢战役 175 年纪念》将宏大的战争场面切割为双联图画，展示出当年参战军团各方的情景。

图 7-37　比利时邮票《拿破仑滑铁卢战役 175 年纪念》

　　2010 年加蓬发行的邮票《拿破仑肖像》小型张选取了拿破仑在不同时期的两幅肖像,还附加了纪念性建筑物和战役场景。

图 7-38　加蓬邮票《拿破仑肖像》小型张

　　2013 年捷克发行的邮票《拿破仑莱比锡战役 200 周年纪念》小型张,票面上除了有参战双方的人物场景之外,还绘制了战争的行进路线图。

图 7-39　捷克邮票《拿破仑莱比锡战役 200 周年纪念》小型张

2013年密克罗尼西亚发行的邮票《艺术史新古典主义》小全张是大卫为拿破仑及其亲属绘制的多幅油画的集合。

图7-40 密克罗尼西亚邮票《艺术史新古典主义》小全张

2015年马里发行的邮票《纪念奥斯特里茨战役210周年》小全张把"三皇会战"中各方对手的头像也印在了其中。

图7-41 马里邮票《纪念奥斯特里茨战役210周年》小全张

2016年科特迪瓦发行的邮票《拿破仑旗帜》小全张选择了拿破仑在人生各个转折时期的不同身影。

图7-42 科特迪瓦邮票《拿破仑旗帜》小全张

2016年圣赫勒拿岛发行的邮票《拿破仑流放地圣赫勒拿岛》小型张绘制了拿破仑被囚禁在该岛的几处活动场地。

图7-43 圣赫勒拿岛邮票《拿破仑流放地圣赫勒拿岛》

凡此种种，不一而足。据《世界邮票报道》，有个拿破仑研究组织在 2005 年 6 月编制的《拿破仑邮票清单汇编》中统计，截至 2004 年底，汇编中收集到的世界各国拿破仑邮票共有 661 枚。这份清单还特别说明，汇编中列举的这些邮票都是以拿破仑为主题的邮票，而那些与他相关的女性、家庭成员、将领以及他的敌对者的邮票都被排除在外。其实，在最近的十几年里，各国新发行的拿破仑邮票则更多。这都足以说明两百年来世界多国人民都还没有忘记他。或许可以说：拿破仑已经实现了他所期待的不朽——被人们念念不忘，英名长存。

在雕塑艺术品中看到的拿破仑

雕塑艺术是在三维空间的立体形式中再现生活的视觉艺术。它以一种物质形态与意识形态相交融的方式来表达艺术家们的思想情感与审美理想。拿破仑的传奇人生曾激发了艺术家们不竭的创造力，由此诞生了无比丰富的以拿破仑为描述对象的雕塑作品。仅就现存的雕塑作品来说，题材之广、造型变化之多、产品数量之大超乎寻常。这里选择 10 类拿破仑与拿破仑雕塑的故事来说说拿破仑在艺术界的影响力。

一、拿破仑为狮身人面像折腰

喜欢读书的拿破仑曾将历史上的英雄人物当作榜样，很早就想当个拯救世界的英雄。1798 年，拿破仑被任命为东方军总司令。在远征埃及的时候，他特意跑到吉萨沙丘的皇陵区看望了古老的金字塔和胡夫的狮身人面像。尽管胡夫生前的威望已被历史的尘埃掩埋，旷野的风沙还无情地吹破了胡夫的鼻子，可是这尊巨大无比的雕像给拿破仑带来的视觉冲击和心灵震撼一点儿也没有减弱。年轻的拿破仑也曾自高自大,当他骑着马站到这尊巨像面前的时候却觉得自己实在太矮小了。埃及的金字塔和胡夫雕像不就是至高权威和无穷财富的象征吗?! 拿破仑被埃及法老的故事给迷住了,胡夫的这尊巨型雕像完全占据了他的心灵,从此成为他前进的标杆和征服世界的原动力。拿破仑越发拼命了,他要建功立业,他也要打造出自己流芳千古的雕像。

图 7-44　拿破仑看望狮身人面像

他于1799年10月回到法国开始向权力的高峰冲刺,11月发动"雾月政变"将自己的身份由远征将军变成了法兰西共和国第一执政。1802年3月,他修改了共和八年宪法,把第一执政变为终身执政。1804年11月通过共和十二年宪法,加冕为法兰西第一帝国的皇帝。然后他御驾亲征,打了一连串的胜仗。1805年12月2日,当拿破仑在奥斯特里茨战役中打败了由奥皇弗朗茨二世和沙皇亚历山大一世率领的奥俄联军后便决定修"一道伟大的雕塑"以迎接日后凯旋的将士——建造巴黎的雄狮凯旋门。

二、拿破仑的纪功碑——巴黎凯旋门

巴黎凯旋门建在香榭丽舍大街西段的星形广场上。由于工程浩大，受诸多因素影响，特别是受到帝国崩塌的影响，这道门自1806年始建，到1836年竣工时拿破仑已经离世15年了。在世界现存的百余座凯旋门中，巴黎的凯旋门是体量最大、最为雄伟壮观的一座。

图7-45　巴黎凯旋门

凯旋门高50米，宽45米，由花岗岩砌成。门楼四面有4个高大的拱门。拱门四面墙壁上镶嵌了4幅颂扬拿破仑时代著名战役的浮雕图。门楣上的花饰浮雕表现了拿破仑凯旋时庆祝胜利的欢腾场面。在凯旋门的拱顶上也装饰着上百块展示拿破仑指挥著名战役的浮雕。凯旋门的内侧还刻有跟随拿破仑征战的386名将军和558位英雄的名字。

拿破仑生前没能看到他设想的凯旋门,死后法国朝野最终让他在凯旋门前备受哀荣。1840年12月15日,当他的遗体从圣赫勒拿岛迁回巴黎时,90多万巴黎人民冒着风雪为他举行了隆重的迁葬仪式,让他的灵柩穿过凯旋门安葬到塞纳河畔的法国荣军院。如今人们不仅将凯旋门的浮雕看作是世界艺术的瑰宝,也将其看作是拿破仑的纪念碑。在法国的节庆或重大政治活动中往往都能见到凯旋门的图景,世界各国到巴黎观光的游客们也都要到香榭丽舍田园大道上来看看这座凯旋门。

三、站在旺多姆圆柱上的拿破仑雕像

竖在巴黎市中心旺多姆广场旺多姆圆柱顶端的拿破仑雕像与凯旋门一样,也是为了庆祝奥斯特里茨战役的胜利而建造的。1806年8月动工,1810年8月完成,历时4年。雕像下部的圆柱依照罗马图拉真圆柱式样建成。柱高44米,直径3.6米,用大理石砌成。柱体为空心,里边建有75级螺旋式楼梯可直达柱顶。柱子表层包裹了425块由32位艺术家制作的青铜浮雕饰带。饰带上雕刻了拿破仑所指挥的45场战役的画面。这些青铜片是由拿破仑在奥斯特里茨战役中俘获敌方的大炮熔化而成的。柱子顶端竖立了一尊由著名雕塑家安托万·肖代创作的拿破仑雕像。这尊雕像高达3.7米,用青铜铸造,头戴桂冠,右手握剑,左手端着一个地球仪,胜利女神站在地球仪上,充分展现了其征服欧洲的雄风。

然而,旺多姆广场是巴黎的一个重要政治舞台,法国历史上的许多大事都曾在这里上演。这个广场和广场上的圆柱也因政治变幻曾三次更名,最终还原为"旺多姆广场"和"旺多姆圆柱"。站在旺多姆圆柱顶上的拿破仑雕像也随着形势的变化被推倒三次、重建三次,似乎成了法国局势动荡的风向标。

这尊雕像首次被推倒发生在1814年拿破仑流放到厄尔巴岛

期间。波旁王朝复辟后就立即将圆柱顶上的拿破仑铜像拉下来熔化了，铸造出一尊亨利四世的骑马雕像替代了它。

  1830年，法国爆发了七月革命。波旁王朝被推翻，新上任的国王路易·菲利普鉴于人民对拿破仑的怀念，委任埃米尔·瑟尔重铸了一尊新的拿破仑铜像于1833年替下了圆柱上的亨利四世雕像。这尊雕像高达4米，有5吨重，由乌尔姆战役中夺得敌方的16门加农炮化铜制成。拿破仑头戴双角帽，身着军大衣，脚穿长筒靴，左手插在夹克的衣扣间，犹如一个法国士官的打扮。虽然它在体量上比第一尊雕像还要高大些，但与身穿罗马皇帝长袍的拿破仑雕像相比仍显得格格不入而被巴黎人称为"小下士"。

  1852年，在拿破仑的侄子拿破仑三世建立法兰西第二帝国后，看着旺多姆圆柱上的这尊"小下士"雕像越来越闹心，觉得有损于叔父的光辉形象，于是他聘请著名雕塑家奥古斯丁·杜蒙又重新设计了一尊形似罗马皇帝的拿破仑雕像于1863年替换了瑟尔创作的雕像。

  可是，这尊雕像在圆柱上还没有站稳脚跟，拿破仑三世便在1870年的普法战争中被俘，第二帝国灭亡了，法国新建了一个由工人阶级主持的巴黎公社。掌管公社艺术委员会的著名画家库尔贝认为，旺多姆圆柱和柱子上的拿破仑雕像都是野蛮战争和独裁专制的象征，于是公社通过了一项法令，于1871年5月8日把旺多姆圆柱和柱子上的拿破仑雕像都给捣毁了。

  巴黎公社仅存72天就被扼杀，新一届法国政府勒令库尔贝赔偿损失，修复了旺多姆圆柱，又依照肖代当初的模本重铸了一尊拿破仑雕像放回原处。这尊雕像自1875年重竖以来距今已有100多个年头，作为一种杰出的公共艺术品它似乎摆脱了政治风暴的反复冲击，终于在圆柱上站稳了。

图 7-46　旺多姆圆柱与顶端的拿破仑铜像

四、藏在拿破仑陵园里的拿破仑雕像

1821年5月5日,被囚禁在圣赫勒拿岛的拿破仑病逝,当时被埋葬在该岛的天葵山谷。经过法英两国政府长达7年的交涉,法国人终于在1840年迎回了拿破仑的遗骸,让他死后如愿回到法国,躺在了塞纳河旁边荣军院皇家教堂的地下墓穴里。

拿破仑陵园深藏在巴黎荣军院的地下。为了给这位法国皇帝打造一个高规格的陵园,国王路易·菲利普聘请了建筑师维斯孔蒂在荣军院皇家圆顶教堂的地下进行了宏大的设计。经过20年的挖掘、建造,终于在1861年4月2日举行了隆重的国葬仪式。他的灵柩由6层不同材质的棺椁构成,外层由猩红色的石英岩雕制,放在圆形大厅中心的绿色花岗岩基座上。大厅周围的柱子旁是雕塑家普拉迪尔塑造的12尊女神雕像,象征着拿破仑获得的12次重大战役的胜利。

在大厅圆廊的墙壁上陈列着10幅由皮埃尔·西玛特创作的白色大理石浅浮雕,全面描绘了拿破仑在国家治理方面取得的十大重要成就。

图 7-47　皇家教堂地下的拿破仑墓

在这个陵园里还有拿破仑的哥哥约瑟夫、弟弟杰罗姆、儿子罗马王以及其重要将领的陵墓作为陪葬,他们的灵柩被安排在中央大厅两侧的 4 个礼拜堂内。

在中央墓穴侧面的一个小隔间里有一尊头戴桂冠,身着加冕礼长袍,右手握着权杖,左手托着地球仪的拿破仑雕像,它也是西玛特的作品。这尊用大理石制成的雕像被打造得栩栩如生。比如,雕像胸部的勋章、长袍上的蜜蜂图案和衣襟花边等装饰好像用金丝绣在上面一样,十分贴切、逼真。雕像基座下边就是拿破仑之子罗马王的坟墓。

图 7-48 拿破仑陵园内的拿破仑雕像

如今在荣军院士兵教堂的大型拱门下,我们还可以看到一尊高大的青铜雕像。它就是当年由埃米尔·瑟尔为旺多姆圆柱顶端设计的那尊曾被讥为"小下士"的雕像,自 1863 被换下之后曾多次转移,直到 1911 年它才来到荣军院的这个位置。

图 7-49 荣军院内的拿破仑雕像

五、竖在拿破仑故乡的拿破仑雕像

拿破仑家族兴起于科西嘉岛古城阿雅克肖。这个小城在拿破仑称帝后被设为南科西嘉省的首府。拿破仑的兄弟姐妹们也多被封王加爵,故有"皇帝之城"的美誉,由此也成为重要港口和旅游胜地。科西嘉人不以成败论英雄,一直把拿破仑视为家乡的骄傲。至今市内仍有以拿破仑命名的林荫大道,拿破仑故居和受洗的教堂均得到了精心保护,开设了拿破仑博物馆,还在多个广场上竖立了拿破仑雕像纪念碑。这些纪念性雕像都有独特的艺术风格和曲折的来历。这里以三尊雕像为例来看看它们的特色。

第一尊白色大理石雕像竖在阿雅克肖城的福煦广场上。这个广场位于拿破仑诞生的老街交叉口。广场中心的拿破仑雕像头戴桂冠,身穿长袍,立在四面带有浮雕的基座上。

图 7-50　福煦广场上的拿破仑雕像

据记载,这尊大理石雕像是法国驻罗马大使弗朗索瓦·卡考在1804年委托雕塑家弗朗切斯科·拉伯尔制作,于1806年完成。因拿破仑看后不喜欢这件作品,由他担任枢机主教的舅舅约瑟夫·费希购买收藏,此后根据费希的遗嘱将它送给了自己出生的这座城市。在拿破仑逝世30周年前夕,阿雅克肖市政府聘请建筑师杰罗姆·马格里奥利为雕像设计了基座和壮观的雄狮喷泉,在1850年5月5日的拿破仑逝世30周年纪念日里揭幕。有了喷泉、雄狮雕塑与棕榈树的环境美化,这尊雕像看上去也很壮观。

第二尊雕像竖在上科西嘉省会巴斯蒂亚旧港旁边的圣尼古拉斯广场上。巴斯蒂亚是进出科西嘉岛的北方门户。拿破仑9岁时首次离开家乡前往法国读书就是从这里启程的。巴斯蒂亚市政府在他起航的地方竖起了一尊白色大理石雕像以示纪念。

图7-51 圣尼古拉斯广场上的拿破仑雕像

这尊雕像起初由拿破仑的妹妹伊丽莎·波拿巴于1808年订制。当时她受封为托斯卡纳大公爵夫人,便聘请雕塑家洛伦佐·巴托利尼在她的封地里窝那市为拿破仑制作雕像,拟用于庆祝法兰西帝国统治欧洲。这尊年轻皇帝的雕像头戴桂冠,身披托加长袍,左手握权杖,右手拿着立法卷轴,身后立着一只雄鹰,一袭古罗马帝王的遗风。不料当雕像在1814年制成时拿破仑却战败遭到流放,雕像便被藏在作坊里未能面世,直到拿破仑三世当政后,才于 1853 年在巴斯蒂亚旧港的圣尼古拉斯广场上竖立起来。

第三尊雕像竖在阿雅克肖的奥斯特里茨广场。这里是拿破仑童年与兄弟们经常玩耍的地方,原名为"卡松广场"。1935 年,阿雅克肖市政府为纪念奥斯特里茨战役胜利 130 周年而更名。竖立于广场纪念碑顶端的这尊拿破仑青铜雕像是根据瑟尔在 1833 年为旺多姆圆柱顶端设计的雕像模型制作的。这座雕像于 1938 年 8 月落成。为此,该市举办了三天盛大的庆祝活动。

图 7-52　奥斯特里茨广场上的
　　　　　拿破仑雕像

六、骑在马上的拿破仑铜像

在雕塑艺术中,骑马雕像自古希腊以来就是艺术家们喜爱的主题。拿破仑执政时期,艺术家们也曾为他雕刻了大量户外骑马铜像。但在法兰西第一帝国灭亡后有许多铜像都被回炉炼铜,只有在法国偏远的城镇里偶然还能遇到几尊。这些骑马铜像多半是在拿破仑逝世后的第二帝国时期创作出来的。这里所说的这三尊骑马铜像就是在 19 世纪中后期出品的。

其一是竖在法国诺曼底海湾瑟堡的拿破仑骑马铜像。这尊铜像高达 5.5 米,放置在 4.7 米高的基座上。马背上的拿破仑面朝大海,头戴双角帽,身穿军大衣。他左手勒马头,右手抬起,仿佛在向来访者打招呼。

这尊拿破仑雕像的制作源于 1852 年拿破仑三世视察瑟堡。当时他想起叔叔拿破仑流放到圣赫勒拿岛后的 1816 年还产生了要在瑟堡修筑工事的设想。不料叔叔却死在了那个孤岛上。1840 年,当拿破仑的遗骸被迎回法国的时候也是在这里登陆的。于是,拿破仑三世就想为叔叔弥补遗憾。他同瑟堡市议会商定,在这里建一个军港,并为叔叔制作一座高大的骑马雕像。1853 年项目启动,聘请雕刻家阿尔芒·勒维尔负责雕像制作,聘请多米尼克·格弗罗伊设计雕像下部的基座纪念碑。基座上的铭文正是拿破仑在圣赫勒拿岛说过的设想:"我决心在瑟堡重振埃及的奇迹。"

这尊雕像在 1858 年 8 月完成,迎来了拿破仑 90 周年诞辰。拿破仑三世带着皇后欧仁妮专程从巴黎乘火车赶到瑟堡,亲自主持了盛大的雕像揭幕仪式。

图 7-53 瑟堡的拿破仑骑马铜像

这尊雕像历经百余年风雨受损严重,二战时期险些毁失。2008 年被列入历史古迹受到保护。2015 年进行全面修复时,检查到了 42 个弹孔,还有一些裂缝和污渍。2016 年 1 月雕像被修复如初放回原处。

其二是竖在法国鲁昂的拿破仑骑马铜像。它由法国雕塑家维特·杜布雷于1853年设计,1865年完成。铜像下面的长方形基座四周由红色花岗岩制成的多块牌匾,分别介绍了拿破仑于1802年到鲁昂参观塞弗郊区的手工工厂和市内纺织厂的事迹。在他的支持下这些工厂得到发展。他还为该市修建了科奈尔桥、拉斐特街与共和国街。铭文还标明,这座雕像是用奥斯特里茨战役中获得的大炮炼铜建造的。

图7-54 鲁昂的拿破仑骑马铜像

其三是竖在拿破仑故乡阿雅克肖市戴高乐广场上的拿破仑骑马铜像。这是一座雕像群,群像之首是骑在马上的拿破仑。他头戴桂冠,身穿长衫。右手挽着马缰绳,左手握着一个地球仪,站在双层基座的顶端。另有四尊铜像是拿破仑的四个亲兄弟,他们站在基座底层的四角。

这个雕像群始建于1854年。起初由阿雅克肖总理事会提议,要为科西嘉岛最杰出的儿子们建造一座纪念碑。为此,成立了一个专门委员会,由拿破仑的小弟杰罗姆亲王领衔主持。据称,群雕的款项由公众筹集,杰罗姆捐赠了其中的大部分。他们共聘请了6

位雕塑家,由打头的雕刻家安托万·巴里负责制作拿破仑的骑马雕像,其余各人分担一个兄弟的站像,另一人负责打造基座。

图7-55 阿雅克肖市的拿破仑骑马铜像

这座纪念碑雕像群于1865年5月15日落成。基座上的铭文是:"为了纪念拿破仑一世和他的兄弟约瑟夫、卢西安、路易和杰罗姆。"这个家庭的众兄弟当时都因为拿破仑的崛起而成为影响一方的要员。

七、展在博物馆里的拿破仑雕像名品

拿破仑的传奇人生曾吸引了无数艺术家的关注。无论是在他生前还是身后,以至于到200年后的当代仍然有一些悉心为他造像的雕刻家。喜欢逛博物馆的朋友如今在法国巴黎、地方城镇乃至欧洲的大小博物馆里都会碰到制作于不同时期、不同风格的拿破仑雕像,尤其是胸像和半身雕像的数量之多令人惊讶。这些雕像有许多出自名家之手。每尊雕像的背后都有各自的故事。

在巴黎最大的艺术博物馆卢浮宫里,经常参展的拿破仑雕像约为10尊左右,它们被分布在不同的展室里。在黎塞留馆侧翼有一尊名为《拿破仑的胜利》的雕像就有曲折的背景故事。

拿破仑称帝后经常住在杜伊勒里宫。当他在1805年取得"三皇之战"的巨大胜利后,决定在巴黎的星形广场上建一座雄狮凯旋门,在旺多姆广场上建一座纪功柱,同时还在卢浮宫对门的杜伊勒里宫入口处建一座卡鲁索凯旋门。后来巴黎人把星形广场上的凯旋门称为大凯旋门,把杜伊勒里宫门口的凯旋门称为小凯旋门。拿破仑的密友维旺·德农时任拿破仑博物馆(中央艺术博物馆当时更名为拿破仑博物馆)馆长,他于1806年向获得过罗马大奖的雕塑家弗朗索瓦·莫莱特订制了一尊由铅材料制作的拿破仑立像。雕像于1808年制成,高2.6米,如同罗马皇帝的装饰:头戴桂冠,穿着一件带有蜜蜂族徽的斗篷,佩戴着荣誉军团颁发的勋章,右手持权杖,左手抓着剑柄,一副冷峻、威严的模样。德农原打算将它放在卡鲁索凯旋门的顶端,不料却遭到了拿破仑的反对而未能实施,后来它被收藏在卢浮宫。

图7-56 拿破仑的铅质雕像

卢浮宫还有一尊拿破仑穿着加冕礼长袍的大理石雕像也很有名气。它也是由得过罗马大奖的法国著名雕塑家克劳德·拉米于

1813年完成的作品,被誉为卢浮宫的新古典雕像。这尊雕像高2.1米,年轻的皇帝拿破仑仪态庄重。他头上的桂冠和手握的权杖是帝王的标配,其最大特点是拉米对拿破仑加冕服饰的精雕细琢,突出了长袍与领巾的细密装饰,强调了衣料的厚重柔软和布纹的自然流畅。远远地看去,人们难以相信拿破仑的衣袍竟然是由大理石制成的。

图7-57　身穿加冕长袍的拿破仑大理石雕像

在巴黎的奥赛博物馆里展示的拿破仑雕像也很多,有胸像、半身像、坐像、立像、卧像、骑马雕像等多种姿态。知名度最高、意味最浓的作品是弗朗索瓦·吕德创作的《不朽的拿破仑一世》石膏卧像。吕德曾是拿破仑的忠实追随者。当拿破仑流放到圣赫勒拿岛时他逃往比利时避难。1830年,法国七月革命爆发后吕德回到法国开始创作这件雕塑,于1845年完成。石膏卧像中的拿破仑仿佛出征归来的将军,身上的军装与头上的桂冠未及脱下便靠在小榻上睡去。微闭的双眼及年轻的面孔让这位逝去的英雄仿佛只是在做一阵短暂的休憩,唯有他身下那只死去的雄鹰让人们感受到死亡的气息。这只死亡之鹰暗示了拿破仑在滑铁卢战败后的不幸命运。

图 7-58 《不朽的拿破仑一世》卧像与头像部分

由拿破仑基金会存放在奥赛博物馆里的石膏雕像《立法者拿破仑一世》出自法国著名雕塑家、巴黎美术学院院长欧仁·纪尧姆之手。纪尧姆曾为拿破仑制作过多种雕像。这尊雕像让拿破仑身

图 7-59 《立法者拿破仑一世》石膏像

穿长袍,右手握权杖,左手拿着书写《民法典》的牌子,脚下立着一只鹰。据说它是受拿破仑小弟杰罗姆·波拿巴的儿子拿破仑亲王委托于1861年制作的。正品是一尊真人大小的大理石雕像,原放在杜伊勒里宫,1871年杜伊勒里宫发生火灾,石像被大火烧毁。而这尊石膏模型则流传下来成为珍品。

八、裸体的拿破仑雕像

1796年,拿破仑被任命为意大利方面军团总司令。他在驻地两年被意大利的艺术家吸引住了。他最喜欢的那个雕塑家是安东尼奥·卡诺瓦。当他当上法兰西第一执政后就聘请卡诺瓦为他和他的家人塑像。从1802年开始,卡诺瓦相继为拿破仑的母亲制作了一尊衣饰整肃的塑像《莱蒂齐亚·波拿巴》,为拿破仑的妹妹制作了一尊半裸的《波莉娜·博尔盖泽夫人》,为拿破仑制作了一尊几乎是全裸的塑像《和平使者拿破仑》。为了能把拿破仑塑造成为和平缔造者的形象,卡诺瓦先是塑好了拿破仑的头像,然后又将他

图7-60 裸体的拿破仑大理石雕像

的身体制成具有古希腊风格的男子裸体躯干,让拿破仑的左手握权杖,左肩搭一件长袍,右手托一尊站在地球仪上的胜利女神小像,使这尊裸体雕像高大、健美,颇有一股英雄主义气概。

然而,当这尊裸体雕像于1811年由意大利运到法国后,却把能带领千军万马驰骋疆场的拿破仑给镇住了。真实的拿破仑与这尊高达3.45米的裸体雕像相比实在是相形见绌。他顾虑重重,不敢将它公之于众。尽管卡诺瓦辩解说,上帝造人都是不穿衣服的,唯有裸体才是真善美的体现。正如诗人有自己的语言,我们雕塑家同样有自己的语言。拿破仑却说,自古希腊以来并没有见到帝王们的裸体雕像,他更喜欢着衣的雕像,最终他也没有勇气将其展示出来,而是用一块大布将它盖在了卢浮宫的一个储藏室里。

拿破仑在滑铁卢战败之后,复辟的波旁王朝于1816年将这尊裸体雕像以66000法郎的价格卖给了英国。英国的摄政王乔治又将它赠送给了打败了拿破仑的惠灵顿将军。惠灵顿便将它安放在自己的阿普斯利大厦楼梯的转弯处,并以此为傲。

有不少艺术家都为这件名雕的处境感到遗憾。1859年,意大利米兰的布拉雷艺术学院为这尊大理石裸体雕像复制了一尊青铜雕像竖在该学院的院子里。如今到布拉雷美术馆参观的人们只要进入这座老建筑的回廊内就可以见到这尊颇为周折的名雕复制品。

九、挂件上的拿破仑雕像

拿破仑是个善于推销自我的高手。自他当政之后就使用各种方法来包装、宣传自己,利用微雕艺术品进行营销就是其中的重要手段之一。

1799年的"雾月政变"拉开了拿破仑时代的大幕。掌权后的拿破仑便利用法国发达的奢侈品工业将自己的形象塑造成为便携化

图 7-61 裸体的拿破仑铜像

的艺术品。拿破仑在1804年称帝后,就出品了更多镶嵌着拿破仑小像的胸针、胸坠、耳坠、手链、戒指、梳子、纽扣等饰品小件。还有许多带有拿破仑和约瑟芬皇后画像的餐具、灯饰和家具等畅销法国甚至整个欧洲,从此让拿破仑的形象妇孺皆知。

如图7-62中的拿破仑小像,头戴桂冠,胸挂勋章,显得极为

图 7-62 带有拿破仑画像的挂件

年轻俊俏。类似于这样的细小饰物往往采用宝石、水晶、贝壳等珍稀材料制成，并以黄金、白银和钻石来镶嵌外框和点缀装饰，使得这些艺术品显得无比精美、华贵，深受人们的喜爱。有的人将孔武有力的拿破仑小像带在身上当作自己的保护神，也有人认为拿破仑是个稀有的天才，带着他的小像可以启迪智慧。这里挑出四枚拿破仑小像浮雕挂件来看看其中的精湛技艺。

第一枚挂件是意大利著名雕刻家尼古拉·莫雷用粉红色玛瑙创作的拿破仑浮雕头像。这枚拿破仑小像头戴桂冠，面部轮廓柔润，显得十分灵动鲜活。第二枚挂件是莫雷用乳白色玛瑙创作的拿破仑浮雕小像。这枚吊坠以黄金镶嵌钻石为拿破仑佩戴了月桂金冠和荣誉勋章，显得非常精致。第三枚挂件是意大利雕刻家克莱门特·佩斯特里尼用褐色缟玛瑙创作的拿破仑浮雕小像。这种材料细腻而不透明，俊朗的面部、弯曲的头发与桂冠的枝叶浑然一体，让拿破仑的头像显得自然优雅。第四枚挂件是佛罗伦萨雕刻家乔瓦尼·安东尼奥用三色玛瑙雕成的拿破仑浮雕小像。乳白色部分用以呈现他的头像，头上戴的桂冠和胸前的吊穗则由灰、黄两色的玉石雕成，看起来浑然天成，十分美妙。

图 7-63　粉色玛瑙浮雕拿破仑小像

图 7-64　乳白色玛瑙浮雕拿破仑小像

 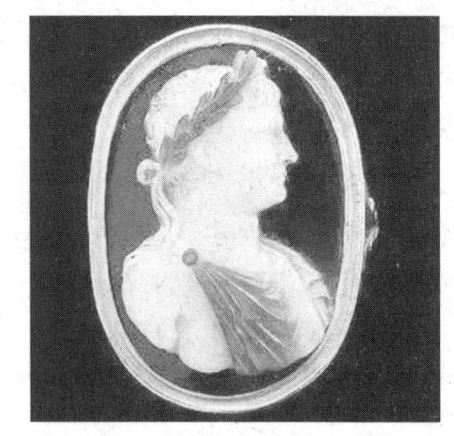

图 7-65 缟玛瑙浮雕拿破仑小像　　　图 7-66 三色玛瑙浮雕拿破仑小像

十、摆件上的拿破仑雕像

在拿破仑的各类雕像中,品种最丰富的是用于客厅与书房的创意装饰摆件。其中有拿破仑的全身像、骑马像、胸像、头像等,造型之多超乎想象。这些曾经以拿破仑形象为主题的艺术品如今似乎已变成了可大批量生产的工艺品。

这些工艺品有的尚能找到原创的根源。比如,用多种材料制作的拿破仑骑马雕像最初来自雅克·大卫的著名油画《拿破仑越过圣伯纳德山》。这幅油画后来就被制作出了许多铜雕、彩铜雕、树脂雕、水晶内雕等雕像摆件,如图 7-68—7-69 中的雕塑摆件都是根据图 7-67 这幅油画制作出来的。

还有一些拿破仑雕像已经难以找到最初的来源。如图 7-70 中的象牙雕像和陶瓷雕像等就是这样,它们以制作材料的珍贵或制作工艺的独特而深受人们的喜爱。

7 拿破仑是救世主还是魔鬼

图 7-67 油画《拿破仑越过圣伯纳德山》原作

图 7-68 拿破仑雕像座钟

图 7-69 运用多种材料制成的拿破仑雕像摆件

图 7-70　由象牙和陶瓷制成的拿破仑小像摆件

当拿破仑首次被流放在厄尔巴岛时,复辟的法王路易十八回到巴黎后首要的行动就是捣毁高大的拿破仑雕像,铲除有关拿破仑的各种标示以消解他的影响力。第二次流放到圣赫勒拿岛后,拿破仑就更加绝望了,他认为那些仇恨他的人肯定会把有关他的痕迹统统抹去。可是,拿破仑却低估了自己在变成艺术品之后的历史魅力。

拿破仑下世后,带有拿破仑形象的艺术品反倒是越来越多了。因为艺术品自身都有昂贵的价值,是收藏的对象。收藏的时间越久,价值往往越高。所以,他生前出品的那些艺术品,尤其是那些微型艺术品有许多都经密藏流传了下来。后来又有许多聪明的商家发现了拿破仑这个历史名人的商业价值,便将他的伟名和形象贴在自己的商品上在世界各地兜售。如今不仅有各种各样的拿破仑绘画、雕塑、小像饰件等产品的批量生产,还有以拿破仑命名的各种酒类、糕点和装饰品等在各国销售。喜欢荣耀与艺术的拿破仑若是地下有知肯定非常开心!世间的所谓"不朽",不就是借助于艺术品来寄托人们的思念吗?!

在法国钱币上看到的拿破仑

钱币是人类社会的一个伟大发明。钱币自诞生起就被带上了象征国家主权的幸运符,由此使其成为一个国家的象征、财富的证明、交战的利器、金融的工具、促进贸易和发展经济的杠杆。若能得到钱币的滋润,万物便可蓬勃发展。因此,我们中国人又将它称为"泉币"。在收藏界它也是一种人见人爱并能不断增值的古典艺术品。

在各类艺术品中,唯独钱币的身份最为特殊。它既有真金白银的内在品质,也有精致华美的艺术外表。从早期的城邦到后来的国家、区域以及经济共同体,每种钱币各有自己独特的设计风格。不能伪造,不能仿制,数量有限,价值相对稳定,能给人们的生活带来切实有效的保障并营建出富有情趣的环境条件。

钱币一旦进入收藏领域即变成了稀有的艺术品和文物,年代越久,地位越高。藏则储值,出则增值。其收藏价值与面值无直接关系,也不受地域与国界的限制。而刻写在钱币上的铭文与图案则被称为金属文献。它是研究社会历史文化的珍贵史料,受到学界的普遍珍视。如19世纪的拿破仑币(拿破仑币是人们对于拿破仑统治时代所发行的各种硬币的统称)就是其中的典型。尽管当时欧洲有不少人痛恨拿破仑,但当他们见到金光灿灿的拿破仑金币时却也爱不释手。

一、拿破仑让自己的头像刻在了法国钱币上

在钱币上刻印图案有着悠久的历史。早期钱币的币面上有猛

兽、猛禽、神灵和帝王们的图像，后来也有英雄、俊杰、珍稀动植物或圣地风景等浮雕图画。法国早期的钱币上所刻的图案就是古希腊和罗马神话中的神灵。1498年，法王路易十二出兵占领了意大利的米兰王国，俘获了大量金币。他看到意大利的金币上都刻着历代国王们的头像很是羡慕。回国后，他便将自己的头像也刻到了法国的硬币上，被称为"代斯顿"，意即"脑袋"。当然，刻在钱币上的脑袋都不一般，他们通常是"首脑"。从此，法国钱币正面有了首脑路易十二头戴桂冠的头像。所谓"桂冠"，是由月桂树枝编成的花环。在希腊神话里，月桂是太阳神阿波罗的爱情树，它是由阿波罗爱而不得的水泽女神达佛涅变成的。据说，最初头戴桂冠的人是恺撒大帝。他过早地歇顶了，为了掩饰这个缺陷便戴月桂花冠来装饰自己稀少的头发。后来的罗马帝王们因崇拜恺撒而将头戴桂冠当作胜利、光荣、智慧和勇敢的标志。于是我们在古罗马的钱币上就见到了不少头戴桂冠的帝王头像。

不过，如今我们已经很难见到路易十二时代钱币的模样了。即便是由路易十三于1640年制作的金路易也难寻觅，每一枚售价高达数万欧元。这里以1642年制作的银币为样本以推知当时钱币的基本形状。

图7-71中的这枚银币正面有一幅路易十三戴着桂冠的头像。外环铭文意为路易十三蒙上帝保佑的法兰西及纳瓦拉国王（其中的纳瓦拉王国原是伊比利亚半岛北部的一个小王国，因纳瓦拉国王亨利四世后来兼任了法国国王而并入法国）。钱币背面是一块戴着皇冠的盾牌。盾牌上面有三朵鸢尾花，表征着波旁王朝的盾徽。外环铭文意为赞美上帝的名字。左上部的1642是银币出产时的纪年。底部字母A是巴黎造币厂的代码。由此可知，这枚小小的钱币负载着国家政治、经济、文化、艺术和铸造技艺等诸多元素。

7 拿破仑是救世主还是魔鬼

图 7-71 路易十三银币双面

自 16 世纪初到 18 世纪末,法国钱币上的头像一直为历代法王们的脑袋所控制。但在 1789 年的法国大革命爆发后,路易十六被送上了断头台,钱币上的法王脑袋也被搬了下来。在此后的几年间,古代的神灵们又回到了法国的钱币上。在法兰西第一共和国于 1792 年 9 月 22 日成立后,革命者为了切断与宗教的关系,废除了代表教权与皇权的格里历,创立了革命的新历法,以共和国诞生的当月为岁首,是为共和元年。在这期间,革命政府也发行过一些小面额的钱币,币面上刻的图案仍是神像。如共和二年(1793年)共和国发行的银币就是一位正在为法国书写宪法的长翅天使图像。外环铭文意为统治的法律。银币背面中心标示的币值为 6 利佛尔,周围以橡树枝花环为装饰。外环铭文标示的主权是法兰西共和国,底部使用共和纪年。

图 7-72 法国大革命时期发行的银币双面

1795年4月,法国国民议会决定改革币制,以十进制取代十二进制,用法郎取代利佛尔作为法国的货币单位,使废除了300多年的法郎死而复生。"法郎"的称谓来源于英法百年战争。1356年,法军在普瓦提埃战役中败北,法王约翰二世被英王爱德华俘虏,英王要求法国交纳300万金路易为释放条件。约翰二世在伦敦被囚禁4年,最终交足了赎金获得自由。1360年,约翰二世为纪念这一事件铸造了一批金币。币面图案是约翰二世穿戴盔甲骑马飞奔的背影,故名"骑马法郎"(Franc à cheval),意为自由。到15世纪中期,查理七世废除法郎,恢复了利佛尔货币单位。1795年,控制了国民公会的热月党人组建了督政府,于1795—1796年发行了一款5法郎的银币。因督政府主席由5位督政官轮值,他们谁也不敢将自己的头像刻在银币上,于是这款银币的正面刻了希腊神话中的三位神灵。位于币面中间的大力神海格力斯用双臂将两位女神拥在胸前。右侧的自由女神右手握着一根象征权力的木棒,木棒顶端盖着一顶象征自由的弗里吉亚帽。左侧的平等女神左手拎着象征公平的天秤,两人空着的另一只手握在一起。外环铭文意为团结和力量。底部的文字是著名雕刻师奥古斯丁·杜普雷的签名。银币背面是国名以及由月桂枝和橡树枝花环装饰的面值及共和历年份。

图7-73 督政府发行的5法郎大力神银币双面

7 拿破仑是救世主还是魔鬼

　　法国大革命期间社会失序,起义与政变交替发生。在短短的10年之内,国家相继出现了君主立宪派、吉伦特派、雅各宾派、热月党人及督政府等多种政权形式。执掌政府的领袖们如同热锅里的烤饼被快速翻个出锅,直到1799年11月9日拿破仑通过"雾月政变"推翻了督政府建立起执政府之后,这种混乱局面才得到了终结。

　　在学者们看来,拿破仑是个两面人物。这个来自科西嘉岛的小个子有着非凡的才智,不几年间就由一名小下士当上了远征意大利和埃及的将军。刚过而立之年又当上了法兰西共和国的第一执政,随即便将共和国变为帝国加冕称帝。一方面他延续了大革命的事业,推翻了波旁王朝的专制统治,向欧洲人民传播了新思想,制定了《民法典》,赢得了欧洲人民的积极支持。另一方面他却又将共和国变成了帝国并把自己的多位亲属分封到多个小国为王,限制了人民对政权的平等参与。尤其是他在向欧洲持续扩张的战争中掠夺了被征服地区的财富受到了人们的憎恨。因此,拿破仑既赢得了许多人的爱戴和崇拜,也受到了不少人的诅咒和仇视。但是,人们对于拿破仑币却都很喜欢。

　　爱钱是人类的通病。拿破仑贫穷的时候也很爱钱。他对钱币的味道嚼了又嚼,不断地品味着它的苦涩与甜美。拿破仑家族原是意大利的破落贵族,当科西嘉岛被法国占领后他们成了法国人。经过他父亲卡洛·波拿巴的斡旋,法国皇室虽然恢复了他家的贵族名分,但得到的好处却只是让他哥哥约瑟夫上了免费的教会学校,作为次子的拿破仑上了免费的军校。拿破仑16岁时父亲过世,兄妹8人都尚未就业。迫于生计,他只好辍学当兵,攒下每个硬币送给母亲养家。当了士兵的拿破仑梦想着当将军,他渴望能像亚历山大大帝和恺撒大帝那样去征服世界。在法国大革命的动荡岁月里,拿破仑看到了实现梦想的舞台,凭着对历史的谙熟以及在炮校学到的军事技能,入伍不久后便出人头地了。当他坐上法兰西共和国第一执政的交椅时,法国内忧外患,经济衰退,通货膨胀,民不聊生。欧洲各国的君主们又结成反法联盟,从四面向法国扑来。政府的高官们如走马灯似的换了几轮却没有人能控制住社会混乱的局面。拿破仑上任伊始首先去抓钱袋子,控制货币发行权。1800年1月18日他创立了法兰西银行,采用积极的货币政策来消除大革命带来的萧条,从而使社会生活得到安定。后经1803年3月28日的《货币条例》授权,于共和十一年芽月17日(1803年4月7日)颁布币制改革法令,统一度量衡,实行金银复本位制。一批新造的拿破仑币随之面世,年轻的拿破仑头像开始在法国的金银币上闪亮登场。

货币是一种绝佳的宣传媒介。随着拿破仑币的出炉,拿破仑很快就成了家喻户晓、妇孺皆知的大人物。瞧瞧这枚金币上的拿破仑!他鼻梁高翘,目光深沉,下颌微收,柔软的卷发盖在前额上。裸着头与脖子的拿破仑肖像与从前那些戴着冠冕与领巾的法王的肖像相比显得无拘无束、自然大方。金币外环铭文标明的身份是波拿巴 第一执政官。金币背面图案也没有了法王的徽章,而代之以双橄榄枝做装饰。中间的面值是40法郎。下方左侧的雄鸡图案是首席雕刻师查尔斯·皮埃尔的标记。正中以革命历罗马数字标记年代,即共和十一年(1803年)。右侧的字母A是巴黎造币厂的代号。由此奠定了拿破仑币的大致式样。

图7-74 第一执政拿破仑金币双面

二、拿破仑币的版式变化

在拿破仑任第一执政的时候,他主持发行的硬币面值主要是 1/4 法郎、1/2 法郎、1 法郎、2 法郎、5 法郎的小面额银币,20 法郎和 40 法郎的大面额金币数量很少。当他称帝之后大面额硬币有所增加,以 20 法郎的金币为主流。据统计,在 1803 年至 1815 年这 13 年里,法国发行的 20 法郎的金币近于 2000 万枚,40 法郎的金币仅有 300 多万枚。当初制造的 40 法郎的金币并未参与流通,而是作为礼品和赏赐国家功臣的专用币使用。这些金币的含金量都在 90% 以上,另外的 10% 是铜元素。它们的价值稳定,品相上乘,深受人们的喜爱。后来则成为欧洲市场上的紧俏货,甚至形成一种约定成俗的称谓:一个拿破仑,即指一枚 20 法郎的拿破仑金币;双拿破仑,指的是一枚 40 法郎的拿破仑金币。能顺手从口袋里掏出拿破仑金币者就被看成有钱人。可知拿破仑金币在人们日常生活中的地位。直到第一次世界大战之后拿破仑币才真正退出流通。

雨果曾在《悲惨世界》中评价拿破仑说:"倒下的拿破仑仿佛比站立的拿破仑更加高大。"如果套用这句话来品鉴拿破仑币的话也非常贴切:即退出市场流通的拿破仑币比流通时期的拿破仑币更加值钱。后来的钱币收藏家们恨不得挖地三尺也要把拿破仑时代发行的钱币搜罗齐全。泉友们从最初发行的小面额硬币到后来发行的大面额贵金属币,从法国国内发行的硬币到法国之外各附属国发行的硬币,从铸造工艺到图案设计,从造币材料到币面品相,从发行数量到存世数量,一枚枚聚拢,一版版比较,根据其稀有度与品质高低称重论价。有些存世稀少的拿破仑币售价可超出原面值的几百倍或几千倍。一枚在共和时代发行的 1 法郎拿破仑银币卖出几千美元也算不上稀奇事。

鉴于拿破仑币越来越值钱,研究拿破仑币的版式与发行量就成为一种实用的学问。但是,拿破仑是个善于折腾的人,使得拿破仑钱币的版式变化迅速,品种繁多,要想将这些版式变化都说清楚可不是一件容易的事。1803年,拿破仑为了让钱币体现出新政府的精神面貌,发挥其较好的宣传作用,他要求改善钱币的设计与雕刻效果并加强防伪功能,特委任财政大臣戈丹举行了一次钱币设计竞赛。当时参赛的钱币设计师有许多,除了法国人之外,还有瑞士和比利时的雕刻师。通过这次竞赛把一批技艺精湛的钱币设计师从中筛选出来成为国家制作货币的中坚力量,从而使拿破仑时代出产的钱币有了数量和质量的保障,同时在外观上也有了精美的品相。因此,在拿破仑时代,钱币制作的花样很多,各种材质和面值的硬币都有不同的版式。每当拿破仑的职位有所变化(如第一执政、法国皇帝、兼任意大利国王等)都会在钱币上表现出来。即便是在短暂的"百日王朝"期间,他还发行了百日版金币。每个币种与版式都是在一个新的法令授权下制作出来的。有研究者考究出20法郎金币的版式有8种,共有72个版别;40法郎金币有6种版式,也因产地不同及模具修改出现过34个版别,其他硬币的版式变化更是不胜枚举。每种版式各有具体的细节变化和各自的特点。这里仅以20法郎金币的4种版式为例揭示这些版式的独特含义和艺术特色。

其一是波拿巴第一执政版。在这版金币上,正面为拿破仑无冠的侧面头像,外环铭文意为第一执政波拿巴。在他的脖子下面有雕刻师蒂奥利耶的签名。在金币的背面,中心标示着20法郎的面值,周围是双橄榄枝缠绕的花环。外围的铭文意为法兰西共和国。底边左侧的公鸡是造币厂标记;中间的AN12是法国大革命时期的共和年历,因而这款金币也被称为"拿破仑无桂冠头像革命历版"。右边的字母A是巴黎造币厂的代号。当时在法国和它的附属国中共有 20 余家造币厂，各家造币厂都有自己的标记和代号。

图 7-75　波拿巴第一执政版金币双面

其二是拿破仑戴桂冠头像的共和国版。这款金币正面的拿破仑头像增加了一个希腊风格的月桂花冠。由此人们便把拿破仑的这款金币与古罗马的恺撒大帝联系起来，似乎表明他就是凯旋大帝的继承者。事实上，拿破仑于 1804 年已由终身执政加冕为法兰西帝国的皇帝。头像脖子上的签名是雕刻师德罗兹。金币背面的铭文无其他变化，仅是由共和纪年变成了格里历，即公历纪年 1807。更改历法源于 1805 年，拿破仑在加冕为意大利王之后与罗马教廷达成了和解：教皇承认他加冕称帝，拿破仑废除了革命历，自 1806 年元旦恢复使用格里历。此后的拿破仑币都改用了格里历。

图 7-76　拿破仑戴桂冠头像共和国版金币双面

其三是拿破仑戴桂冠头像的帝国版。该版的头像与共和国版相比，重点变化在于将钱币背面的国名由法兰西共和国更改为法兰西帝国，其余内容如旧。

图 7-77 拿破仑戴桂冠头像帝国版金币双面

其四是拿破仑戴桂冠头像的百日版。这一版与之前的帝国版相比,币面的头像与铭文除了纪年的变化之外无明显的差别。但对于泉友们的收藏来说却特别珍贵。因为它是拿破仑币的终结版,诞生在特别险恶的环境条件下。1813 年冬,拿破仑在莱比锡战役失败后,反法联盟军于 1814 年春攻下法国首都巴黎,拿破仑投降,第一次退位并被流放到地中海的厄尔巴岛。1815 年 3 月 20 日,拿破仑悄然重返巴黎,复辟的路易十八逃走了,帝国统治重建起来。欧洲的宿敌们立即组成了第七次反法联盟攻打法国。拿破仑兵败滑铁卢,6 月 22 日帝国崩溃,因而被称为"百日王朝"。据说当时制作的硬币有些还没来得及进入流通就被封存重铸了。由于当今交易市场上少见,因此每枚金币的价格升值到 2000 欧元至 10000 欧元之间。

图 7-78 拿破仑帝国百日王朝版金币双面

简言之,在拿破仑当政期间发行的钱币数量巨大,版式极多。币材主要有金、银、铜三种材质。尽管钱币版式变化多样,但在设计风格和内容上最明显的特征可归结为四点：一是钱币正面的拿破仑头像从无桂冠过渡到戴桂冠。二是钱币上的铭文从第一执政波拿巴过渡到拿破仑皇帝。三是钱币上的纪年方式由革命的共和历恢复为格里历。四是钱币上的国家称号由法兰西共和国改为法兰西帝国，钱币背面的花边装饰由象征和平的橄榄枝变成了征战胜利与荣耀的月桂枝。另外，钱币上的暗记、雕刻师签名与造币厂的代号也有多种变化，这是因为在拿破仑时代，法国的20多家造币厂都曾生产拿破仑币，同时意大利的罗马、热那亚和都灵，荷兰的乌得勒支，瑞士的日内瓦等造币厂也制造过拿破仑币，这些厂家各有自己的暗记、雕刻师和代号。

评论家认为，拿破仑币是拿破仑政权的标志物，反映在这些钱币版别上的变化，揭示了拿破仑有着深厚的帝政情结。他从积极推翻法国的封建专制制度为始，最终自己却也逐渐滑进了专制的帝制泥潭而不能自拔。因此，他被评为兼有天使与魔鬼两重性的双面人物。

三、被刻印在拿破仑纪念币上的那些往事

在法定货币的家族里有一种特殊的钱币叫作纪念币。这种钱币通常都是国家为纪念本国或国际上的重要人物、重大事件、名胜古迹以及珍稀动植物而发行的法定货币。纪念币通常被分成普通纪念币和贵金属纪念币两种。其中的贵金属纪念币虽然不参与流通，却也因为具有特定主题并且限量发行而特别珍贵。拿破仑纪念币就是在拿破仑去世后为纪念这位法国人而发行的。

当拿破仑变成了历史人物和故事主角的时候，爱他的人和恨他的人都随着他和他的时代一同逝去，后来的人们大多都成了喜欢观看历史故事的观众。也许是制作拿破仑纪念币的艺术设计大师们摸透了人们的心理，他们设计的拿破仑纪念币就非常有趣。

如果你能一枚一枚看过来,便可了解到拿破仑生平中的许多戏剧性故事。

在拿破仑逝世的这200年里,法国与其他国家和地区究竟发行过多少种拿破仑纪念币呢?笔者尚未见到过系统的介绍。这里仅从古玩市场上见到的纪念币中挑出7枚来说说蕴藏于拿破仑纪念币中的文化意趣。

第一枚是庆祝卢浮宫博物馆创立200周年纪念银币。

卢浮宫原是法王的皇宫,曾经居住过50位国王和皇后。当路易十四将皇宫迁入凡尔赛后,卢浮宫便成为历代国王们收藏珍宝和艺术品的宝库。法国大革命爆发后,卢浮宫于1792年被法国国民议会宣布收归国有。1793年作为公共博物馆正式对外开放。拿破仑当政后曾对卢浮宫进行了大规模的扩建,为的是容纳他在征服欧洲各国时掠夺来的大量文物和艺术品,据说多达几千吨。拿破仑战争失败后,有不少国家曾向法国追索他们的文物及艺术品,但被迫归还的仅有5000多件,仍有大量珍宝被留下了,因而使卢浮宫成为世界四大著名博物馆之一,参观过这座艺术宝库的人无不感叹它的藏品之丰富。法国人为了纪念拿破仑对卢浮宫所做的巨大贡献,特意在1993年庆祝卢浮宫博物馆创立200周年之际由巴黎造币厂发行了一套6枚100法郎面额的金银纪念币,拿破仑纪念银币尤受瞩目。银币正面的图案取材于大卫油画《拿破仑加冕》图局部,外环的铭文是"受崇敬的拿破仑"。为了能完美地展示人物画像,标示法兰西共和国主权的文字被缩写为RF。纪念币背面为卢浮宫博物馆的馆舍图案,上部的铭文是"卢浮宫博物馆200周年"。

图 7-79 卢浮宫博物馆创立 200 周年纪念银币双面

第二枚是路易斯安那售地 200 周年纪念银币。

路易斯安那原是西班牙于 1762 年在新大陆夺得的殖民地，1800 年通过密约转给了法国。1803 年，拿破仑便将面积为 29911680 英亩（合 121048 平方公里，是当时美国领土的一倍）的土地以 1500 万美元（合 8000 万法郎）的价格出售给了美国，每英亩售价仅为 0.5 美元（合 3 法郎）。虽然有人曾将拿破仑售地视为卖国行为，但了解历史背景的人都认为，售地是拿破仑征服欧洲的一个重大战略选择。因此，2003 年法国政府为纪念拿破仑将北美的路易斯安那售给美国 200 周年发行了一款 1.5 欧元纪念银币。币面中心是法国在北美所占土地的地图，站在地图左边的是美国总统托马斯·杰斐逊，站在右边的是法国执政拿破仑。银币顶部是法兰西共和国的缩写符 RF，底部是 1.5 欧元的面值。上部的铭文为"路易斯安那州割让给美国 200 周年"。银币背面描绘了路易斯安那州的小号手以及海洋与陆地上的风光。

图 7-80 路易斯安那售地 200 周年纪念银币双面

第三枚是拿破仑颁布《民法典》和拿破仑加冕 200 周年纪念币。

1804年,拿破仑完成了两件大事。第一件是由他亲自主持编制审定的《民法典》于当年3月21日正式颁布(直到如今这个法典仍被视为拿破仑遗留下来的最重要的政治成果之一,也被认为是欧陆法系的源流和支柱)。第二件大事是加冕称帝。鉴于当时国内外局势动荡难安,拿破仑决定通过建立帝制巩固政权从而实现他征服世界的梦想。于是他在当年5月18日通过元老院宣布称帝,并在当年12月2日举行了加冕典礼。2004年,为了纪念拿破仑颁布《民法典》和加冕200周年,法国巴黎造币厂发行了这款1.5欧元的纪念银币。银币正面图案左上边是发行时间与面值,下边是象征着拿破仑皇朝的鹰徽,右边是装订成册的《民法典》。银币背面是拿破仑头戴桂冠的肖像,背影里藏着拿破仑于1804年底在巴黎圣母院加冕时的背影。在一枚硬币中负载这么多的内容实在是难能可贵的。

图7-81 拿破仑颁布《民法典》200周年纪念币双面

第四枚是奥斯特里茨战役胜利200周年纪念银币。

1805年12月2日被拿破仑看作是他自己的幸运日。就在他加冕称帝一周年的当天,拿破仑率领的75000名法军与沙皇亚历山大一世和奥皇弗朗茨二世率领的87000名联军在波西米亚的奥斯特里茨村(位于今捷克境内)开战,史称"三皇会战"。在双方激战的关键时刻,阴暗的天空红日破云而出,法军愈加英勇奋战,最终由中路破阵获胜。拿破仑认为,这场战役的胜利是一个最好的加冕周年庆典,由此也让他赢得了以少胜多和欧洲第一名将的称誉。2005年,为纪念拿破仑在奥斯特里茨战役胜利200周年,法国巴黎造币厂发行了一款1.5欧元的纪念银币。银币正面描绘的就是战场上破云而出、光芒四射的太阳,拿破仑统帅身着长袍,双手背在后面望着天空,显现出一副悠闲自得的样子。银币背面描绘的正是法军乘胜追击残敌的作战情景。

图7-82 奥斯特里茨战役胜利200周年纪念银币双面

第五枚是女性系列之"约瑟芬·德·博阿尔内"纪念银币。

约瑟芬·德·博阿尔内是拿破仑至爱的前妻。由于她无法生出为拿破仑继统的儿子,加之在拿破仑战争中需要缓和与奥地利帝国的矛盾,在奥地利首相梅特涅的撮合下,拿破仑在1809年与约瑟芬离婚,于1810年迎娶了奥地利皇帝弗朗茨一世的公主玛丽·路易丝为妻。但是,多情的法国人还是喜欢这个征服了拿破仑的约瑟芬,认为她是个"贤内助",曾为法国人做了许多好事。2018年,法国巴黎造币厂在发行的女性系列中选择约瑟芬为10欧元纪念银币中的人物。银币正面刻的是大卫油画《拿破仑加冕》图中拿破仑为其妻约瑟芬戴皇冠的画面,银币背面则刻了约瑟芬的图像。

图 7-83　女性系列之"约瑟芬·德·博阿尔内"纪念银币双面

第六枚是播种者系列之"芽月法郎"纪念银币。

播种者系列纪念币是法国多次发行过的常规项目。在欧洲，播种者以"我播种，我变得更加富有"的含义深受艺术家们的喜爱，在各种绘画和雕塑作品中都有播种者的身影。19世纪末，当播种者被法国新艺术雕刻家路易斯·罗蒂雕刻到法国钱币上的时候，这个戴着弗里吉亚自由帽在阳光下撒种的女子就成了法国货币的象征，常常出现在法国的钱币、邮票和纪念章上。而"芽月法郎"因诞生于以法国大革命历法纪年的共和十一年芽月17日（1803年4月7日）而得名。它作为拿破仑币制改革后制造的法定货币在法国货币史上有着十分重要的地位。

早在2003年，法国政府已经发行过一套芽月法郎诞生200周年纪念金银币。到2019年拿破仑诞辰250周年时，法国巴黎造币厂又启动了一套播种者系列的贵金属纪念币项目，共制作5个面额不等的品种。其中有4种为金币：面值为500欧元的有99枚，面值为100欧元的有500枚，面值为50欧元的有1000枚，面值为5欧元的有2000枚。另一种是面值为10欧元的银币。这套纪念币正面图案都是播种者的身影，背面左半边是拿破仑的胸像、拿破仑的蜜蜂族徽和拿破仑的将军们，右边的浮雕是以大卫的油画《拿破仑越过圣伯纳德山》为底本刻成的。无论从哪边看，图案都很和谐美观。

7 拿破仑是救世主还是魔鬼

图 7-84 播种者系列之"芽月法郎"纪念银币双面

第七枚是波兰名人爱情故事系列之"拿破仑与玛丽·瓦莱夫斯卡"纽埃纪念银币。

这个为纪念浪漫爱情的银币系列是波兰造币厂于 2014 年为纽埃国制作的。银币外观为椭圆形，面值为 1 纽埃元。该系列中共有 5 对波兰名人情侣，每一对情侣都有独特而又凄婉的故事。他们被刻印在一个小国纽埃的纪念币上。位于前列的是拿破仑与他的情人瓦莱夫斯卡。

纽埃是太平洋中南部库克群岛中的一个岛国，土地面积为 260 平方公里，1974 年获得独立，如今人口仅有 1600 多人，使用的货币有美元、新西兰元及少量的纽埃元。纽埃本国虽然没有造币能力，却能够通过运营在国外制作出各种各样的纪念币，深受钱币收藏者的喜爱。由于它是英联邦的准会员国，受英国保护，因此这套纪念币的正面图案中都有一幅英国女王伊丽莎白二世的头像。银币背面则是情侣的双人头像及姓名。在这枚拿破仑与瓦莱夫斯卡的纪念币上，正面的图案除英国女王的头像外还有一座雄伟的建筑，是拿破仑在波兰与瓦莱夫斯卡住过的爱巢——瓦莱维采宫。银币背面的拿破仑与瓦莱夫斯卡双人胸像由两幅油画拼接而成。头像周围由并蒂花枝缠绕，花结之间镶嵌着名贵的水晶。据研究者称，拿破仑的这幅胸像取自大卫的油画《拿破仑在书房》，经艺术家的巧手剪裁被组合在这枚银币上，犹如并肩相拥的夫妻，看起来珠联璧合，天衣无缝。

图7-85 波兰名人爱情故事系列之"拿破仑与玛丽·瓦莱夫斯卡"纪念银币双面

由此可知,艺术家们不只创作艺术品,他们也是表现甜蜜爱情的高手。在这枚银币的背后所蕴藏的爱情故事可写出一部长篇小说来。

1807年,拿破仑在耶拿之战中打败了普鲁士和奥地利联军之后入驻波兰华沙,他准备以此为基地进攻俄罗斯。曾被普、奥、俄三国瓜分了三次的波兰人这时看到了复国的希望,便把拿破仑当成救星和解放者夹道欢迎,捧浆慰劳。玛丽·瓦莱夫斯卡就是在这样的背景下来到了拿破仑的身边。当时她虽然刚满20岁,却成了一位老伯爵的夫人和一个儿子的母亲。拿破仑被她的美丽和善良打动了,从此他们成了情侣。波兰人将她称为拿破仑的波兰夫人。也有人说她是以美人计的身份出场的,还说她那位70多岁的丈夫安瑟尼斯·瓦莱斯基伯爵是心甘情愿地把她献给了拿破仑,后来还帮着她养大了她和拿破仑的私生子亚历山大·瓦莱夫斯基。拿破仑当时也没有让波兰人失望,他带领的军队帮助波兰人夺回了大量的失地并建立了华沙大公国。遗憾的是华沙大公国随着拿破仑战争的失败也在1815年被普、奥、俄三国重新瓜分,唯独留下了拿破仑和瓦莱夫斯卡的爱情故事,后来被艺术家展现在了这枚纪念币上。当你把玩这枚银币的时候,看着他俩的头像岂能不莞尔?!

在徽章艺术中看到的拿破仑

在世界近代史上,拿破仑是一位得到荣誉和受到羞辱最多的有趣人物。英国著名传记作家安德鲁·罗伯茨在他的《拿破仑大帝》一书中指出:"拿破仑·波拿巴度过了较之所有世人最不同寻常的一生。从1795年10月时扫荡巴黎街头造反者的年轻炮兵军官,到1815年6月由于严重的指挥失误而遭遇滑铁卢之败,他在短短的20年之内成功改造了法国和欧洲。"他虽然已经离世200年了,但如今在世界上仍然能见到以他为主题创作出来的各种艺术品。仅就奖章、勋章和纪念章等徽章类艺术品来说,花样之多、数量之大、内容之丰富实属罕见。这些徽章既是拿破仑传奇人生的证物,也展现了徽章艺术的独特之美。

一、当拿破仑爱上了徽章

徽章文化源远流长。从原始社会的氏族部落有了自己的图腾之时,人类社会就出现了徽章。作为一种特定历史时期形成的文化符号,徽章自诞生以来一直朝着简单化、艺术化和精致化的方向发展,徽章家族的成员也越来越多,勋章、奖章和纪念章都是其中的主将,多以金、银、铜等贵金属材料制作,故能抵挡时光的洗涤传之久远。

当拿破仑邂逅了徽章艺术之后,我们的地球差点儿就被他削平了。如今人们还常想起他的那句名言:"只要有足够的勋章,我就可以征服世界。"

本文所说的拿破仑的徽章是指拿破仑个人所获得的各种徽

章,以及拿破仑时代颁行的带有拿破仑个人头像或个人指代符号的勋章、奖章和纪念章等徽章体系,也包括后人以他之名制作的各种纪念章。

拿破仑不仅把徽章当作优质的宣传媒介用于政治宣传和激励士兵斗志,他对微雕艺术也有着较高的鉴赏力。在拿破仑的徽章体系中,他生前订制的每一款徽章都有鲜明的主题表达。从图案设计、雕刻技艺到冲压流程都要求精益求精,因而有不少徽章都成了微雕艺术的典范之作。只要是他订制的徽章他都要亲自验收。若是发现了品相稍差的样品他都命令销毁重做。他的部下曾对他说,这样的小玩意不值得过于花费精力,能应付一下就行了,他对这种见解很生气。他说:士兵们在前方卖命,怎么能不用心对待呢?! 我们所领导的正是这些小玩意。由此可知,拿破仑的徽章作为历史进程的见证物,不仅反映了拿破仑时代的社会状况和文化潮流,同时也彰显了拿破仑在治军和治国等方面独有的文化特色。他的传奇人生就被浓缩在这些徽章里。

拿破仑生前究竟订制了多少种徽章? 这无法用准确的数字统计。因为路易十八复辟后既销毁了带有拿破仑标志的各种徽章,也销毁了制作徽章的图样、模具和清单,为的是抹去拿破仑的所有痕迹以消除其对法国的影响。不过,路易十八没有料到,倒台了的拿破仑,甚至是死后的拿破仑对法国乃至世界的影响力不仅没有消失,反倒是更大了。有研究者称,法国历史上最喜欢利用徽章彰显皇室荣耀的"太阳王"路易十四曾留下了许多徽章,但整个波旁王朝历代国王所制作的徽章总数加在一起也抵不过拿破仑一个人的徽章数量。这些徽章有的展示在世界各地的多个博物馆里,有的保存在收藏家们的密室内,还有一些徽章流通在欧美各个古玩市场和拍卖会上。据《钱币学国际通报》和《钱币书商》介绍,收藏家们对于市场流通的拿破仑徽章编制出了多种目录,其中最权威的是收藏家布拉姆森编制的目录。截至1913年,他将自己收集到的2300多款拿破仑徽章编成三册目录正式出版。在布拉姆森之后的百年里,法国及法国之外的多家厂商又在拿破仑的各种纪念活动中出品了许多新的徽章。因为市场需求旺盛,高仿与复制的拿破仑徽章也层出不穷。

二、五大战役奖章让拿破仑成了法国英雄

拿破仑被誉为伟大的军事家。他初次拥有自己的奖章是从1796年的意大利战场上获得的。1796年4月,法国督政府为了打败第一次反法联盟,任命拿破仑为意大利方面军总司令,与当时占领意大利半岛北部的奥地利军作战。在不到一年的时间里,拿破仑将一支缺衣少食甚至经常没有鞋穿的法国军队改变成了英勇善战的勇士。他率领的法军先后与奥地利军、意大利军和撒丁王国军交火70多次并获得全胜。特别是蒙特诺特、米莱西莫、德戈、曼图亚和塔格里亚门图这五大战役为法军在意大利取得的巨大胜利起到了关键作用。拿破仑每次将胜利的喜报传回法国的时候,法国朝野群情振奋。督政府颁布法令——"意大利军队理应获得国家的荣誉",并委托制作出不同等级的奖章予以奖励和纪念。随着意大利战事的顺利开展,拿破仑就在这一年多时间里相继为这五大战役制作了五款奖章,其中四款在意大利的都灵造币厂制作,另一款在米兰造币厂制作。它们都出自意大利的著名雕刻家之手,徽章品相无不精美。

如蒙特诺特战役奖章的正面是拿破仑面部朝左的头像。背面是展翅飞来的胜利女神,只见她右手持剑,左手举着棕榈枝编成的花环;底部的铭文标明:奖励蒙特诺特战役的胜利。

图 7-86　蒙特诺特战役奖章双面

再如，米莱西莫战役奖章的正面刻画的是法国古老故事中的大力神赫拉克勒斯。大力神的右手拿着一根棒子，左手抓着九头蛇的一个头，右脚踩着蛇的尾巴，左脚旁边放着一个燃烧的火把。他扼住九头蛇的头之后，准备用火把去烧蛇的脖子。这个浮雕画面寓意着拿破仑像大力神一样，已经打击了奥地利军的要害。奖章背面的铭文就是对这次战役胜利的赞美。

图 7-87　拿破仑镀金青铜米莱西莫战役奖章双面

拿破仑在意大利战争中获得的这五枚奖章不仅让这位年轻的将军初闻了奖章特有的滋味，也鼓励了士兵们的斗志，同时这些奖章也得到了意大利和法国民众的广泛喜爱，取得了良好的市场效益。通过这一系列奖章和其他媒介的宣传，拿破仑从此成了法国的民族英雄。

三、拿破仑远征埃及纪念章

1797年末,当拿破仑从意大利战场上载誉归来后处境却不美妙。督政府的官员们对他多有忌惮,不想让他留在巴黎做大。为了安置这个胸怀野心的年轻将军,督政官们费了一番脑筋,经过几个月的酝酿,督政官塔列朗提出了一个设想,让拿破仑率军东征。自路易十四以来,历代法王都想打败英国,他们都认为若是能占领埃及,切断英国通向印度殖民地的海上通道,法国人就能成为地中海的主人。当塔列朗将这个方案与拿破仑一提,拿破仑欣然接受:我们必须去东方,所有伟大的荣耀一直都在那里获得。于是,拿破仑得到了实现东方梦的契机。

1798年5月,29岁的拿破仑被任命为法兰西共和国东方军总司令远征埃及。他率领4万名士兵、1万名水手、350艘战舰和167名学者自5月19日起开始向埃及进发。法军于6月10日占领了马耳他,7月2日占领了亚历山大城,7月13日与埃及的马穆鲁克军首次交战,7月21日在金字塔之战中歼灭了马穆鲁克军主力军,7月25日入驻埃及都城开罗。但在8月1日的阿布基尔海战中法国舰队却被英国海军总司令纳尔逊指挥的海军舰队全歼。失去了海上的供给通道,法军在埃及陆地上的战局也受到了巨大的影响。

1799年10月,拿破仑带着自己的随从秘密潜回法国。留在埃及的大部队在1801年8月战败,9月撤离埃及。远征埃及3年最终失败。令人奇怪的是,远征埃及的失败不仅没有让远征军总司令拿破仑蒙羞,还为他留下了一系列风采熠熠的拿破仑纪念章。如今我们仅是在古玩市场上就能见到自1798到1799年这两年里出品的拿破仑征服埃及的纪念章或奖章,多达7种。这些徽章由银、铜、锡、镀金等多种材料制成。其中征服上埃及和下埃及的徽章正面图像为神话人物,其余徽章正面全是拿破仑个人的侧面头像。而徽章背面的背景图案则都带着金字塔、狮身人面像、方尖碑、鳄鱼、骆驼等富有埃及特色的景观。

如1798年发行的远征埃及纪念章,正面是拿破仑的披发右面胸像,背面是他骑在马上指挥士兵们向金字塔方向进军的图景。

图7-88 拿破仑远征埃及纪念章(一)双面

同年发行的另一枚拿破仑远征埃及纪念章较为别致。正面是拿破仑的胸像,头顶上有一个莲花串成的花环,面部稍向右偏。背面浮雕图中有埃及方尖碑和科林斯圆柱,还有两匹身披埃及饰巾的骆驼拉着凯旋战车。立在战车上的征服者身披罗马长袍,右手握权杖,左手叉腰。车旁挂着两个交叉的埃及箭筒。迎面飞来的胜利女神举着用橄榄枝与棕榈枝编成的花环正向他的头上抛来。可见这枚小徽章所负载的历史文化内涵有多丰富!

图7-89 拿破仑远征埃及纪念章(二)双面

再如图7-90中的这枚金字塔之战纪念章，正面是身穿制服、头戴双角帽的拿破仑站在吉萨大金字塔的前面正在向法国军队做战前动员的场景，背面是橄榄枝与棕榈枝扎成的花环，其中的铭文介绍了拿破仑在金字塔之战对士兵们的致辞，简洁地记录了这场战役的景况。

图7-90　金字塔之战纪念章双面

虽然拿破仑制作了多种纪念章来宣传征服埃及的胜利，事实是军事上的短暂胜利并不能抵消结局的失败。不过拿破仑在埃及确实也得到了让学界瞩目的收获，这就是他所带领的学者小分队在埃及考古取得了重要成就。这支由科学家、艺术家、考古学家和建筑学家等组成的专家学者队伍在1801年返回法国后，开始整理在埃及搜集到的各种资料，于1809年出版了《埃及描述》第1卷，到1828年全部完成时多达23卷之巨。该资料从各个角度捕捉了埃及的人文历史遗产与地理自然资源，特别是罗塞塔石碑的发现为埃及学的诞生奠定了基础。在照相术还未出现的年代，这部巨著中竟然插入了3000多幅手描的图片。这些图片不仅让读者们欣然心会，更是让拿破仑将军从中悟到了形象艺术的妙用。他在埃及的时候与画家兼博物学家维旺·德农成了挚友，他们经常一起探讨艺术、鉴别文物。他从德农的素描本中看到了图片的力量，从此更加重用知识分子和艺术家。1803年,拿破仑任命德农为文化宣传部部长,负责拿破仑博物馆(卢浮宫)相关工作,兼管各类雕塑、绘画和徽章的制作。此后拿破仑的一系列形象工程(如凯旋门和旺多姆广场上的纪功柱设计等)都是在德农的督导下完成的。

四、拿破仑帝国的徽章体系

拿破仑在埃及虽然只待了一年多,然而这短暂的经历却让他的人生发生了重大改变。特别是当他独自进入埃及金字塔并在塔内住了一夜后,他有了新的想法,便于1799年10月从埃及回到巴黎。回国仅月余,拿破仑发动了"雾月政变",刚满30岁便抢到了法兰西共和国第一执政的交椅。1804年,拿破仑又加冕称帝,时年仅35岁。如何把一个年轻的将军打扮成为一个励精图治、勤政爱民的国民领袖?这成为拿破仑的一个新考题。为了在政治上打赢这场"战役",拿破仑动用了各种手段进行自我包装。他控制了国家的新闻出版,掌管了金融财政,还交结了一大批富有才华的艺术家为他绘制肖像、雕制塑像、制作带有拿破仑肖像的钱币和徽章。特别是徽章的设计和制作日益增多并朝着系列化、多样化和精美化的方向发展。在拿破仑的徽章体系中,有国徽、族徽、军徽、帽徽、勋章、奖章、纪念章等,每一种徽章都有各自的图纹特色和深刻的文化内涵。

拿破仑帝国的国徽与族徽简单明了,就是鹰和蜂!这两种小动物成为法兰西第一帝国的象征,后来的法兰西第二帝国也沿用了这套文化符号。早在拿破仑担任第一执政之初,他就已经将这两种小动物用作国徽和族徽的标志物了。在讨论国家形象物选取的时候,他的支持者中有人提议用鹰、狮子和大象,也有人建议用蜜蜂为标志。拿破仑名字的本意就是"原野的狮子",他选择了鹰和蜜蜂。鹰在古罗马神话中是战神朱庇特的神鸟,早在罗马帝国时期已被用作军团的徽章。法兰克王朝和加洛林王朝都声称自己是罗马帝国的继承者,拿破仑也要用这只古老的鹰来证明自己继承了查理曼大帝的传统。蜜蜂则因其富于组织、辛勤劳动并能为蜂巢的共同利益牺牲自我而得到了拿破仑的认可。他把蜜蜂作为波拿巴家族的族徽。用这两种标志物制成的徽标曾得到广泛的赞许,被誉为"清晰而博学的符号"。

图 7-91 拿破仑帝国的鹰徽与蜂徽

拿破仑不仅把鹰与蜂置于国徽和族徽的图纹中心,还常常把它们制作在各种家具用品上。就连他的加冕礼服也绣上了众多蜜蜂图案。如图 7-92 中这枚 1804 年由法兰西荣誉军团为拿破仑制作的荣誉勋章就是其中的典范。这枚勋章是一个分叉的白色五星,正中是他的侧面头像。而最耀眼的是勋章上的装饰物,它们不仅使用了贵金属材料,内容也很丰富。在勋章的上部有一顶皇冠,吊着皇冠和勋章的那串项链用纯金打制。链子上的纹饰分别又用三条金链联结。排在中间的一条用 16 只鹰徽相串,两侧的金链则由蜂徽和小星联结。置于胸部正中的这个 N 字是法语 Napoléon 的首个字母,也即他经常使用的标志符。N 的外围由月桂枝和棕桐枝结成双重花环,意味着胜利、荣耀和长青不衰的生命力。当这串挂着勋章的项链套在他这件绣着蜜蜂图的加冕礼袍上时,是何等荣耀和尊贵。据说,这是他获得的所有勋章中最贵重的一枚。

图7-92 佩戴荣誉勋章的拿破仑肖像和他的勋章

拿破仑不仅自己喜欢佩戴各种徽章,也常用徽章和绶带激励士兵们的斗志和荣誉感。1802年,拿破仑废除了法国古老的授勋制度,创立了荣誉军团。他规定:任何人,无论男女、种族及宗教差别,只要是为国家建立了卓著功绩的人都可成为荣誉军团的成员。1804年拿破仑称帝之后便设立了带有特定标志的第一帝国荣誉军团勋章。他设立的勋章等级对应荣誉军团的5个官阶,分别是骑士、军官、司令官、高级军官、大十字骑士。其最大特点是勋章不仅授予有军功的人,还授予各行各业的杰出人士,包括地方行政官以及在科学、艺术、美术、农工、商贸等行业内有杰出成就的人。有个统计说,自1804年首次授勋,到1812年为止,这8年间平民授勋者多达1400多人。他创立的荣誉军团勋章制度被学者们称为"荣誉的民主化",并且还被认为是他对现代军事领导艺术的最大贡献。因为,在法国大革命之前的波旁王朝的授勋嘉奖制度中,象征尊贵与荣耀的圣路易斯勋章只授予皇家军队中信天主教的贵族军官,平民和士兵被视为劣等人是不能授勋的。在拿破仑的授勋制度中,影响最大、最深远的就是荣誉军团勋章,甚至在法国当今的奖励制度中仍有它的影子。

五、浓缩在拿破仑徽章上的历史波澜

拿破仑喜欢把自己的业绩都装在徽章里,每一款徽章都记下了不同的事项。在帝政时代里,拿破仑的徽章就越做越多,越做越好,内容也日益丰富多彩。由于拿破仑徽章颁发的对象不同,每套徽章的材质有金章、银章、铜章、鎏金章等方面的差异,也有大小、厚薄和图案的差异。特别是各种奖章和纪念章的类别最多,授奖者除了军功大小、将士级别高低外,还有各个行业里的公民奖、军团孤儿荣誉奖等多种类型。这里选出几类来看看铭记在拿破仑徽章中的那些历史故事。

第一类是重大战役纪念章。

拿破仑的名气主要是靠不断的征战得来的。拿破仑一生亲自指挥了60多场战役,其中部分重大战役都制作了奖章和纪念章。如马伦戈战役、乌尔姆战役、奥斯特里茨战役、耶拿战役、埃劳战役、瓦格拉姆战役、波罗季诺战役、莱比锡战役、滑铁卢战役等都有奖章和纪念章。尤其是1805年底发生在拿破仑加冕一周年的奥斯特里茨战役中,拿破仑打败了由沙皇亚历山大一世和奥皇弗朗茨二世率领的俄奥联军。为纪念这次战役他曾制作了多款不同画面的纪念章。如图7-93中的这枚纪念章将法、俄、奥三国皇帝的头像都刻在同一枚徽章中,他们都戴着桂冠,拿破仑面部朝左的肖像占据了徽章的正面,而沙皇和奥皇对脸的肖像则刻在徽章的背面。

图 7-93　奥斯特里茨战役纪念章(一)双面

在另一枚奥斯特里茨战役纪念章里,法、俄、奥三国皇帝仍头戴桂冠,法皇拿破仑头像居于徽章正面上方正中间的位置,奥皇与沙皇的头像则屈居于下位。令人惊异的是徽章外围装饰的月桂枝和棕榈枝都从骷髅的颌骨中穿过。背面的图案中有三只鹰,它们带着标有各自姓名符号的盾牌。拿破仑的单头鹰居于上位,奥皇与沙皇的双头鹰则居于下位。还有三把交互穿插的长刀,反映出三国之间的紧张局势。

图 7-94　奥斯特里茨战役纪念章(二)双面

发生于1806年10月的耶拿战役,被誉为拿破仑战争艺术的典范。在这枚耶拿战役纪念章中,正面是拿破仑头戴桂冠面部朝左的头像,背面图案是一位扬鞭飞马已把敌人踏翻在地的英雄。

图 7-95 耶拿战役纪念章双面

另有一枚纪念章据说是俄国人在莫斯科附近的波罗季诺战役中获得的。正面是拿破仑面部朝左的头像,背面是在战场上冲锋陷阵的法国轻骑兵正在追杀敌军。这枚徽章可能是拿破仑为1812年远征俄罗斯预制的。不料这场征俄战争却以法国失败而告终,所以这枚纪念章未能发行。

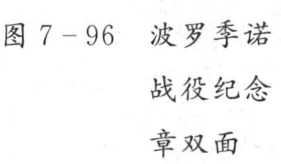

图 7-96 波罗季诺战役纪念章双面

第二类是签订和约纪念章。

拿破仑曾声称自己是保卫和平的使者。每次打了胜仗总是要与对方签订和平条约。条约成功签订后便颁发一款纪念章。如:1801年颁发的《吕内维尔条约》纪念章就是为庆祝该条约的签订颁发的。其背景是拿破仑在1800年6月的马伦戈战役中打败了奥地利军,导致第二次反法联盟崩溃,奥地利被迫向法国求和。经过双方反复磋商,1801年2月签订了这个和平条约,两国以莱茵河为界重新划分了势力范围。纪念章正面是拿破仑面部朝右的胸像,背面图像是多瑙河与莱茵河的河神们相互赠送橄榄枝和棕榈枝的情景,寓意着两国和平长存。事实上该条约在四年后就失效了。

图 7-97 《吕内维尔条约》纪念章双面

近代以来,英法两国长期对峙。拿破仑也有征服英国的愿望,但法国的海军却多次败于英国。当法军击溃第二次反法联盟后,英法两国都想休战,于是便在1802年3月缔结了《亚眠和约》并颁发了《亚眠和约》纪念章:正面是拿破仑头戴桂冠面部朝右的头像;背面图案中,法国的战神马尔斯左手托着胜利女神像,右手向侧卧的英格兰女神递橄榄枝,寓意着祈求永久和平。可这个和约仅仅维持一年多就被撕毁了。

第三类是征服地纪念章。

拿破仑战争的目标就是要征服周边的国家,在欧洲本土建立起自己的权威。他也确实征服了许多地方,除了前文介绍的征服

图 7-98 《亚眠和约》纪念章双面

过意大利和埃及之外,此后他还征服过卢森堡、荷兰、瑞士、比利时、德国、西班牙、葡萄牙等国,也曾经占领过普鲁士、奥地利、俄罗斯、丹麦和瑞典的一些重要城市。在拿破仑帝国的巅峰时期,法国的势力范围几乎波及了整个欧洲大陆,唯有隔海相持的英国未能得手。每征服一个国家或占领一个重要城市,拿破仑就会订制一套徽章,包含奖章与纪念章,用于奖赏和纪念。其中以占领强大的有着神圣罗马帝国头衔的奥地利最感荣耀。拿破仑曾在1805年11月与1809年7月两次占领维也纳,其间都把营地设在维也纳郊外的美泉宫。在纪念征服奥地利的徽章中有两款最为好看:

其一是1805年征服奥地利的纪念章。正面是拿破仑戴着头盔面部朝右的头像;头盔上刻有拿破仑的标志符飞鹰和桂冠,还有一条卷曲的蛇雕。背面是悲伤的女子坐像,她对面摆着一副铠甲和奥地利皇家的双头鹰盾牌,意味着它们已经失去了自己的用途。

图 7-99　1805年征服奥地利纪念章双面

其二是1809年征服奥地利的纪念章。正面是胜利女神正在吹响胜利的号角,她的脚下放着战利品,其中有战旗和加农炮等。底部的铭文刻着法国皇帝占领了的城市。背面是身穿铠甲的拿破仑皇帝与穆拉特将军在维也纳的美泉宫接待前来祝贺的巴黎市长和代表。

图 7-100　1809 年征服奥地利纪念章双面

第四类是拿破仑从政与加冕纪念章。

1804 年是拿破仑走向巅峰的重要年份,他创立了法兰西第一帝国并加冕称帝,同时又将两年前创立的荣誉军团进行了制度化建设,规定了授勋的等级和荣誉军团勋章的特定标志。为此拿破仑订制了金、银、铜等不同材质的多种徽章,每一种徽章上都有设定的图案和寓意深刻的铭文。

如荣誉军团勋章的正面是拿破仑头戴桂冠、面部朝左的头像。背面图案中心是帝国鹰,周围是橡树枝和月桂枝花环缭绕的分叉的五星,外围刻写着祝福法国皇帝拿破仑吉祥的铭文。

图 7-101　拿破仑荣誉军团勋章双面

一款加冕纪念章正面是拿破仑头戴桂冠、面部朝左的头像。背面图案描述了拿破仑在加冕仪式上的情景:根据古罗马习俗,由一名参议员和一名士兵用盾牌将新加冕的皇帝在平台上托起。新皇帝左手叉腰,右手握着带有鹰徽的权杖。参议员的背后放着一

260

本打开的法律大典,士兵的背后放着一个耕田的犁头。外围铭文的意思是参议院和人民。

图 7-102　拿破仑加冕纪念章(一)双面

另一款加冕纪念章的正面是拿破仑头戴桂冠、面部朝右的头像。背面是拿破仑的坐像。他俨然一副古罗马皇帝的打扮,头戴桂冠,披着罗马风格的长袍,左手握着带有鹰徽的权杖。他的对面走来了头戴后冠,衣襟垂地,亭亭玉立的皇后约瑟芬。旁边还停着一只小船,划船的小天使扭头望着他们,似乎在等待他们上船。

图 7-103　拿破仑加冕纪念章(二)双面

第五类是婚姻家庭生活纪念章。

1809 年拿破仑与约瑟芬离婚,1810 年 3 月迎娶了奥地利公主玛丽·路易丝为妻。为了庆祝新婚,拿破仑发行了一款伉俪新婚纪念章,有金章、银章、铜章和镀金章等。纪念章正面是拿破仑与皇后玛丽的双人面部向左的头像;背面是双人牵手的立像,铭文是发行的背景和日期。

图 7-104　拿破仑与玛丽皇后新婚纪念章双面

1811年3月,玛丽皇后给拿破仑生下了一个儿子,当即被封为罗马王。为了给儿子洗礼,拿破仑发行了多种纪念章。如图7-105这枚罗马王洗礼纪念章,正面是拿破仑头戴桂冠、面部向右的头像;背面是他双手举着儿子为其洗礼的兴奋场景,呈现出了拿破仑喜得贵子的喜悦之情。

图 7-105　罗马王洗礼纪念章双面

六、倒下的拿破仑得到了更多的徽章

自从拿破仑远征俄国失败后,他的人生开始进入下滑的轨道。

虽然他在1813年5月的吕岑会战、包岑会战和6月的德累斯顿战役中获胜,却未能扼住战车跌落的时运。在当年10月的莱比锡战役中法军遭到惨败,拿破仑则无力翻牌。巴黎失陷后,拿破仑于1814年4月11日被迫与反法联盟签订了《枫丹白露条约》宣布退位,然后被流放到地中海的厄尔巴岛成为败寇。然而,法国以及欧洲的艺术家们不以成败论英雄,他们对于自己曾经的赞助人仍然心存感激,不仅继续为他设计了许多徽章,还把徽章都制作得更为精致美观、富有创意。比如:

法国雕塑家约瑟夫·德帕里斯过去曾为拿破仑设计过多种纪念章,拿破仑失败及至去世后他仍然设计了拿破仑逃出厄尔巴岛、拿破仑在圣赫勒拿岛、拿破仑逝世等一系列纪念章。他在1814年制作的巴黎沦陷纪念章里,正面使用了拿破仑身着军装、面部朝左的胸像。背面的设计则很有意趣:衣带飘逸的财富女神站在一叶小舟上,她正在逆风行进,船舵和风轮却都坏了,寓意着巴黎沦陷后拿破仑命运的转折。底部铭文的意思是命运不利战神马尔斯。

图7-106 巴黎沦陷纪念章双面

"百日王朝"曾经是拿破仑失败后创造的一个奇迹。他流放到厄尔巴岛不到一年悄然返回法国,兵不血刃占领了巴黎,复辟的路易十八逃往国外,拿破仑重建帝国。1815年,贝特朗·安德烈为纪念拿破仑流亡归来设计制作了一款《拿破仑从厄尔巴岛归来》的纪念章。徽章正面是从厄尔巴岛归来的拿破仑立像。他双手抱在胸前,受到了士兵和人民代表的欢迎。背面是一只头戴皇冠的帝国鹰从海平面上飞来,鹰嘴里还衔着拿破仑的勋章。底部的铭文上刻着"拿破仑皇帝归来"!

图7-107 《拿破仑从厄尔巴岛归来》纪念章双面

1815年6月,发生在布鲁塞尔南部的滑铁卢战役是拿破仑在20多年来与欧洲各国作战的最后一次。他从厄尔巴岛回到巴黎重掌政权的消息震动了整个欧洲,英国、普鲁士、奥地利、荷兰等国立即组织起第七次反法联盟攻打法国。拿破仑率领的法军自6月16日投入战斗,到18日最终兵败滑铁卢。联军很快攻破巴黎,拿破仑第二次遭到流放。为了防止他的再次崛起,他们将他囚禁到大西洋中南部的圣赫勒拿岛。6年后他在这个小岛上离世。

拿破仑二次遭到流放和逝世后,以拿破仑为主题制作各种纪念章的活动并没有停止,反倒是越来越多。他的朋友和崇拜者们纷纷为他制作纪念章,他的敌手们可能出于打败了世界上最强大的敌人而感到光荣的想法也制作出各种与拿破仑战争相关的纪念章。如今在网络中的电子购物目录里,我们能见到出自法国、英国、意大利、俄罗斯、德国、波兰、比利时、荷兰、圣马力诺、安道尔、美国等多国制作的拿破仑纪念章。仅有个别徽章的图案铭文属于讽刺与贬低的内容,敬慕与怀念的内容仍占主流。比如:

法国雕刻师埃米尔·罗加特在1815年为滑铁卢战役制作的纪念章就隐去了战场上的厮杀。正面图案仍然采用了拿破仑头戴桂冠、面部朝左的肖像。反面是一只雄鹰遭到群鹰围攻倒下了。围着它的四只鹰代表着胜利的英国人、普鲁士人、奥地利人和荷兰人。

图 7-108 滑铁卢战役纪念章双面

滑铁卢战役失败后，拿破仑在 1815 年 7 月 15 日以绅士般的姿态向英国的贝勒罗丰号战舰投降。这个事件被英国雕刻家詹姆斯·穆迪制作成一款名为《拿破仑到贝勒罗丰号战舰投降》纪念章于 1820 年颁行。正面是拿破仑面部朝左、身着军装的胸像，外围的铭文除了拿破仑·波拿巴的全称外，还有总监穆迪和韦伯·F 的签名。背面图案是英国战舰，铭文中写着向贝勒罗丰号梅特兰舰长投降。

图 7-109 《拿破仑到贝勒罗丰号战舰投降》纪念章双面

拿破仑投降后,怎样看管这个危险的囚犯成了英国人的难题。长官们都觉得无论将他关到哪座监狱里都不安全。有人提议建一座新监狱单独关押他,但又有人担心他将成为"好奇的对象",会影响到英法两国政权的稳定。于是英国内阁商定了一个妙策,在1815年10月16日将他流放到非洲南部大西洋中南的圣赫勒拿岛。该岛距非洲海岸最近的陆地有上千公里,距法国本土有7000公里之遥,是一个插翅难逃的天然监狱,英军又派了一个营的兵力对他进行严密看守。拿破仑被囚禁在圣赫勒拿岛6年后病逝。当他逝世的消息传到欧洲后,有不少艺术家又设计制作了一系列拿破仑逝世纪念章。这些纪念章各有不同的风格和不同的文化内涵。比如:

1821年,由法国雕刻师贝兰特·安得烈设计的纪念章寓意就很深刻。正面是拿破仑戴桂冠的头像,外围原刻写拿破仑皇帝铭文的位置代之以月桂枝缭绕的花环。背面是圣赫勒拿岛的落日。海面上波涛滚滚,帆船点点,海岛上怪石嶙峋,天空飞来一只双爪抓着棕榈枝的鹰,它似乎是上苍派到孤岛上的使者要为这个逝去的落寞英雄送来慰藉。

图7-110 拿破仑逝世纪念章(一)双面

1821年,另一位著名法国雕刻家安托万·布雷内特为拿破仑的逝世制作的纪念章正面也舍去了法国皇帝称号的铭文,但拿破仑的头像仍然戴着月桂皇冠。背面是一位带翅的天使跪在带有 N 字母的拿破仑墓碑前放置花束。顶部还有一个用小星串成的王冠。下部的铭文标着"拿破仑之死"和他逝世的地点圣赫勒拿。

图 7-111　拿破仑逝世纪念章(二)双面

自从拿破仑在圣赫勒拿岛去世后,有不少法国人都希望他们的前皇帝能够实现其遗嘱中的愿望——迁回法国安葬,但被波旁王朝的路易十八和查理十世拒绝了。1830 年,七月革命摧毁了波旁王朝,新任国王路易·菲利普为了赢得声望便将拿破仑的迁葬提上议程。艺术家们就动手创作了一些拿破仑复活与拿破仑迁葬的绘画和纪念章等艺术品进行宣传。比如:

1830 年,法国雕刻家皮埃尔·蒙塔尼创作的纪念章正面是拿破仑头戴桂冠、面部朝左的头像。背面则是拿破仑由圣赫勒拿岛迁葬巴黎的安葬仪式场景。画面中心是法国化身的寓言女神玛丽亚娜。她左手举着由长花带捆扎的棕榈枝和橄榄枝花束,正在迎接由小天使们抬回的拿破仑灵柩。背景的右边是教堂,左边是运回灵柩的帆船。顶部是手舞长剑的拿破仑骑鹰归来,周围祥云缭绕、光芒四射。

经过法国政府多年交涉,英国政府终于同意交还拿破仑的遗骸。直到 1840 年 12 月 15 日,拿破仑的遗骸被迎回巴黎并举行了隆重的国葬仪式,如他的遗愿安葬到了塞纳河畔荣军院的皇家教堂地下,在大西洋里漂泊了19年的拿破仑的孤魂终得哀荣。

图 7-112 拿破仑遗骸迁葬巴黎纪念章双面

1840年,瑞士雕刻家安托万·博韦创作了一款《拿破仑在圣赫勒拿岛》的纪念章。他根据时事报道描绘了拿破仑在圣赫勒拿岛的情景:正面是拿破仑穿制服、面部朝右的胸像。胸像上还戴着肩章与多枚胸章,外围铭文仍为"拿破仑皇帝"。背面图案描绘了囚禁拿破仑的小岛环境:一座四周有围墙和士兵把守的"朗伍德"小院掩映在树木与山岩间。背面的铭文中刻写了拿破仑将由圣赫勒拿岛迁葬巴黎的相关信息。

图 7-113 《拿破仑在圣赫勒拿岛》纪念章双面

1841年,是拿破仑逝世20周年的纪念日。雕刻家博雷尔制作了一款《拿破仑遗骸归来》的纪念章,正面是拿破仑皇帝头戴桂冠、面部朝右的头像和铭文。背面的浮雕内容则十分丰富:图案中心是一只展翅飞来的雄鹰,鹰嘴中衔着花环。鹰的上方是光芒四射的拿破仑 N 字符。鹰的下方有拿破仑的旗帜、皇冠、勋章、双角帽、佩剑和他主持编制的《民法典》等。底部铭文中介绍了 1840 年拿破仑遗骸由圣赫勒拿岛归来的情景。

图 7-114 《拿破仑遗骸归来》纪念章双面

这里再晒一款极具现实意义的圣赫勒拿纪念章,它是法兰西第二帝国皇帝拿破仑三世于 1857 年颁发的。当时拿破仑三世看到曾经追随叔父拿破仑一世征战的老兵们晚景凄凉,为了追忆叔父的功勋,他决定给在世的 40 多万拿破仑老兵颁发圣赫勒拿纪念章:正面是拿破仑一世戴着桂冠的头像,周围由月桂枝装饰,顶部还加盖了一顶皇冠。背面的铭文最有情意,除刻写了献给参加 1792 至 1815 年间各大战役的将士之外,还刻写着"对昔日荣耀之战友的最后思念,圣赫勒拿",日期定格在 1821 年 5 月 5 日拿破仑逝世的这天,让老兵们觉得这枚纪念章就是他们的统帅生前订制的。戴上这枚纪念章,老兵们说:"我是波拿巴大帝的士兵!"为此感到无比骄傲。

自拿破仑去世及迁葬之后,生前善于折腾的拿破仑应该是安息无事了。可是有研究者说,死亡并不是拿破仑的终结,他还有神秘的来世。在人们讨论法国或国际问题的时候,他的影响力仍然在场。近来法国著名历史学家让·图拉德有个粗略统计,仅是有关拿破仑的书籍数量多达 85000 种。还有影视、绘画、雕塑等艺术品未做统计。而以拿破仑为主题的徽章有着更强的繁殖力。每逢

图 7-115 圣赫勒拿纪念章双面

他的诞辰、逝世、重大战役或加冕等重大国事活动纪念日里都有新款出世。品类之杂,数量之大,难以尽述。有了这些徽章佐证,拿破仑的人生传奇显得更加真实、鲜活、生动、丰满。通过它们即可大致了解那个时代的历史波澜,了解欧洲的历史文化艺术传统,同时也可品味西方精美的徽章雕刻艺术。

三座不同的奥斯特里茨金字塔式纪念碑

奥斯特里茨本是欧洲中部一个小镇的名字,位于当今捷克摩拉维亚东南 20 公里处。它的威名来自 1805 年法、俄、奥三国爆发的"三皇之战"。因拿破仑率领的法军在这场战役中取得了决定性胜利而重划了欧洲的版图,改写了欧洲的历史,也让奥斯特里茨这个小镇从此成为世界著名的战争遗址。在战前与战后的 100 多年间,欧洲相继建成了三座以奥斯特里茨命名的金字塔式纪念碑。不过这三座纪念碑并不都建在奥斯特里茨,它们出现在不同的时间、不同的地方,各有不同的内容、体量和风格。这里按时间的先后来说说它们的故事。

一、深藏于拿破仑心中的金字塔之谜

埃及的金字塔曾让世界游人为之震撼,即便是仅仅看了书本上的图文介绍也能让人们难以忘怀。拿破仑远征埃及的时候就是凭着书上的介绍特意跑到吉萨沙丘的皇陵区,看望了古老的金字塔和狮身人面像。据说当时他赶走了身边的随从,独自进入金字塔内部并在法老的墓室里住了一晚。当他从金字塔里走出来的时候面色苍白快要虚脱了。这一晚拿破仑在金字塔里看到了什么?遭遇了什么?想到了什么?面对亲信们的追问,他只回答了一句话:"就算我告诉你们,你们也不会相信我的话!"当时的人们都难以破解这个藏在他内心深处的秘密,从此在拿破仑的人生里就有了一个金字塔之谜。

有人在评说拿破仑的传奇人生时认为,金字塔曾给了他重要的启示,从而使他获得了神秘的力量。对此也有人又进行了深层的解析,说拿破仑在金字塔里悟出了金字塔的实质——权力的化身,有了权力什么事都能办到。他也看到了自己的两个未来,要么因功高盖主被统治者所杀,要么自己成为统治者。后来人们看到的历史事实是这样:拿破仑于1799年8月看过金字塔之后就将大部队留在埃及带着心腹溜走了。他于当年10月回到法国,11月发动"雾月政变"当上了法兰西共和国的第一执政。为了巩固政权,拿破仑于1802年8月4日通过颁布《共和十年宪法》将自己定为法兰西共和国的终身执政。面对国内外敌对势力的夹击,他又于1804年5月18日颁布了《共和十二年宪法》,将法兰西共和国改为帝国,并于当年12月2日加冕为法兰西帝国的皇帝,由此成为站在权力金字塔顶端的统治者。也许拿破仑生前没有料到,仅是因为他在奥斯特里茨战役中所取得的胜利,欧洲人为此就建起了三座不同式样的奥斯特里茨金字塔纪念碑。它们以不同的方式诠释了拿破仑的金字塔之谜。

二、三皇对决的奥斯特里茨之战

拿破仑一生亲自指挥过的大小战役共有60多次,其中以三皇对决的奥斯特里茨战役最为精彩。

自近代新航路开辟以来,欧洲列强群起。当西班牙、葡萄牙和荷兰在海战中败落之后,英、法、德、俄、奥这几个强国又为争夺势力范围打得不可开交,战火连绵不绝,奥斯特里茨战役便是列国争霸战争中的一个高潮。点燃这次战役导火索的是拥有神圣罗马帝国头衔的奥地利皇帝弗朗茨二世。他一直为奥地利在第二次反法同盟战争中吃了大亏而窝火。可他又看到,出身于破落贵族的无名之辈拿破仑竟然在1804年12月加冕为法兰西帝国的皇帝,又于1805年3月加冕了意大利国王,是可忍,孰不可忍!于是,弗朗茨二世不再持观望态度,立即与英、俄等国串联起来,于当年7月组成了第三次反法同盟。当时拿破仑正忙于西线战事,准备调集大军攻打英国。当他得知奥地利的情报后就火速向东线调兵,时刻准备着迎接第三次反法同盟军的挑战。1805年10月,拿破仑率法军秘密渡过多瑙河,在乌尔姆战役中打败奥地利的主力军,于11月14日占领了奥地利首都维也纳。奥皇弗朗茨二世逃往奥地利属地摩拉维亚公国的首府布尔诺,等待俄国沙皇亚历山大一世率领的俄军前来增援。

1805年11月21日,追击奥军的拿破仑军入驻距布尔诺东南20公里的小镇奥斯特里茨。双方短兵相接,激战即在眼前。可是计谋多端的拿破仑却装出一副疲惫、焦躁、急于求和的样子,又是派使者联络,又是主动撤出普拉岑高地,暴露出一些虚弱散乱的破绽。他让奥俄联军的统帅们上当了。他们以为,法军主力原布置在西线,凭着两条腿短期内跑到东线来是极为疲困的。而奥军新集结到的兵力为33000人,俄军统帅库图佐夫带来的援军为56000人。拿破仑当时的兵力约有53000人(另有2万援军正在赶来的路上,这是对方所不知道的)。奥、俄两军的统帅们都认为,凭借着兵力的优势和奥国近距离的物资保障,打败法军不在话下。

1805年12月2日是拿破仑加冕称帝的一周年纪念日。冬天的清晨似乎醒得晚些,虽然天气阴暗、雾罩四野,看不清远处移动的大军,但震耳的枪炮声却让人心惊肉跳。一场由法皇拿破仑、奥皇弗朗茨二世及其结盟的沙皇亚历山大一世亲自督战的大厮杀开始了。双方奋力拼杀了两个时辰,大雾消散,云破日出,历史上著名的"奥斯特里茨上空的红日"露脸了。此时拿破仑的援军正好赶来,从奥俄盟军的中路撕开了一个口子,法军士兵受到鼓舞愈战愈勇,盟军开始溃散。经过9个小时的激战,法国人赢得了胜利。

战后经清点,法军死伤9000人,盟军死伤36000人,血染山岗,尸横遍野。拿破仑给妻子约瑟芬报信说:"我打败了两个皇帝指挥的奥俄军队。我有点疲倦……我拥抱你。"这就是历史上著名的"三皇之战"。奥地利和俄国战败后,于1805年12月26日同法国签署了《普尔斯堡条约》,解散了第三次反法同盟,俄国军队被撤回本土,奥地利将大片版图割让给法国与法国的盟国,赔款4000万法郎,由哈布斯堡王朝长期拥有的那顶神圣罗马帝国的皇冠也被摘下了,奥皇弗朗茨二世于1806年宣布退位。据说英国首相威廉·皮特听到盟军在奥斯特里茨战败的消息后,指着一张欧洲地图说:"收起那张地图,这十年将不再需要。"他的预言被不幸言中,拿破仑在战后创建了莱茵联邦,从此成为欧洲大陆的霸主,直到莱比锡与滑铁卢战役被同盟军打败为止,称霸欧洲10年。

三、荷兰的金字塔被更名为奥斯特里茨纪念塔

在荷兰的乌得勒支,有一座由法国人于1804年建造的奥斯特

里茨金字塔。这让当今的许多人不明就里。为什么要把纪念奥斯特里茨战役的纪念塔建在荷兰呢？这座在奥斯特里茨战役之前就已经建成了的纪念碑难道是一座能够预言胜利的神庙吗？说起它的"神谕"，还得以埃及的金字塔为缘由。

拿破仑远征埃及的时候，埃及的金字塔不仅让拿破仑十分震撼，也让他的下属们从此念念不忘。在拿破仑手下的将军中有个叫马尔蒙的人曾是他最要好的朋友。马尔蒙追随着拿破仑参加过远征意大利的各次战役，又跟随拿破仑到埃及参加了征服马穆鲁克的金字塔之战。他与拿破仑一样，自从看过埃及的金字塔之后心里就装着一座金字塔。1804年，拿破仑由终身执政晋升为法兰西帝国的皇帝，他派遣马尔蒙到法国当时的属地巴达维亚共和国（当今的荷兰）任炮兵司令。马尔蒙令他的士兵们在乌得勒支近郊的伍登贝格山脊制高点上仿照埃及胡夫金字塔的式样建造了一座纪念塔，一是用于观察敌情，防止英国人从西边偷袭法国的属地；二是将它当作礼物献给即将加冕为帝的好友拿破仑（遗憾的是，马尔蒙将军在莱比锡战役失败后背叛了拿破仑，投降了路易十八）。工程于当年9月15日奠基，10月12日竣工，仅用了27天。塔的外形以埃及胡夫的金字塔为蓝本，基础为沙土结构，外部由砖石包裹。塔高36米，塔顶竖立了一个13米高的木质方尖碑。由于该塔起初由马尔蒙主持建造，当时称它为"蒙特马蒙特"。

奥斯特里茨战役的胜利让法国人群情振奋，拿破仑本人更是觉得自己功高盖世，希望能好好地庆祝一番。于是就由法国两院做出决定，在首都巴黎的星形广场建造一座凯旋门，并在市中心的旺多姆广场上用在这次战役中夺得的大炮炼铜建一座图拉真式的凯旋柱，以这两大纪念性建筑物来庆祝这次胜利。1806年6月，拿破仑将巴达维亚共和国改为荷兰王国，将他的弟弟路易·波拿巴封为荷兰王国的首任国王。这位新上任的荷兰国王便将这座战前在荷兰建成的蒙特马蒙特金字塔更名为奥斯特里茨金字塔,以此表达其对这次战役的庆贺之意。

不过,图7-116这座奥斯特里茨金字塔并不是当初的样子。1805年秋,马尔蒙的部队被调往东线参加了乌尔姆和奥斯特里茨战役。虽然他离开荷兰时还特意留下三位士兵来守护这座塔,但在近百年风雨的侵蚀下,金字塔顶部的木质方尖碑最先被毁损,基部的沙土也大量流失。1894年,荷兰人用砖石重造了一座方尖碑以替代原来木质的方尖碑,并保存下了当时拍摄的这张图片。

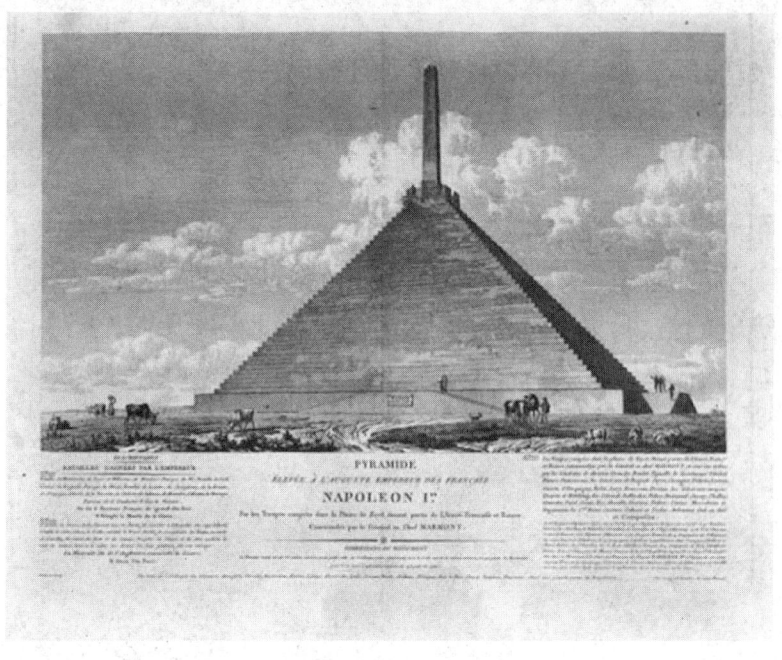

图7-116　1894年的奥斯特里茨金字塔纪念碑

万物总是难以承受时光的盘剥,即便是这座小山似的金字塔也经不起岁月的碾压。到20世纪初期,奥斯特里茨金字塔就变成了图7-117中的这个土堆,在过去的百年间金字塔外部的砖石被当地的民众日渐拆光,出现了大面积的垮塌。

图 7-117　2002 年的奥斯特里茨金字塔纪念碑

不过,乌得勒支市政府对法国统治荷兰时期留下的这座老建筑十分重视,趁着纪念奥斯特里茨战役 200 周年之际对金字塔进

图 7-118　2008 年修复后的奥斯特里茨金字塔纪念碑

行了全面的维修。不仅在方尖碑的内部安装了钢制的登顶楼梯,还在塔周边配置了游客中心、游乐场和咖啡馆等,使其成为观光旅游的胜景,2008年开始对游人开放,若是肯花费3欧元就可登上方尖碑的顶端观赏四周的秀丽景色。

四、奥斯特里茨和平纪念碑——献给大屠杀的记忆

建在奥斯特里茨战役战场上的金字塔名为"和平纪念碑",建成于20世纪初期。最初动议建造这座纪念碑的倡议者是捷克布尔诺的爱国神父和教育家阿洛伊斯·斯洛伐克和他所领导的特别委员会。他们认为,虽然这场血腥的战役已经过去了百年,但世界局势仍然动荡不安。应该在这个血腥的战场遗址上建造一座纪念碑,既是纪念当时在战斗中阵亡的各方士兵,也是对子孙后代的永恒提醒。他们的提议得到了广泛的响应。由奥地利、法国和俄国三个国家共同出资,由捷克著名建筑师约瑟夫·范塔负责设计和建造。纪念碑的地点选在双方激战的一座小山丘上。主体工程自1910年至1912年建成。

纪念碑高26米,下部为石砌的金字塔基。基座四角各有一个手持盾牌的士兵雕像。他们分别代表着当年参战的法国、奥地利、俄国和当地的摩拉维亚士兵。在纪念碑的入口处还有两尊女子雕像,她们代表着哀叹的母亲和等待丈夫回家的妻子。金字塔顶部有一个椭圆形的地球模型象征着我们的世界。球体之上有一个古老的基督教双十字架,意为"救赎"。金字塔的内部是一座小教堂,教堂的地下埋着在战场遗址中捡到的阵亡士兵们的遗骨。

遗憾的是,当这座反对战争的纪念碑还没有来得及揭幕,第一次世界大战就爆发了,直到1923年它才举行落成典礼并对公众开放。由于每年到奥斯特里茨访寻战争遗址的游客很多,布尔诺人发现了这个重要的旅游资源,于是在20世纪晚期对塔内进行了全

图 7-119　奥斯特里茨和平纪念碑

面的修缮，增添了光电音响设施，布置了丰富的战争遗物展品。并在纪念碑的旁边新建了一座 19 层高的战争遗址博物馆。馆内除了收集到的战争文物之外还布置了两百年来编年史家、外交家、历史学家、作家、艺术家和影视摄制者们创作的各类作品。每年在奥斯特里茨战役的纪念日里都要举办由 3 万士兵参加的模拟演练以再现当年的战争实景，从而使其成为欧洲一个热门的旅游景观。

五、拿破仑故乡的奥斯特里茨金字塔纪念碑

位于科西嘉岛西海岸的阿雅克肖因为诞生了一位世界著名的军事家和政治家拿破仑而扬名四海。后来的科西嘉人将拿破仑称为"科西嘉伟大的儿子"，他们世代不忘拿破仑给家乡带来的荣耀，在拿破仑逝世后的两百年间曾经为其修建了一系列宏大的纪念性建筑物。建在阿雅克肖奥斯特里茨广场上的奥斯特里茨金字塔纪念碑就是其中的一个典型。

7　拿破仑是救世主还是魔鬼

奥斯特里茨广场是拿破仑童年与兄弟们经常玩耍的地方,原名为"卡松广场"。1935年,乡亲们为了庆祝拿破仑在奥斯特里茨战役取得胜利130周年,特将卡松广场更名为奥斯特里茨广场,山门两旁的石柱上有两只青铜鹰雕守护。两个柱子上的1769和1821这两个数字表示的是拿破仑出生和去世的年份。门后的金字塔式纪念碑由法国古迹建筑师阿尔伯特·肖维尔设计。碑座依附斜坡建成,由花岗岩石板拼成巨大的碑面。碑面上用大量文字列举了拿破仑生平中的主要事迹。文中除刻写了他所赢得胜利的那些重大战役之外,还介绍了他在颁布《民法典》、创立法兰西大学和法兰西银行等治国安民方面的重要成就。纪念碑的上部则是一座用花岗岩砌造的金字塔。拿破仑雕像立在金字塔的顶端,俯瞰着家乡的山山水水。

图7-120　科西嘉岛上的奥斯特里茨金字塔纪念碑

这座建在奥斯特里茨广场上的金字塔纪念碑于1938年8月竣工。周围是一个十分空旷的公园。在园内山丘的转弯处有个卡松纳岩洞。它曾是幼年拿破仑和他的兄弟们时常玩躲猫猫的地方,他也很喜欢独自坐在洞里读书和发呆。这个岩洞一直受到保护和修缮,那些有兴趣的游客可以进洞体验一下躲猫猫的乐趣。若有时间爬上金字塔的顶部,可以看到拿破仑出生的城市风貌和四周的大海。

　　尽管拿破仑的人生最终以失败收场,但他的家乡人却一直把他看成是家乡的骄傲。在科西嘉,除了建有这个奥斯特里茨金字塔纪念碑之外,乡亲们为感谢他给家乡带来的繁荣,还以他的名字为广场、道路、机场命名,在阿雅克肖城的戴高乐广场和福煦广场上还竖有大型的拿破仑雕像,拿破仑的故居也受到了较好的保护并建有拿破仑博物馆,如此等等。喜欢访古的人可以在这座岛上找到百余个与拿破仑相关的小景观,由此使科西嘉岛成为世界有名的旅游胜地。

8

建筑大师高迪与"高迪之城"

"高迪之城"在哪里？若是你在世界地图上查找,肯定看不到它的踪影。但凡到过巴塞罗那观光的人就一定知道"高迪之城"是巴塞罗那的别称。当然,"高迪之城"并不是说安东尼奥·高迪(1852—1926年)是巴塞罗那的城主,而是指高迪为这座城市增添了夺目的风采。这个叫法虽然有些夸张,不过,当你游览过巴塞罗那的古埃尔宫、巴特罗之家、米拉之家、古埃尔公园和圣家族教堂等名胜景观之后,就一定会被这些罕见的建筑折服。

高迪是巴塞罗那的一位特立独行的建筑师。他被奉为现代主义建筑大师和塑性建筑流派的代表人物。他一生设计的建筑中有18处被保留了下来,其中有17处被西班牙列为国家级文物,7处被选入联合国教科文组织的《世界遗产名录》。这样的奇迹在世界建筑史上是绝无仅有的。巴塞罗那旅游指南中推介的著名景观有多处都出自高迪之手。正是高迪的建筑艺术为巴塞罗那增添了无穷的魅力。

图8-1 高迪肖像

有个叫东田的游侠是一位自由撰稿人。她在游过巴塞罗那之后评价说:没有哪座城市像巴塞罗那,因为一个人而熠熠生辉。达·芬奇、梵高、毕加索都在巴塞罗那留下了他们的踪迹,但都仅停留在平面的纸张上,唯有高迪以一座座美轮美奂、鬼斧神工的建筑让巴塞罗那成为一座绚丽的梦幻之城。仅仅是众多的高迪建筑就足以使巴塞罗那成为游客的必到之处。

高迪是个土生土长的巴塞罗那人,出生于加泰罗尼亚沿海小镇雷乌斯的一个铁匠之家。家里有5个孩子,高迪最小。他出生后体弱多病,尤其是在5岁时又患上了严重的风湿病,双膝僵硬,不能像健康的孩子们那样奔跑玩耍,于是养成了孤独、沉静、喜欢观察的性格。他常常独自蹲在户外的角落里琢磨一些自己喜欢的东西,即便是一只虫子他也能看上半天。这个以打铁为生的家庭虽然不算富裕,但仍然让孩子们受到了良好的教育。1870年,高迪选择了建筑专业到巴塞罗那建筑学校就读。这个外表沉静的年轻人对建筑的理解却十分浪漫、狂热而又独特。他不仅把建筑视为人类安居的家,同时还认为建筑应该是雕塑,是交响乐,是绘画,也是诗,建筑物应有艺术的品格。他在毕业设计时为本校设计了一座礼堂,因其样式怪异,在教师中间引起了激烈的争辩,虽然最后通过了毕业设计,但校长在颁发毕业证时却说了这样的话:我不知道这个毕业证究竟是颁发给了一个疯子还是一个天才。这句话好像魔咒一样套住了高迪,他的一生从此便被笼罩在这两种极端的评价之中,有人说他是天才,也有人说他是疯子。

高迪的建筑设计以奇特著称,可谓是前无古人。他热爱自然,在建筑设计上师法自然,表现自然。大地上的山脉、河流、岩穴、蜂巢、螺蛳等自然物体都是他获取灵感的来源和模仿的对象。他把曲线和弧形看作是世界上最有生命力的东西,喜欢使用它们来构建房屋。他认为,曲线属于上帝,直线是人为的结果。他认为,自然中的各种树木、花草、果实、鸟兽以及昆虫既是上帝的创造物,也是他用于装饰建筑物的最好材料。即便是普通的泥土与碎石在他的手中也能化为神奇的建筑装饰品。

高迪的第一个建筑作品是文森公寓。当时他还是个初出茅庐的年轻人,聘请他的客户文森是个陶瓷商人,文森让高迪为他设计一座公寓,要求使用陶瓷装饰墙体,借以显示广告效应来推销他的陶瓷商品。这幢公寓建成后因样式新颖、装饰亮丽,当时就赢得了人们的好评。因此为高迪招来了许多顾主,经他设计的华美建筑一座座被竖立起来。可是,这些建筑却引起了许多争议,让他成了出名的"疯子"。这里我们挑出4座建筑来看看高迪的"疯劲"。

巴特罗之家

巴特罗之家(Casa Batlló)是1904年高迪为工厂主约瑟夫·巴特罗返修的一幢旧楼。当年巴特罗在感恩大道买下了一幢建造于1887年的旧楼,聘请高迪将它稍微改造、装饰一下。不料高迪却大动干戈,遂将这座老房屋变成了一座奇特的新建筑。高迪以加泰罗尼亚地区的一个古老童话《乔治屠龙》为创意来改建这座公寓。在这个童话中,有个美丽的公主被一条恶龙围困在城堡里,英雄乔治为了营救公主曾多次与恶龙搏斗,最终杀死恶龙救出了公主。为了表现这个故事主题,高迪研制了多种建筑构件来改造这幢大楼。他将屋脊设计成弯弯曲曲的龙形,屋脊两侧装饰成鳞片状以模仿龙的脊背;在立面墙顶部开小窗设置出恶龙的鼻眼;在大窗上装饰了面具似的护栏以表现英雄为救美戴着面具进入城堡时的形象;又将房顶上的烟囱改建成十字形的剑柄,象征英雄乔治已将长剑插进龙身降伏了恶龙。

图8-2 巴特罗之家的屋脊

高迪还将阳台与窗户改造成方形、圆形、椭圆形、半圆形等多种形状,然后使用铁艺和彩色玻璃加以装饰,以此营造出童话故事中的不同场景。他用建筑语言再现了这个童话故事中的各个细节。

图8-3 巴特罗之家的阳台

高迪对旧楼内部居住功能的改造也下了很大功夫。他重新分割了多个房间的使用面积,除了让客厅、卧室和厨房等主要房间的使用更加舒适、美观之外,还专门装修了一个豪华的音乐厅。为了让室内更好地采光,他在大楼中间新辟了天井,用浅蓝色的瓷砖装

图 8-4 巴特罗之家的窗户

饰出像海洋一样的景色。高迪对室内家具的设计更是讲究,他采用圆润的流线体风格制作衣柜、书桌和椅子等用具。他还特意为室内的楼梯安装了螺旋式扶手,甚至连门把手都设计得像艺术品一样精美。

图 8-5 巴特罗之家的天井

然而,他的苦心却没有得到这家女主人巴特罗太太的认可。她觉得阳台和窗户好像洞穴蛇窟,栏杆与窗棂像死人的骨头,看着就很可怕,她还说这样的房子根本不是人住的,应该让森林里的怪物来住。

尽管巴特罗太太对这座住宅楼的改造吵闹不休,到处渲染设计师高迪是个疯子,但当改建工程结束之后,这幢老楼的面目焕然一新,它在大街上一亮相就立即赢得了许多惊羡的目光。特别是实业家佩德罗·米拉和他的太太更是羡慕不已。于是他们立即做出决定,聘请高迪为他们新建一座大楼。这就是后来的米拉之家。

米拉之家

米拉之家(Casa Mila)位于巴塞罗那格拉西亚大街与普罗文卡大街相交的转弯处,建于1906年至1912年间。占地面积为1323平方米,6层高,以白色的石材砌出波浪形的外墙。这幢大楼一经建成就引起了人们的激烈争议。有人说它像海浪,有人说它像蜂窝,也有人说像退潮后的沙滩。由于采集了大量乳白色的岩石砌筑房体,也被当地人讥为采石场。又因做工精细,工期延长,花费太多,惹得米拉太太怒火攻心,曾把高迪告到法院去说理。

当你来到米拉之家登上楼台就会明白,米拉之家为什么被人们议论不休。在许多人看来,作为民居使用的米拉之家确实是一座难以名状的怪诞建筑。整座楼房没有棱角,所有的墙面犹如多孔的篱笆一样凸凹不平。阳台与窗户非圆非方。铁打的栏杆上面缠绕着细长的铁艺细条。远远望去,阳台上好像是长出了一团团的海藻。

图 8-6 米拉之家

  大楼内有两个采光天井,房坡呈波浪状。姜黄色的房坡上开了许多带有天棚的小窗。通常人们把开在屋顶上的天窗称为老虎窗,每座屋顶上能建两三个这样的窗子就很好了。可是这个屋顶上的窗子式样与老虎窗有所不同,而且开出了两大排。

  这家宅邸最奇异的部分是屋顶上的装饰。当人们由楼梯顶部的洞穴式小屋内登顶之后都会感到惊讶,这里没有常见的平台或

图 8-7 米拉之家的屋顶

屋脊，仿佛进入到一个丘壑起伏、错落有致的神话世界，里面钻出了许多奇形怪状、荒诞不经的东西，完全打破了你对房顶的认识。

图8-8 米拉之家的屋顶

在这个千余平方米的大屋顶上有许多罕见的东西。它们究竟是些什么呢？有人说它们像站岗的大兵、像军士、像陀螺、像蜗牛、像山茵、像教堂上空倒挂的大钟、像童话中的神秘小屋、像天外来客、像……，你感觉它们像什么可能就是什么，这也许就是高迪创造它们的原意。据介绍，屋顶上的这些东西并不只是高迪想象出来的雕塑艺术，它们还有一些实用的功能。里面暗藏的30多个机关，各自肩负着不同的重任，有的是楼梯出口，有的是烟囱，有的是天窗，有的是下水道，可通气、采光、疏导积水等。正是有了它们在屋顶上"站岗放哨"，这幢大楼才得以别致美观、坚固耐用。历时百年，至今仍然美轮美奂。

其实，在百年前，巴塞罗那的建筑师中就有识货的高人。他们对高迪设计的这座新颖、前卫、构造巧妙的楼房赞美有加，认为米拉之家的设计建造在建筑功能、建筑力学和建筑艺术等方面都开了先河。这座大楼开有两道造型美观的大门。为了保证充分采光、采暖，楼内又设计了两个相互贯通的中庭。建筑整体由柱子承重，不需要墙体支撑压力，所以外墙的立面才能开设出又多又大的窗子来。楼房内部的任何墙体都可根据主人的兴趣任意拆改，完全不用担心高楼坍塌。这种新颖的设计理论与方法很快就得到了许多建筑师的认同，随后他们便将高迪创建的建筑方式当作借鉴与效仿的对象。

古埃尔公园

古埃尔公园（Park Güell）位于巴塞罗那市区东北部的佩拉达山坡上。如今公园里每天游人如织，已成为巴塞罗那重要的景观名片之一。说起这个美丽的公园，就必须提到这个园子原初的主人尤塞比·古埃尔（Eusebi Güell，1846—1918年），也有人将他的名字译为奎尔、居尔或桂尔。高迪所设计的多座著名建筑都来自他的全力支持。

古埃尔家族是当地纺织业和航海业大亨。1878年，32岁的富少古埃尔伯爵在巴黎世博会上认识了26岁的建筑奇才高迪，两人一见如故，从此成为挚友。古埃尔家族雄厚的财富为高迪实现建筑理想提供了可靠的资金来源，高迪则为古埃尔家族设计建造出了世界上独一无二的奇特建筑。他先是为古埃尔设计了市西北郊的古埃尔庄园、古埃尔教堂与墓室，接着设计了位于市中心的古埃尔宫，然后又设计了这座旷世稀有的古埃尔公园。尽管古埃尔的管家曾多次责怪高迪花钱太多，说自己设法让古埃尔先生的钱袋鼓起来，而高迪却将他的钱袋给掏空了。可是，古埃尔仍然支持高迪的建筑设想,甚至为高迪能建造出理想的圣家族教堂也给予了许多无私的捐助。

　　古埃尔公爵不仅是一个富豪,他还被称为政治家和一个趣味高雅的艺术鉴赏者。他作为一个巴塞罗那工业革命的受惠者,积极推动社会改革,在政界逐渐升任到巴塞罗那议长的高位,并在文化艺术界享有盛名。他在英国游历时非常喜欢霍华德的田园化城市理论,回到巴塞罗那后就立即尝试着建造一批田园化的市民住宅。他在市郊买下一座荒山,准备在这里建出 60 户花园式住宅出售。因此,所谓的古埃尔公园当初并不是要在这个山坡上建造公园,而是让高迪在这里设计建造出一个高档的花园式商品房住宅小区。接到授权的高迪便展开了自己的想象力来打造这座荒山。

　　高迪设计的住宅园区依山而建。山坡的底部是园区的正门。大门的入口处有一对造型奇特的喷泉。左边的喷泉是一只变色龙,寓意为加泰罗尼亚的守护神。右边的喷泉是一只巨大的蜥蜴,寓意为加泰罗尼亚的徽章。这两个身材硕大的怪物由细碎的马赛

图 8-9　古埃尔公园的入口

克瓷片镶成,色泽艳丽,憨态可掬。它们不仅是园区主体的象征,还兼有山体排水的功能。每有山洪,山坡上的雨水便从变色龙和蜥蜴的嘴中喷出。它们就像一对兄弟,守护着园区免受山洪的侵害。

顺着大门内的阶梯拾级而上,是古埃尔公园的主体建筑——百柱厅。这个大厅原本是高迪为本小区住户设计的菜市场。大厅内其实只有86根陶立克式柱子支撑,称为"百柱",寓意柱子的数量多。百柱厅的外观借鉴了古希腊剧场的式样,但室内的设计则为独创。比如,由圆柱支撑的天花板凹凸起伏,利用彩色瓷片镶嵌出了太阳、海浪与水母等图形。站在百柱厅里,人们也许会产生错觉,以为自己是置身于蓝天白云之下并且嗅到了海洋的味道。据介绍,天花板上镶嵌的这些圆圈还代表着季节的转换和农历周期的循环变移。

图 8-10 百柱厅的天花板

百柱厅的屋顶之上是一个不规则的圆形大广场,名为自然广场。广场周边设置了据说是世界上最长的蛇形座椅,全长110米。这把连绵不断的长椅用石头砌成,用彩瓷碎片拼图贴面。远远望去，酷似长满了绿草红花的波浪形堤岸，蜿蜒曲折，接连不断。每天都有大量游客坐在长椅上小憩。

图 8-11　蛇形长椅

走进广场才发现长椅的设计十分细心周全。它不像普通的长椅那样成排连坐，而是根据人们的多种需要设计出不同的弧度和长度。长椅的内弧为情侣座，外弧为单人座，还有可供全家或多个朋友围坐的半圆形长椅。椅背上的马赛克拼图好像是随机生成的，内容丰富，变化万千。每变换一个位置，就会看到不同的图画。椅子靠背的凹凸弯度依据人体力学的规则建造，让每个坐在这儿休息的人都能舒适地靠在椅背上伸展肢体，缓解困顿。靠在这样的椅子上休息十分惬意。

山坡中部是居民的公共休闲区。根据地势的高低变化，高迪用山体雕塑在山坡上建造了多条通道。有蜿蜒深幽的斜柱长廊、弧形长廊、双柱长廊，也有高高的天桥和围而不堵的石砌花墙等。

其实，这里的山体雕塑除了个别的小品由铁艺制成外，绝大部分雕塑的用料都是由这座荒山上的米黄色碎石砌成的。若在山坡上转一圈，你就会知道人们何以将高迪称为奇才，他的出奇就奇在这种化腐朽为神奇的创造力上。

斜柱长廊与双柱长廊都建在半山腰，拦腰横行，东转西折。他用石块模仿海浪的状态并固化山体。又将碎石镶嵌在岩柱上支撑廊棚，有防雨、防晒、防山洪的多重用途。如今的游客们在长廊间穿越，另有探险猎奇之妙。

图 8-12　斜柱长廊

图 8-13　双柱长廊

山坡中部是园区的绿化带,劈有多样化的花园和多条登山小道。小道两旁有石砌的山道护栏。建在岩石上的石头护栏弯弯曲曲,上面爬满了盛开的紫藤。山道的边缘还建有一条弯弯曲曲的石砌长台。长台上放置着巨大的石砌花瓶。这些由碎石砌筑的花瓶看上去虽然粗糙,却也有着别样的美。加之石瓶中这一丛丛嫩绿的仙人掌科植物倔强地生长在石缝里,更是令人震撼。看到它们的生长环境,我们对于生命的坚韧就会有新的领悟。

图 8-14　碎石砌成的长台

图 8-15　怪异的山体天桥

山腰上部这条碎石砌造的天桥也很奇特。桥体呈弧形,建在一片山包上。石桥下边既无河也无池,密集的桥墩像排骨似的顶着脊椎,扁柱之间似乎挂着一个个花洒,仿佛在向大地浇灌着天河之水。据说当初高迪设计的天桥是条马车通道。许多游客都喜欢在桥面上观光、休憩。

我们在茂密的山林间穿行,会不断地碰到各种各样的小雕塑,有石雕、木雕、碎石雕塑,也有铁艺雕等,样子怪怪的。走着走着就会出其不意地碰到它们。这些小东西就像从地上钻出来的一样,与林木花草和谐相处。

图 8-16　林间的石雕

山坡的顶部也有一个小广场。广场中心有一座用石头砌成的转角小塔。塔尖上立着一个十字架,以宣泄建筑大师高迪深厚的宗教情结。石塔上建有一条盘旋式蹬道通向塔顶。游客们争相攀缘,既有登高观光之趣,也有向上天祈福之意。

为了营造这个山间住宅园区的神秘感,高迪还在山脚下设计了一个人造洞穴,洞穴里面住着他创作的动物雕塑。

图 8-17　公园的洞穴

　　高迪对建筑艺术美的追求如痴如醉。他把自己的自然主义和浪漫主义的情调播撒在这个山坡的每一个角落。再看看园区边上这些用碎石和黄土做成的栏栅吧！每段栏栅的样子不尽相同。在这样的花墙下边装上绿色的藩篱岂不是无比美妙？！

　　即使是园区的门房也被高迪拿捏得十分俏丽。当游人们在门前看到这一对别致的小屋时甚是惊讶，还以为童话世界中的巫婆姜饼屋就在这里。这一对小屋都由红砖砌墙，用彩陶装饰成了蘑菇顶。门与窗没有棱角，它们的造型虽然近似却也有差别。原来它们竟是高迪为小区的门卫和搬运工设计的住处。

图 8-18　古埃尔公园门前的门房

　　高迪自1900年开始打造这个小区，到1914年时建成了园区的大门、登山的阶梯、市场、广场、天桥、长廊和下水道等基本设施，把一个荒凉的山坡打扮得如诗如画，若梦若幻。但作为一个高档住宅园区在商业营销方面他们却失败了。巴塞罗那的穷人无力购买这样的住宅,而富人们觉得,这个住宅区距城内太远,出入都要像山羊那样爬山越岭,没有人愿意认购,因而出现了资金断链。原设计的60栋住宅楼仅建成了两栋,一栋是高迪为古埃尔家设计的住宅,另一栋是高迪的助手弗朗西斯·贝伦格尔设计的样板间,后来由高迪自己买下。他的后半生大多时光就在这里安身。规划中的医院、学校、影院、运动场等配套建筑也都成了泡影。1963年,巴塞罗那的圣家族博物馆基金会在高迪的故居内开设了高迪故居博物馆(Gaudí House Museum)。馆内陈列着他生前的办公与生活用品、他设计的各种建筑模型和家具以及相关文献资料。在这里我们得以了解这位天才建筑家的私生活。高迪年轻时设计了一些民居,当他与房主打交道时总觉得女主人难以对付。尤其是当他遇到了巴特罗和米拉的太太之后,更是觉得女人难缠。按他自己的说法是:"为避免陷于失望,不应受幻觉的诱惑。"于是他彻底打消了娶妻的主意,把全部的心血都倾注到了建筑上,从而让他的建筑获得了强大的魅力。

图8-19 高迪故居博物馆

1918年，园主古埃尔去世，他的家人于1924年将这个未完成的住宅小区转让给了市政府，1926年该小区改成了对市民开放的公园。当时的巴塞罗那人完全没有想到，这个当初无人问津的住宅小区后来却成了市民们最喜欢去的公园。

圣家族教堂

圣家族教堂（Sagrada Família）也简称为圣家堂，位于巴塞罗那市中心。它是巴塞罗那的宗座教堂。"圣家族"是基督教对耶稣、圣母玛利亚与养父约瑟等人的合称。基督教或天主教中许多描述耶稣生平事迹的艺术品都是以"圣家族"命名的。圣家族教堂就是敬奉基督的天主教教堂。

巴塞罗那建造圣家族教堂肇始于1882年。当时有个名叫朱塞佩-玛丽亚·博卡贝里亚的书商是圣徒约瑟夫崇敬会的创始人。他想利用基督教亲和民众，维护当地的社会秩序，便号召该会的会员们捐款在巴塞罗那修建一座贫民教堂。当时他聘请了建筑师弗朗西斯科·德比里亚负责设计建造。可是工程刚启动不久，建筑

图8-20 圣家族教堂模型

师就因为经费问题与崇敬会发生了严重的分歧甩手而去。崇敬会在古埃尔的推荐下随即聘请了时年31岁的年轻建筑师高迪接手这项工程。高迪放弃了德比里亚设计的哥特式工程制图，重新设计了教堂的规划图并制作出了教堂的模型。

这个教堂的模型十分独特。底部共设5个大殿，屋顶要建18座尖塔。这些尖塔大小不等，错落有致，分别代表着圣家族中18位重要人物。位于中央的尖塔170米高，象征耶稣本人。其背部是150米高的圣母玛丽亚塔。在耶稣塔的周围簇拥着4座尖塔，塔高各130米，代表着4位传播福音的使徒。在教堂的各个立面旁边还分布着12座尖塔，塔高110米或100米不等，代表着耶稣的12位门徒。教堂的东、西、南三面开有三道大门。东边是日出的地方，是希望的所在，名为诞生之门，又称希望之门。西边是日落的地方，称死亡之门，因耶稣死后复活，又称复活之门。南边是信徒们出入教堂的通道，名为信仰之门。礼拜上帝是人生的荣耀，所以也称荣耀之门。他准备在每道大门的立面墙上用雕塑艺术展现出耶稣诞生、死亡与复活各阶段的生平事迹。

为了能为贫民们建造出一座最美的教堂，高迪根据教堂内外空间的变化将山水、果木、花草、农作物果实和海陆空中的鸟兽虫鱼等动植物形象都拿来制作室内外的装饰品。他精心地设计和打造每个建筑构件，30多年的时光在忙碌中滑过，可是教堂的主体建筑却还没有竖立起来，高迪焦虑起来。1914年，高迪已过花甲之年，为了加快施工进度，他谢绝了其他工程的任何约请，一心扑到教堂的建筑工地上。可是，依靠捐赠维持的建筑经费时常断炊。高迪几乎捐出了自己的全部家产，以至于忙得须发不整、衣衫破旧，也舍不得花点时间来打理自己的生活。1926年6月，巴塞罗那市举行有轨电车通行典礼，街上车马喧闹，人声鼎沸，高迪遭遇了车祸。围观的人们以为他是个乞丐，将他送进了贫民医院，两天后他不幸去世。当时他只完成了教堂约四分之一的工程量：基部建造、一个立面墙及两座塔室。高迪去世后，工程由他的门生接手。在西班牙内战期间曾一度停工。1952年工程重启之后，依靠社会捐助和门票收入的建设经费仍然时有不继，进展十分缓慢。直到如今，这座建造了130多年的教堂已经更换到第六代施工者，却还有一些工程未能完成，屋顶上方仍然架设着施工的脚手架和吊塔。据官方介绍，整个工程竣工的时间定在2026年，以纪念高迪逝世100周年。尽管它是一座尚未完成的建筑，但在2005年已被联合国教科文组织列入了《世界遗产名录》，这在世界遗产入选的历史中是唯一的。

图8-21　尚未建成的圣家族教堂

我们在教堂参观时，细看了高迪亲自建成的东门。立面墙上塑造了耶稣诞生的群雕，场景模拟了耶稣的诞生地伯利恒小城。出场的人物围绕《圣经》中《耶稣显灵》和《天使报喜》的故事展开。其中有微服私访人间疾苦的上帝，有怀了上帝之子的圣母和众多天使。这些天使有的吹着长号、有的拿着竖琴、有的端着面包、有的捧着葡萄酒来祝贺。还有一些羊、狗和龟等动物分布在街边路旁,表现出一派歌舞升平、人畜兴旺的喜庆景象。

图 8-22 诞生之门群雕

但是,高迪的这个教堂立面浮雕图景也遭到了不少批评。有人说它看起来杂乱无章,状如蚁窝,带有疯子的意象。可见世人心智各异,艺术的鉴赏难求一致。

1976年,西门也按高迪的设计完成了。立面墙上展现的是耶稣被钉在十字架上受难、下葬和复活时的场景。不过有评论者认为,这幅群雕图虽然精巧,却与高迪的艺术风格相去甚远。而南门如今还在建设中,大家都期待着它能更加壮观。

图 8-23 死亡之门群雕

圣家族教堂的大殿设计更是别出心裁。这个大殿长95米,宽60米,可容纳9000名观众。进入教堂似乎来到旷野林间,一排排柱子像一棵棵枝丫伸展的大树,这些枝叶繁茂、鲜花盛开的林木营造出了一个繁花似锦的穹顶。它们除了承重之外还取代了一般建筑中大梁与椽子的功能,使教堂的内部结构显得格外美丽壮观,别有洞天。

图8-24 圣家族教堂大殿的立柱和穹顶

教堂的旋梯设计匠心独具。它围绕着立柱盘旋上升,并与教堂内外的其他建筑艺术构件密切呼应,从而让登高观光的人每上升一层都能看到不同的景色,登至塔顶,惊奇连连。当然,要爬上百余米高的塔顶还是十分吃力的,年迈体弱的人往往会望而却步。不过,教堂的一侧安装有一部电梯,可供体力不支者代步。登上教堂的高台,不仅能够鸟瞰这座教堂各个部分的精细装饰,还可将巴塞罗那城区的风光尽收眼底。

这座教堂的礼拜堂虽然不像欧洲其他教堂那样装饰着许多名贵的艺术品,彩窗的装饰与其他教堂的彩窗相比似乎没有太大的差别。但因教堂空间结构设计得极为巧妙,利用漂移的阳光将教堂装饰得通体明亮、五彩斑斓,彻底扫除了欧洲其他教堂内常有的那种昏暗、压抑之感。

图8-25 圣家族教堂大殿

圣家族教堂的大殿虽然十分宽敞,但对于每天从世界各地蜂拥而至的游客来说却仍然显得十分拥挤。据说这个教堂的建筑面积在欧洲教堂中排名第二位。它因为独特的建筑艺术风格而魅力巨大。瞧瞧这里面的游客之多,就知道它有多吸引人了。据统计,其年均接待游客量为300多万人。凡是到巴塞罗那旅游的人都要到这座教堂里来亲自领教一下高迪的建筑艺术特色,体验一下这种另类的视觉感受。

图8-26 挤满了游客的圣家族教堂大殿

9

追着月亮走的作家毛姆

威廉·萨默塞特·毛姆(1874—1965年)的小说曾经迷倒了许多读者。有人说他有一种吸引读者眼球的独特魅力,一旦落在他的故事匣子里恐怕就难以自拔了。因为毛姆肚子里的故事很多,娓娓道来,个个精彩且意味深长。品读他的作品犹如泡在一场丰盛的精神大餐中,可遍尝其酸甜苦辣咸各种滋味,让富于好奇心的读者看了还想看。

　　怎样的人写出怎样的书。那么,毛姆究竟是一个怎样的人呢?他是怎样写下这些让读者回味无穷的小说的呢?说起毛姆的故事得从他的童年开始。

毛姆将阅读当作自己的避难所

　　毛姆原本是个有福的孩子。他的父亲罗伯特·奥蒙德·毛姆是位名声显赫的律师,当时是英国驻法国使馆的法律顾问。毛姆就出生在巴黎的英国使馆里。在兄弟四人中他是个小末。当哥哥们先后被送往外地读书之后,他便成为父母怀中的小宝贝儿。

　　然而,毛姆的好日子没有维持多久。刚过8岁,他的母亲被肺结核夺去了生命,10岁时父亲也因胃癌撒手人寰,毛姆从此成了孤儿。他被母亲的仆人由法国带回英国交给叔父亨利·毛姆抚养。亨利是一位年届五十的教区牧师,夫妻俩膝下虽无子女,却也没有给予侄子多少怜爱。毛姆从繁华的都市巴黎被抛到陌生的英国肯特郡小镇时,他仿佛掉进了冰窟窿,加之突然由法语改说英语,连说话也变得结结巴巴,以至于落下了终生口吃的顽疾。

　　毛姆12岁被送进坎特伯雷皇家公学成为一个住校生。由于身材矮小和严重的口吃,他经常受到大孩子们的嘲笑和欺凌,也常受到老师们的歧视。最可怕的是毛姆这时也患了肺结核。他的母亲和唯一的姨妈都死于肺结核,他被死亡的阴影笼罩了。

童年的变故让毛姆看到了人生的无常,小小年纪便为生命是否有意义而苦恼:"我想知道,人生是本来就有意义的呢,还是必须由我来赋予它某种意义?于是,我便开始杂乱无序地读各种各样的书。"

读着读着,毛姆尝到了阅读的甜头。他认为生活里众多美好的事情当中,阅读是其中之一,它是一种享受。从此,书本成了他最好的伙伴。持续的阅读减轻了他在精神上的孤苦无依。在感到憋屈烦躁的时候他就读书,这时他便安静下来,让书本中那些有趣的故事为自己消闲解闷、舒展情绪,心里也就不再拧巴了。

读着读着,毛姆好像感到自己的见识长高了,眼界开阔了,胸怀壮阔了,精神稳重了,心灵也充实了。这让他发现了书本的妙用:它们不啻是人精神成长的要素,也是愉悦心情的最好的安慰剂。毛姆说:"培养阅读的习惯能够为你筑造一座避难所,让你逃脱几乎人世间的所有悲哀。"

毛姆的读书趣味很广。开初读书的时候他如饥似渴,就像一个贪吃的饕餮逮住什么就囫囵吞枣吃下去。后来他学会了用心咀嚼,慢慢地品尝出书中的滋味而获得了阅读的乐趣。毛姆觉得,每读一本书就像是在跟一位有学识的人进行一次深层的思想交流,尤其是那些文学巨匠写在书中的奇闻趣事让他看到了世界的光怪陆离和世人的喜怒哀乐,让他感同身受,让他从中获取了丰富的人生经验和智慧,也让他那孤寂的心灵获得了安慰和快乐。

读着读着,毛姆肚子里的墨水多了,他的肠胃,他的心灵,他的每根血管和神经好像都充满了书卷气。他读书的口味变得刁钻了,鉴赏力也噌噌地向上窜。于是他懂得了阅读的秩序,知道了选择好书的重要性,掌握了读书的有效方法。

在谈到选择性阅读时毛姆说:一本书是否值得阅读,只取决于此时正在阅读的读者。读得越多,毛姆的口味越挑剔,他的评判也越来越尖刻。每每读书时他就像一个精于品评的美食家,边读边评,自古希腊以来传世的文史哲书籍到欧美各国的文学名著都曾留下了他的点评。他尤其擅长在欧美著名作家的作品中挑刺揭疤。在他眼里没有一部长篇小说是没有瑕疵的,他总能准确地指出这些文豪在创作时的失手之处。他在《巨匠与杰作》这本书中介绍了他认为最伟大的10部作品,在评点这些作品伟大之处的同时还指出了书中的缺憾和作家人品方面的趣事和丑行。对于莫泊桑、福楼拜、巴尔扎克、简·奥斯汀、托尔斯泰、契诃夫、陀思妥耶夫斯基、司汤达等文坛巨匠,他毫不吝啬地给予尖刻的调侃或善意的嘲笑,因而获得了"毒舌毛姆"的称号。有人还把毛姆的毒舌、莎士比亚的戏剧和狄更斯的小说戏称为英国文艺界的三宝。

在毛姆读了各种各样的书后,他发现了一种人人都需要颐养精神的东西——哲学。他对哲学赞不绝口:"我发现读哲学很有趣。确实,对一个把读书看作是一种需要和一种享受的人来说,哲学在各种可供阅读的重要科目中是最丰富多彩和引人入胜的。"他曾拜读了柏拉图以来各派哲学家的书籍,把叔本华、黑格尔、笛卡尔、斯宾诺莎、休谟、康德、霍布斯、贝克莱、洛克、怀特海、罗素、尼采等哲学家们深奥的哲学著作当作小说一样来阅读,点评他们著作中的优缺点并享受阅读的快乐。他说:"只有哲学永远不会让你失望。你永远不可能到达它的尽头。它就像人的灵魂一样多姿多彩。"

在谈到读书方法时,毛姆说,聪明人读书就像猎犬追寻狐狸的气息,只选取自己感兴趣的阅读点,跳跃性阅读。其实,这种被他称为"跳读"的方法,也只是他用来对付那些趣味寡淡、叙事啰唆的作品的。一旦遇到精品他则细嚼慢咽,反复品味。比如,当毛姆阅读了伏尔泰的哲理小说《老实人》之后就再也无法忘怀,直到他成为知名作家还把伏尔泰树为榜样,力求能以人文关怀的笔触写出具有讽刺幽默风格的杰作。他说:"我每次想写一部长篇小说时,都要重读一遍《老实人》,在自己心里确立一个标准,以此检验自己是否写得像它那样流畅、那样优雅、那样机智。"

提炼与压缩也是毛姆读书的好方法之一。他曾多次提到法国作家诺贝尔文学奖获得者阿纳托尔·法朗士在《文学生涯》一书中所讲的那个东方年轻国王让国中智者到世界各地为其寻找最有价值的书的故事。毛姆说:"我想寻找的也是这么一本书,一本能使我一劳永逸地解决一切疑问的书。解决了一切疑问,我就可以放手去建立自己的生活模式了。"自从看过这个故事之后他就到处寻寻觅觅,在书堆里东挑西拣,希望能找到这本能够一劳永逸的书。他从古典文献读到现代多个学科却都未能找到令他完全满意的作品。于是,毛姆决定另起炉灶,他要自己写出能让自己喜欢进而也能愉悦读者的书来。

图 9-1　青年毛姆肖像

毛姆追着月亮走

毛姆18岁时开始寻找安身立命的职业。可是干什么好呢？毛姆出身于律师世家，他的祖父是英国律师界元老，父亲是英国派驻法国使馆的著名律师，三位兄长也已成为小有名气的律师。但他却不愿意步他们的后尘。监管他生活的亨利叔叔希望他能接替其衣钵当个牧师，毛姆以自己口吃不宜当牧师为借口回绝了这个安排。不过他还是屈从了叔叔的另一个提议——去学医。

1892年，毛姆进入伦敦圣托马斯医学院学习医科。经过5年的教育和训练，他获得了外科执医资格。有段时间他曾经在妇科做助产士，经常提着药箱子走街串巷去接生。由此他看到了下层劳动人民的困苦生活，看到了生命的脆弱，也看到了人生的无常与无奈。这让他很困惑：一个人生下来，上学，工作，结婚，生儿育女，最后死去，总是被幽禁在固定的线路上走完一个简单的圆圈。他说："大多数人随波逐流，过着受无常命运摆布的生活。"这种让仅有的生命消失在既定套路中的人生值得过吗？毛姆不想随波逐流，他要寻找自己喜欢的人生之路，他要为自己设计适意的人生。

然而毛姆发现，开业医生和开业律师虽可自主选择病人或客户，但在决定之后因受职业规范的要求就不自主了。他认为："只有我说的艺术家，或许还有职业罪犯，才能自主决定自己的行为方式，从而决定自己的生活。"他发现，在艺术家中，作家则是一个易于展示其创造力而又能够自主决定生活模式的一种自由职业者。于是，毛姆萌生了作家梦，他开始写起小说来。

毛姆自学医到从医历时5年。其间，他留心观察社会，积累资料，利用业余时间从事写作。1897年毛姆23岁，他的处女作《兰贝斯的丽莎》出版了。"那三个星期里,我一共参与了六十三次接生。这就是我用于此书的素材。"书中的故事就取自他工作中的见闻:漂亮女工丽莎和寡母住在贫民窟里,贫困的生活未能改变其活泼开朗的性格,于是她成了男人们追逐的对象。然而,她爱的那个英俊壮汉却是个已婚的无赖,最终导致丽莎怀孕,在流产后凄惨死去。小说面世后虽然仅得到可怜的20英镑稿费,却也受到了许多好评。于是毛姆决定改行,弃医从文,做个职业作家。

文学殿堂的门槛很高。指望写小说养活自己的人在出名之前饿肚子是常有的事,因而人们常把写作看成是一根不中用的讨米棍。毛姆也不例外。在最初的10年里,籍籍无名的他总是吃闭门羹。直到1908年他得到了一个机会,伦敦剧院有个著名演员看中了毛姆剧本中的一个角色,使他在5年前创作的喜剧《弗雷德里克夫人》得以上演。不料这个曾被18家剧院拒绝上演的剧本在这里却一炮打响,它让剧作家毛姆一夜成名。随之他的《杰克·斯特劳》《杜特太太》《探险家》也在伦敦多家剧院同时上演。剧作家毛姆可与当时走红的剧作家萧伯纳比肩,财富滚滚而来,毛姆从此脱贫了。

1915年,毛姆出版了自传性长篇小说《人性的枷锁》,书中讲述了主人公菲利普试图摆脱人生枷锁寻求出路的故事。这部小说受到广泛好评,由此奠定了毛姆攀登伟大作家的基石,这一年他41岁。

毛姆喜欢高雅安逸的生活,但他更喜欢追寻有趣的人生。而有趣的人生则需要有梦想的因子来构筑。毛姆没有陷在安乐窝里止步不前,他一直追着月亮走,变成了一个资深的旅行家。为了寻求不同的风景,他的足迹涉及欧、亚、美三大洲。每到一地,毛姆都会翔实地记录所到之处的旖旎风光、社会状态和风土人情。他创作的素材多是他在游历中的所见所闻。故事中的人物有不同肤色、操各种语言、来自不同的阶层。他的《月亮与六便士》《在中国屏风上》《面纱》《刀锋》等多部小说都是以他本人在欧美国家、印度、中国乃至南太平洋诸岛的见闻为资料创作出来的。这些颇具浓郁异域情调的作品深受欧美读者的喜爱，因而赢得了广泛的赞誉。

第一次世界大战爆发后，毛姆加入了法国红十字会，他在西部战线当救护车司机并以作家身份穿梭于英、法、德、意和瑞士等国收集军事情报。此后毛姆又受英国军方指派，成为入驻瑞士和俄国的间谍。他曾以"阿兴登"为主人公写出了系列化的间谍小说。据说他的老朋友丘吉尔看了这些间谍小说后，认为其中有一半作品涉及国家机密不得面世。

毛姆的一生都在路上。他想探询生命的意义，他想揭示人生的真谛，他要寻找值得过的生活，他要品尝各种生活的滋味。他读书、游学、学医、写小说、写剧本、写随笔、写文学批评、旅游并写游记。毛姆说："人生只有一次，我要尽可能多做点事。仅仅搞创作对我来说是不够的。我要为自己设定一种人生，其中创作固然是重要部分，但我还要从事其他各种对人有益的活动，直到死亡为我画上圆满的句号。"

为了这个圆满的句号，毛姆没有迷失在金钱里，他的心里装着一轮"明月"。他在小说《月亮与六便士》里曾将人生分为月亮和便士两种境界，月亮是人生的理想，而便士就是现实生活。他在这本书里塑造的主人公思特里克兰德是一个事业有成的证券经纪人，虽然已届中年，却毅然抛家弃子、放弃舒适的生活去学绘画。这种特立独行受到了亲友们的一致指责，毛姆却说：满地都是六便士，他却抬头看见了月亮。那个月亮确实迷人，它不仅摄去了思特里克兰德的灵魂，实质上它就是毛姆本人穷尽一生所追逐的终极目标。

9 追着月亮走的作家毛姆

图 9-2　小说《月亮与六便士》的不同版本

毛姆的短篇小说如风味独特的小吃

　　毛姆最擅长的技艺是写短篇小说。评论家认为他的短篇小说成就最高,他被公认为短篇小说大师。在《毛姆短篇小说全集》中,我们可以看到他写下的爱情故事、童话故事、历险故事、间谍故事、悬疑故事、幽默小品等。他喝在肚子里的墨水经过自我发酵酿造成了味道特别的调味剂,将世间的喜怒哀乐怨与酸甜苦辣咸相互调配,制作出一道道色味各异、刀功精巧的私房菜,每一篇作品都有自己独特的风味。

　　比如,毛姆的短篇小说《午餐》就写得别有滋味。在这个小故事中,"我"遇到了从前的一个女性粉丝,她胖得几乎认不出来了。然而,20年前的那顿午餐却浮现在眼前。当时还填不饱自己肚子的青涩作家被这个矫饰、贪吃的女人以谈文学的名义引入高档饭店吃去了一个月的伙食费。午餐的场景与情节被描述得活灵活现。这个囊中羞涩的青年作家在午餐过程中被一道道昂贵的美味掏空荷包时那种忐忑的心情,让读者们也不由得为之心酸。

313

又如，毛姆的短篇小说《患难之交》则是一道绵里藏针的辛辣细菜。故事开头，作者详细地描述了富商伯顿海德从外貌到言谈给人们所留下的感觉：慈祥善良。读者们都以为伯顿海德定会给自己的患难之交提供一些应有的帮助，结果却出人意料。当他的朋友赖内在生存无着向他求助的时候，他明知赖内体力不支，却让赖内以游过灯塔附近湍急的河流为交换条件来给他提供一份工作，最终使朋友葬身其中。但他却能心安理得地将这件事当作一个有趣的故事讲给别人听，还说自己的公司原本就没有空位。由此可知，这个貌似慈祥善良的商人内心却是十分冷酷刻毒的！一个人若是以貌取人将会遭到怎样的结局。

再如，毛姆的短篇小说《生活的真相》是一篇撒满了嘲讽意味的故事，读起来让人忍俊不禁。在这个故事里，父亲亨利对自己擅长打网球的儿子尼基寄予厚望。尼基18岁时首次远行，到蒙特卡洛参加网球比赛。临行时他叮嘱儿子：一不要赌博，二不要借钱给别人，三不要跟女人有任何瓜葛，以免倒霉。尼基在赛事过后虽然没有忘记父亲的"三不"嘱咐，却挡不住诱惑，将父亲嘱咐的事项逐一体验了一遍。出人预料的是，他不仅没有倒霉，反而还赢了许多钱，沾了光。当他的儿子沾沾自喜地向父亲汇报了自己的经历后，他望着儿子自鸣得意的样子寝食难安，担心儿子的侥幸将自毁前程，甚至连他喜欢的娱乐活动打桥牌也未能改善其坏心情，而他的朋友们却把他的烦恼当成了笑料。作者用这个故事嘲笑了那些喜欢道德说教的人。

毛姆的另一篇小说《芒特拉戈勋爵》味道更是独特。在这篇小说中，他讲述了一个外交官芒特拉戈勋爵治疗精神病的故事。小说开头不谈病人的病情，而是徐徐地介绍心理治疗师奥德林大夫的形象："他不到五十岁，看起来却要老得多。一双淡蓝色的大眼睛总是昏昏欲睡，你要是跟他待上一会儿，就会发现这双眼睛几乎一动不动,只是一直死死地盯住你的脸,但尽管它们如此空洞无物,也不会令人难受。它们几乎从不闪烁,永不泄露他思想上的蛛丝马迹……他的手相当大,手指又细又长。这双手柔软却坚定,冰冷却干爽。"正是他这双独特的眼睛和冰冷的手却能将形形色色的精神病患者安抚得服服帖帖,使他们乖乖地向他吐出心中暗藏的秘密从而获得莫名其妙的疗效。随着名声越来越大,求他治病的人越来越多。"人们告诉他不可告人的秘密,有时迫不及待,有时羞羞答答,有时欲言又止,有时怒不可遏,他早就安之若素了,再没有什么能使他惊讶激动了。"但当他遇到患者芒特拉戈勋爵的时候却不太顺利。不过,在他这双明察秋毫的眼睛的直视下,高傲自大的外交大臣芒特拉戈勋爵最终还是摘掉了面具,讲出了连日来将自己折磨得发疯的离奇噩梦。

故事的结局出人预料,面临精神崩溃的患者在初显疗效时却自杀身亡了。更离奇的是芒特拉戈勋爵每夜在噩梦中要杀死的那个仇敌——工党议员格里菲思也在同一天死去。难道是这桩梦中的谋杀案真的产生了效果?心理医生奥德林也被这个巧合的病案弄得精神崩溃。小说中所披露的这些看似荒诞的离奇故事却真实地反映出当时英国上流社会残酷斗争的状况。

毛姆对于爱情有独到的见地,对于婚姻也有独特的恐惧感,直到43岁他才奉子成婚。他写下的爱情和婚姻故事风格别致,幽默风趣。如在小说《潜逃》中,潜逃者并不是闯下了什么大祸的罪犯,而是一个丢失了爱情,企图抛弃恋人的男子罗杰·查林。故事开始他这样说:"我一向确信,一旦一个女人下决心要嫁给一个男人,那么使这个男人幸免于难的唯一方法,就是立刻逃之夭夭。"毛姆在故事中讲述了他的朋友罗杰逃离婚姻陷阱的过程。先是外逃了一年多。原以为时光可让情人露丝把他忘掉,不料返回时却立即又被露丝缠上了。于是他改变了抛弃女人的方法,依旧保持着昔日的绅士风度,以找好房子就结婚为借口,经常带着露丝去看房子。看了一套又一套,总有各种理由拖延推诿。在人类的忍耐力中女人常常熬不过男人。当露丝忍无可忍,声称放弃跟他结婚的时候,罗杰仍然不愠不火,还说再看几处好的房源就能挑出如意的房子结婚。这个故事虽然简略,却让那些对恋爱婚姻有苦涩体验的人在笑喷之后仍有余味辣到肠子。

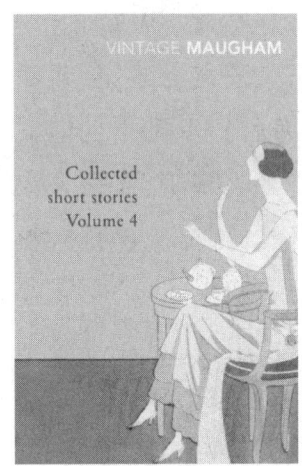

图 9-3 毛姆的《短篇小说集》与《最佳短篇小说》

毛姆的长篇小说似滋味悠长的硬菜

　　如果说毛姆的短篇小说似一道道精制的美味小炒,那么他的长篇小说就像高档宴席中滋味悠长的硬菜。他一生创作了 20 部长篇小说。这些长篇小说多以人生为主题。其中最受读者喜爱的是《人性的枷锁》《月亮与六便士》《刀锋》。它们被评论家称为毛姆的人生三部曲。

　　大千世界,芸芸众生,各有不同的人生和不同的处境。毛姆在小说中讲述的人生故事则千奇百怪,丰富多彩。

1915年,毛姆在他出版的《人性的枷锁》中借助于主人公菲利普的坎坷人生来阐释卢梭的名言:"人生而自由,却无往不在枷锁之中。"在这部被视为自传体的长篇小说中,主人公菲利普也是个孤儿。菲利普早年受到了生来跛脚、家庭不幸、才能局限、宗教束缚、钱财匮乏以及爱情捉弄等困扰,这些经历基本上是以毛姆早年的生活为蓝本描述出来的,两者的差别仅仅是把毛姆的口吃改成了跛脚而已。毛姆把这些来自天然的、家庭的和社会的各种困扰都视为摧残人生、扭曲人性的枷锁。为了挣脱这些枷锁,菲利普一生都在与命运抗争,努力寻找出路,希望能让脆弱的生命在哲学的关照下放出异彩。阅读这部小说犹如喝着用文火慢炖的大骨汤,滋肠润肺。当读者们看到菲利普在命运的苦海里浮沉挣扎的时候,就由不得也把自己的人生问题带入其中慢慢咀嚼。

图 9-4　小说《人性的枷锁》的不同版本

1919年出版的《月亮与六便士》是毛姆在南太平洋诸岛旅行时创作出来的。书中的主人公思特里克兰德以画家高更为原型。为了追寻心中的梦想,为了突破循规蹈矩的生活模式,为了观赏异域的绮丽风光,也为了在艺术中寻求灵魂的慰藉,已入不惑之年的思特里克兰德不惜抛妻弃子,告别自己经营了17年的家与业,先是来到巴黎,边做工维持生计边学习绘画。尽管亲朋好友骂他绝情、愚蠢,尽管他生计艰难、时常饿肚子、贫病交迫,尽管他画技拙劣时常受到艺术界同行们的耻笑,尽管他的妻子千呼万唤盼他回头,他却不管不顾,一意孤行:"我必须画画,就像溺水的人必须挣扎。"他经历千辛万苦,借着到远洋轮上当水手之机来到南太平洋的塔希提岛生活,终于创作出了一系列惊世之作。当读者看完这个倔强画家的故事时,才领悟道:"月亮是那崇高而不可企及的梦想,六便士是为了生存不得不赚取的卑微收入。多少人只是胆怯地抬头看一眼月亮,又继续低头追逐赖以温饱的六便士?"在芸芸众生里,敢于抛弃一切去追逐月亮的人能有几个?

毛姆在1944年出版的《刀锋》中,他塑造的主人公拉里·达雷尔是个参加第一次世界大战的美国青年飞行员。在一次空战中好友为了掩护他而牺牲,这让拉里受到了强烈的震撼。他弄不懂世界上为什么有恶和不幸,从此在他的脑子里一直纠缠着这样的问题:人生究竟是为了什么?人生究竟有没有意义?还是只能可悲地任凭命运摆布?为了寻找满意的答案,拉里复员后不肯按常规去读大学,也拒绝了好友帮他找到的体面工作,即便是漂亮而又富有的未婚妻伊莎尔使尽解数也未能使其就范。他平和地与之解除婚约,抛下一切开始云游四方。他做过矿工、到农场放过牧、干过农活、当过水手、经常泡图书馆、进修道院体验修行生活等,通过各种途径来探求人生的意义。后来他在印度经过《吠陀经》的开示了悟人生:"我们在这世界上所珍视的一切美好的、有价值的事物,只能和丑恶的东西共同存在。""既然得出某些事情是不可避免的结论,一个人就只能尽力而为。"从此拉里摈弃功名,散尽家产,回到美国当了出租车司机,过着宁静平和的生活。可是,读过《刀锋》之后,有不少读者都说自己没有看懂作者的"刀锋"指向何处?它到底意味着什么?原来小说的名字取自印度古老的经典《迦托·奥义书》:"剃刀边缘无比锋利,欲通过者无不艰辛;是故智者常言,救赎之道难行。"这种深奥的古印度哲理需要我们反复咀嚼才能吃透其中的精髓。

在毛姆的长篇小说里除了人生三部曲之外,还有《面纱》和《寻欢作乐》等作品也拥有海量的读者。这些作品都有一个共同的特点,就是里边蕴藏着浓厚的人性味儿。当毛姆在叙述各种亲情、爱情、友情或世情等故事的时候,笔下的文字时而温雅,时而幽默,时而嘲讽,时而调侃,时而讥诮,妙语连珠,警句层出,如同大厨做大餐,用尽了煎、炸、炒、焖、熘、烩、熬、炖等方法,却都没有忘记使用人性这份大料来调制他的作品。在人性观念中,他既不是个性善论者,也不是个性恶论者。他认为人性复杂,具有多面性,善恶兼容并蓄。他塑造的人物有血有肉,栩栩如生,千人千面,万人万形,每个人都有鲜明的个性。"卑鄙与伟大、恶毒与善良、仇恨与热爱是可以互不排斥地并存在同一颗心里的。"人的本性并不都坏,只是因为认识不到,思虑不周,走向了歧途,故而让这个世界充满了情仇爱恨、万端是非。

2018年,文汇出版社将毛姆的《总结:毛姆写作生活回忆》《作家笔记》《观点》这三部作品汇编成一部《毛姆人生随笔》在中国出版。书中的文章就是毛姆对人生的感悟。

在毛姆的传记中品味人生

1938年,毛姆64岁了。他觉得自己来日无多,于是写下了一部《总结:毛姆写作生活回忆》。他在书中说:"我写这本书是为了将灵魂从某些观念中解放出来,这些观念在我的灵魂中徘徊了太久,以至于使我觉得不适。"还声称:"本书既非自传,亦非回忆录。我已经通过各种方式,将生命历程中发生的种种写入我的作品。"不过,读者们还是把这部书当作他的自传来读,如江苏凤凰文艺出版社于2019年将其更名为《让灵魂舒服一点:毛姆自传》出版就是证明。不过,毛姆当时虽然做好了辞世的准备,但却益寿天年,笔耕不辍,直到1962年88岁时还出版了一部评论集《我的最爱》。

毛姆勤于笔耕,著作等身,可是他所期待的荣誉并没有如期而来。他不仅未能跻身文学大师之列,还常常受到评论家们的奚落。《刀锋》出版时,毛姆年届七十,硕果累累,生活阔绰,应该安享晚年了。但英美文学界并没有改变对他的藐视和冷漠。美国最有影响力的评论家埃德蒙·威尔逊在《纽约客》中对《刀锋》做了差评,还把毛姆列入"二流货"中。毛姆则戏称:"我处于二流作家中的最前列。"

当然,有人说毛姆是畅销作家而不是经典作家事出有因。因为他在宗教、阶级、性道德等方面所持的轻薄态度以及他那种奢侈的生活方式都为知识界所诟病,同行们也不待见他。但是,他写的小说在世界许多国家长销不衰,他编写的戏剧在欧美一些国家长年上演则说明读者和观众们喜欢毛姆。

毛姆高龄高产。自1897年出版处女作为始,到88岁搁笔为止,他相继写下了150多部短篇小说、32部戏剧、20部长篇小说、3部游记、1部传记、5部随笔和3部评论集。这些作品除了在英美两国畅销之外还被译成多种文字,其中使用中文出版的作品也有几十部。在学界,介绍毛姆的人称他是英国知名的小说家、剧作家、散文家、文艺评论家。也有人称其为"故事圣手"或"最后一个伟大的职业作家"。

在世人的眼里,毛姆的人生是成功的。通过写作他获得了他期望的自由,做了自己想做的事,过上了自己想过的生活。他不仅摆脱了早年的贫困生活,还成为文坛上稀有的百万富翁。因为有了钱,他于1946年在法国设立了毛姆奖,支持与帮助优秀的年轻作家。鉴于他在文学创作中取得的突出成就,1952年,牛津大学授予毛姆名誉博士学位。1954年,英国女王伊丽莎白二世授予他"荣誉侍从"称号,继而又授予他"荣誉勋爵"头衔。当他80岁生日时,英国嘉里克文学俱乐部特意设宴为他贺寿。这样的荣耀在英国文学史上只有狄更斯、萨克雷和特罗洛普三位作家享受过。这让晚年的毛姆得到了些许慰藉。1965年12月16日毛姆在法国病逝,终年91岁,为他的一生画上了较为圆满的句号。截至2009年,他的作品有98部被改编成电影、电视剧,这在英语作家中是首屈一指的。

但是,晚年的毛姆却说出了这样的话:"我唯一能确定的,也许就是我什么都不能确定。"他把自己比作放在哲学迷宫里东撞西闯寻找出路的老鼠,"很可能,我还不及实验室里的那只老鼠,最后并没有成功。当然,也有可能,那里根本就没有出路"。他不断地发现问题,为寻求答案东奔西走,可最终还是未能找到令他满意的答案。

毛姆生前拒绝别人为他写传,曾对几位为他写传的作者表示了极不友好的态度。毛姆仙逝后,各种毛姆传记便纷纷出炉。据说在英、法、美等国出现的毛姆传多达10余种。被翻译到中国来的毛姆传也有多种。如美国作家特德·摩根撰写的《人世的挑剔者——毛姆传》、法国作家波伊尔撰写的《天堂之魔——毛姆传》、英国作家罗宾·毛姆撰写的《盛誉下的孤独者——毛姆传》、英国作家赛琳娜·黑斯廷斯撰写的《毛姆传》等都从不同角度讲述了毛姆的人生故事。就像毛姆生前喜欢拿人开涮一样,这些传记作者在撰写毛姆传的过程中无不仿效毛姆的技艺,揭下他的面纱,深挖他的隐秘,将他生平中的各种美事丑事统统地摆在传记里,从而使他的百味人生和多副面孔呈现在读者面前。如特德·摩根的《人世的挑剔者——毛姆传》将他的经历罗列为:"一个孤僻的孩子,一个医学院的学生,一个有创新的小说家,一个巴黎的放荡不羁的男子汉,一个成功的伦敦西区的戏剧家,一个伦敦社会名流,一个战时在弗兰德斯前线的救护车驾驶员,一个在俄国工作过的间谍,一个同性恋者,一个跟别人的妻子私通的丈夫,一个当代名人的殷勤主人,一个二次世界大战时的宣传家,一个自狄更斯以来拥有最多读者的小说家,一个靠细胞组织疗法保持活力的活着的传奇人物,和一个企图不让女儿继承财产而收养他的秘书的衰老的老头子。"由此把毛姆的业绩与丑事逐一地呈现出来。而赛琳娜·黑斯廷斯的《毛姆传》则紧紧地抓住他的隐秘,抖搂出成串的八卦趣闻。如此等等,安眠于地下的毛姆再也无法为这些传记中的誉或毁而纠结,这似乎也成全了他早年的一个意愿,即成为一个有趣的人,他让读者们在读他的传记的时候也尝到了浓烈的趣味。

图9-5 毛姆的《总结》《毛姆经典作品合集》

10

寻找正义的思想家罗尔斯和他的《正义论》

在希腊神话中有一位正义女神,名叫狄凯。她有两种神器,一个是丈量物体长短的标尺,另一个是衡量物体轻重的秤。她有时为人们测量土地的边界,有时帮着人们衡量物体的重量。若是发现不公平的地方,她手中的标尺便会变成正义之剑刺杀过去。当人们把狄凯由希腊文翻译成为英文之后,它就成了正义的原初含义:公平与公正。

图10-1 不同造型的正义女神雕像

世上有不少人常常利令智昏,他们以强凌弱,以多欺少,以大压小,使得各类矛盾与争执层出不穷,让正义女神无暇应对。正义来迟、正义缺席的现象时有发生。于是,正义便成为人类社会历史上的一种珍稀资源。在强者与弱者、富人与穷人、男人与女人、白人与黑人、上等人与下等人之间到处都出现了不平等现象。人们寻找正义的故事如同连续剧似的持续上演了好几千年。

世界最早研究正义的思想家是古希腊哲学家柏拉图。他在《理想国》里探讨城邦的正义时论述了他的正义观。他指出,城邦如果能根据每个人的天赋和教育训练的差异分配给他一种适当的工作，使所有的人各司其职，互不僭越，就实现了社会正义。可是，后来的哲学家亚里士多德却发现社会正义是个政治问题。正义只存在于某种平等关系之中，而人作为一种社会性动物从出生就存在着不平等。考虑到门第声望、身份、财富、才德与功绩等方面的因素，政治权利的分配应与个人的价值相一致。随后又来了两位神学家奥古斯丁和阿奎那，他俩都认为，正义是上帝的意志表达。正义之柄掌握在上帝的手中，只有他才能裁决世间的善恶与正义。国王的首要义务就是以公平和正义管理上帝的子民。他们还说人类正义的本质通过神的正义方能看得见。由此，超验的宗教正义便成了世俗正义的最高权威之源。

人类走过中世纪之后，好多人从神的怀抱里觉醒了。他们觉得世界总不能一直被神主宰，他们要以人的意志来创造自己喜欢的世界。在政治哲学领域里也出现了一批探求正义的志士，他们要挑战上帝的权威。如霍布斯、洛克、康德等人都成为在现实社会生活中为人类寻找正义的近代先行者。先是英国政治学家霍布斯要把"国家的绝对意志"当作"活的上帝"来主宰正义。他认为，所有人的理性契约就是正义之源，用不着到天上去找上帝的裁决。英国哲学家洛克的观点较为平缓，他认为，正义来源于人类自身，人可以借助于天生的推理能力发现上帝的命令。德国哲学家康德则以个人的道德和理性取代上帝，他强调人的自由意志是实现社会正义的关键，还认为正义必须遵行普遍的道德法则才能实现。而以英国政治思想家边沁为首的近代功利主义者则把功利当作正义的基础，进而把能否促进最大多数人的最大幸福作为评价政府行为是否合乎正义的标准。可是，实证主义法学家孔德等人则把国家制定的法律作为判定正义的标准，认为在法律出现之前根本不存在所谓正义与非正义的区分。

当正义女神与自然法、上帝、国家、道德、功利和法律等复杂的东西缠绕在一起的时候,人们要想看到她的真实面目就更难了。有许多人被她迷惑、被她气昏,甚至被她伤透了心。那么,正义女神究竟是个什么样子?她常常躲在哪里呢?

在寻找正义的道路上罗尔斯来了

约翰·罗尔斯(1921—2002年)出生于美国马里兰州巴尔的摩一个中产阶级之家。父亲威廉·李是一位律师,后来还担任了本地区律师协会的主席。母亲安娜·埃布尔·斯顿普从事社会工作。罗尔斯认为自己很幸运,他出生在白种人家庭,父母的资产、地位和德才学识让他从出生就掉进了福窝里,享受到了非常优越的照料和教育。唯独让他痛心的事是他们这个家庭曾经遭受到疾病的长期困扰。他的祖父和父亲都是肺结核患者,在那个时代里这是一种难以治愈的传染病。罗尔斯9岁时患了白喉差点死去,而他的弟弟博比却因被他传染而送命。他在10岁时又患了严重的肺炎并传染给了另一个弟弟汤米,汤米也因此死去。罗尔斯虽然保住了性命,但两个弟弟的死让他受到惊吓和自责,也因此落下了口吃的痼疾。他们全家都是虔诚的基督教徒,为了驱病免灾,每天都要向上帝祈祷。

在幼年罗尔斯心田里播下正义种子的人是他的母亲安娜。安娜出身于一个富裕的矿山主之家。可是她的父母重男轻女,只愿意把家里的钱财用在儿子们的身上。父母离异之后,她跟着母亲遍尝了生活中的各种艰辛。安娜成年后十分热心社会活动,经常为争取妇女的平等权益、贫困儿童的救助和社会团体的选举投票等活动而奔忙。她曾经当选为妇女选民联盟巴尔的摩分部的主席。罗尔斯从母亲的日常工作中看到有许多和自己同龄的孩子因出生在贫民窟里缺衣少食,孤苦无助,长期过着悲惨的生活。尤其是那些黑人家庭出生的孩子生活则更为不幸。

母亲的言传身教滋养了罗尔斯的同情心和正义感。他在小学和中学里曾结识过不少出身贫穷的同学。在力所能及的时候他总是热心帮助同学解决各种困难。随着年龄的增长,罗尔斯越来越多地看到他所在的世界丑陋不堪,暴力、贫困、偏见和歧视等不公平的现象普遍存在于社会的各个角落。罗尔斯觉得,要想改变社会上贫富悬殊、教育不公与就业歧视等方面的问题,必须依赖社会正义的普遍实施。那么,到哪里去寻找社会正义呢？噢！向上帝祈祷——这是他所受到的宗教文化熏陶带给他的期望！

罗尔斯在寻找上帝的旅途中迷茫了

罗尔斯早年笃信上帝,他期待着上帝能够给人们带来正义。根据基督教所信奉的经典《圣经》所说,耶稣为了赎全人类的罪被钉死在十字架上。第三天他复活了并向门徒们显灵,40天后升了天,他坐到了全知、全能和全善的天父右边,成为圣父、圣子、圣灵三位一体的神。凡是相信他的人可以饮着他的宝血,得称为义,进入天堂,获得永生,建立荣耀的天国,给"善"带来最后的胜利。而那些犯罪招致审判的人将在末日坠入地狱。那时候罗尔斯相信这些都是真的。

罗尔斯上中学的时候就读于一所教会学校,校长是一位神父。这位校长把向学生传达上帝的旨意当作头等大事,他每天都要亲自带领学生们祈祷,还时常宣讲基督教义和上帝庇护众生的故事。罗尔斯在这所教会学校里听到了各种耶稣门徒的传教故事,也常常被那些圣徒救危济困的故事感动。他希望自己长大后也能成为一个圣洁的义人。

1939年,罗尔斯18岁进入普林斯顿大学求学。他先后在化学、数学和艺术史专业试读。可他对这些学科没能产生兴趣,后来转入哲学专业。哲学系里有一位年轻的老师让罗尔斯很喜欢,这个仅比他大10岁的老师诺曼·马尔康姆曾在剑桥大学师从名师维特根斯坦,人虽年轻,但学识渊博,谈吐风趣,观念也特别新颖,因而调动了罗尔斯学习哲学的积极性。哲学与神学关系密切。有人说哲学是神学的婢女,也有人说哲学的尽头是神学。罗尔斯在学习哲学专业之后就迷恋上了神学。

在神学领域里,最让罗尔斯崇拜的神学家是5世纪时的圣·奥勒留·奥古斯丁(354—430年)。这位被封为圣人与圣师的欧洲中世纪基督教神学家和教父哲学家写下了许多神学理论著作,如《忏悔录》《论三位一体》《上帝之城》《论自由意志》《论美与适合》等都在文化史上享有盛名,被称为神学百科全书。奥古斯丁在皈依基督之前是一位文学艺术家,曾经教授过演讲术与辩论术。因此,他的著作文笔流畅,说理充分,语言如同史诗般优美,把罗尔斯吸引住了。最让罗尔斯喜欢的著作是《上帝之城》。奥古斯丁在这部书中称,上帝之城是上帝的创造物,是上帝的"选民"即预定得救的基督徒的社会,这是一座永恒之城。唯有在上帝之城才会有真正的正义存在:唯一至高的上帝依照他的恩典统治一个服从的城,那里,祭司全部都归于他,也只有那里才有正义。在那里,在所有属于那个城、遵从上帝的人那里,心灵统治身体,理性依照法律秩序充满信仰地统治罪过。在那里,每个正义的人,以及正义者组成的人民都在信仰中生活,信仰靠爱起作用。人按照上帝应该被爱的程度来爱上帝,爱邻人如爱自己。在没有这种正义的地方,人们不会依照对正义是什么的认同联合起来,不会形成有共同利益的社会。罗尔斯在这部书中似乎找到了他心中想象的那个自由、平等的正义社会。他在大学毕业论文《简论罪与信的涵义》中写道：上帝创世之时，规定了人的本质是一种社会性的存在，以建立和生活在一个普世共同体为最终目的。而人受自然感官的欲望污染而产生的罔顾他者与共同体的两种罪即利己主义和自我中心主义，唯有皈依上帝才能认识到上帝对人的本质和目的的规定，从而克服自然主义思想，致力于对立和生活在一个与上帝关联在一起的共同体中。

循着这个进路，罗尔斯原准备大学毕业后到弗吉尼亚神学院深造，以备将来能当个牧师为上帝的正义事业献身。1942年，罗尔斯以优等成绩从普林斯顿大学哲学系毕业。那时候，第二次世界大战的战火在世界多地蔓延，特别是太平洋战争的爆发把美国大量的年轻人都变成了战士，罗尔斯也在1943年2月应征加入了美国陆战队。经过短暂的培训他成了通信兵，转战于新几内亚和菲律宾。战争结束时他作为占领军中的成员又到日本服役四个多月。

经过三年多的战火洗礼，罗尔斯变了。他最大的变化是这场战争摧毁了他的信仰。按他自己的说法，有三件大事让他对上帝失去了信任。其一是责骂牧师事件。信徒责骂牧师在宗教习俗中是件大逆不道的事，可是罗尔斯自己却成了事主。那是1944年12月中旬，罗尔斯所在的部队在克雷山顶与日军作战。有位牧师在阵前布道说："上帝把我们的子弹瞄准日本人而保护我们免受他们的子弹。"罗尔斯听了这样的话十分反感，他认为这样的布道是滥用基督教的教义，就与牧师发生了争执。他在责骂了牧师之后，心中的怒火仍然不能平息。其二是罗尔斯与死神擦肩而过却失去了挚友。1945年5月的一天，罗尔斯接到上校的命令，要两个战士去执行两个任务，一个去前哨监视日军，一个去战地医院给伤员输血。他与同住一个帐篷的战友迪肯接受了任务。由于罗尔斯的血型与伤员相符便被派去输血,迪肯则被派往哨位监视日军。迪肯刚到哨位就被敌人发现,随即就遭到日军密集的炮弹袭击,迪肯当时就被炸死了。罗尔斯虽然侥幸躲过了死神,却为战友的殉难伤心不已。他曾经是那样虔诚地向上帝祈祷,上帝却让他失望了。第三件事则把罗尔斯给气坏了。1945年6月,他从美国第一批占领军那里得知纳粹德国在奥斯维辛集中营屠杀了数百万犹太人,罗尔斯十分震惊,他仰天叩问:上帝呀!你究竟躲在哪里?为什么让这样的罪恶发生?

  罗尔斯说:这些事,尤其是广为人知的第三件事,都以相同的方式影响了我。我怀疑祈祷的可能性。当上帝都不能从希特勒的手中拯救数百万犹太人时,我如何还能祈祷上帝帮助我、我的家人、我的国家或者其他任何我珍视的事情?当林肯把内战解释为上帝对奴隶制罪恶的惩罚(南北皆然)时,上帝被看成是正在合乎正义的行动。可是,对犹太人的大屠杀却不能以这种方式来解读。我所读到的所有这样的企图,都是丑陋而恶毒的。如果硬要把历史解释成神意的表达,那么,所谓的神意必须合乎我们所知道的最基本的正义思想。那最基本的正义难道还能是其他吗?于是不久我便开始排斥神意至上性思想,视之为丑恶和有害的。

  失去信念的罗尔斯迷茫了。

罗尔斯在学术的丛林里上下求索

  宗教信仰对于信徒来说是一种根植于灵魂深处的东西。信仰一旦破灭就会诚惶诚恐,好像精神支柱倒塌了。罗尔斯就是这样,他自从产生了信仰危机之后,曾经在一段时间里过着惴惴不安的生活。疑心一起,他发现的问题就越来越多,觉得许多教义自相矛盾,甚至在道德上也是错误的,有不少信条缺乏逻辑基础,经不起认真的推敲和证明。比如原罪的教义、天堂和地狱的教义、基于承认牧师的权威和真实的信仰而获得救赎的教义等都很荒诞,有的甚至虚妄迷乱。这时罗尔斯在大学里所学的哲学理论与方法凸显出来,他便利用这些理论方法同他曾经热爱而又迷惑的神学对话。力求回答那些来自他人的提问和自己所思考的问题。

比如,有不少人都曾产生过这样的疑问:倘若上帝无所不在、无所不能、无所不善,那么他为什么不阻止撒旦作恶?为什么不能防止瘟疫与灾荒发生?为什么要让发动战争的恶魔四处暴虐?为什么总是让善良的人们受到委屈和蹂躏?当灾难和罪恶发生的时候,万能的上帝到底去哪儿了?

罗尔斯也曾见到过这样的推论:如果说确实有个全知的上帝存在,他却不能在事先阻止灾难与罪恶的发生,那么上帝就是无知;如果说有个全能的上帝存在,他想阻止罪恶却阻止不了,那么上帝就是无能;如果说有个全善的上帝存在,他能够阻止罪恶而不愿阻止,那么上帝就是不善。如果不愿承认上帝无知、无能、无善,那么就应当摆事实、讲道理,让事实证明全知、全能、全善的上帝存在。可是事实在哪儿呢?

也有人说上帝就是个骗子,他动不动就兴风作浪,呼风唤雨地制造出很多天灾人祸来迫害人类,却说一切的暴行都是魔鬼干的,上帝的正义究竟何在?

这些难以回答的疑问让罗尔斯看到基督教信仰破洞百出,不堪一击。于是,罗尔斯说:上帝不再是思考的主题,不再是理由的根据。他向上帝告别了,从此不再依靠虔诚的忏悔和祈祷等着上帝来消灾解难,而是把注意力转移到了人世间的生活里,他要采用新的方法论去寻找建立正义社会的可能性。为了寻求真知,罗尔斯放弃了在军队里升任军官的机会,于1946年春重返普林斯顿大学攻读学位。

高等院校既是人类文化的重要载体,也是学者们探究真知的前沿阵地。它不仅为当代的文化大师和青年才俊提供思想文化的交流平台,并且也收藏着历代先哲与学术大家们留下来的各种文献。它让求知若渴的罗尔斯如鱼得水,很快就成为学海里的一条蛟龙。1948年,罗尔斯拿到了哲学硕士学位。1949年,罗尔斯与玛格丽特·沃菲尔德·福克斯结婚。妻子玛格丽特是位画家,也从事艺术史研究工作。玛格丽特的成长经历与罗尔斯的母亲安娜极为相似。她家有兄弟姊妹四人,父母总是为两个男孩做着各种打算,也舍得为他们的教育投资,而她与妹妹却总是没有份儿。她只能依靠打工和奖学金完成学业。结婚后,妻子以百倍的热情支持罗尔斯的正义研究。罗尔斯对妻子百般恩爱,他要在自己的家里首先建立起男女平等的夫妻关系、父母与子女平等的关系。罗尔斯夫妇的两个儿子和两个女儿都在父母那里得到了均等的培养教育。1950年,罗尔斯获得了博士学位。他留在普林斯顿大学哲学系当了讲师。从此罗尔斯一边教书,一边研究,成了一名勤勉的学者。由于妻子的大力支持,他对正义问题的探讨也得以顺利开展并逐步走向深入。

哲学被称为学问之母,又称爱智之学。青年罗尔斯是位哲学博士,又以教授哲学为业,加之幼年以来日益形成的那种同情弱者、关心人类命运的慈悲情怀,他逐渐变成了一个"爱管闲事"又喜欢刨根问底的提问者,也成了一位经常沉浸在问题中的思想家。罗尔斯一直在追问:人们来到世上都是一种卑微的存在,可是为什么有的人面对同胞却自命不凡、傲慢自大,形成一种上等人与下等人的扭曲关系?人的本质是什么?什么样的人生才是值得过的人生?什么样的社会才是理想的社会?鉴于自然的不平等所带来的天赋差异和社会的不平等带来的身份差异,正义何以可能?如何才能设置出适宜于所有人需要的公共理性制度来约束各类社会矛盾和冲突？为了回答这些提问，罗尔斯系统地研究了人类社会发展史、政治史和制度史，又着重考究了正义理论的发展史。他将古代的哲学家苏格拉底、柏拉图、亚里士多德和基督教思想家奥古斯丁及阿奎那的古典正义论到近代的马基雅维利、霍布斯、洛克、卢梭等人的自由主义正义论都进行了全面而又系统的挖掘整理，逐一进行分析和比较，找出其中的异同与优劣，以期找到救世的良方。可是，这些产生于不同时代的正义理论都不能让他满意。罗尔斯便把求知的视界由哲学、伦理学、史学跨入政治哲学和政治学，仍觉得远远不够，然后又拓展到经济学和法学诸领域。他相继研读了希克斯的《价值与资本》、保罗·萨缪尔森的《经济分析基础》、里昂·瓦尔拉斯的《纯粹经济学要义》和诺伊曼、摩根斯顿的《博弈论与经济行为》等经济学论著，并对美国当时走红的经济理论和宪法判例进行了系统的考察以寻找正义的本质与根源所在。

罗尔斯不仅注重书本理论，他对美国社会当时涌动的各种新知识和新思潮也非常关心。他热心参加各种研讨班，虚心向国内外多个领域里的专业研究者学习。1952年，罗尔斯申请到一笔富布莱特基金到牛津基督教会学院访学一年。访学归来后罗尔斯在康乃尔大学得到了一个助理教授的职位，并于1956年取得副教授职位。在这期间他相继发表了一系列论文，开始在学界崭露头角。1959年，麻省理工学院聘请罗尔斯担任终身哲学教授职位，他便由康奈尔大学转入该校任教。罗尔斯在麻省理工学院工作了三年又被哈佛大学挖走。自从1962年他进入哈佛大学之后再也没有调换工作岗位。不过，他也常常寻找机会到各地访学，先后在牛津大学、斯坦福大学、密歇根大学和普林斯顿高级研究所当过访问学者，如同一只辛勤的蜜蜂追逐鲜花似的追逐着学问。

罗尔斯写下了巨著《正义论》

经过10余年的艰苦探索,罗尔斯的正义理论瓜熟蒂落。1971年,英文版《正义论》面世了。开卷之始,罗尔斯就举起他那锐利的长矛首先刺向了不公正的社会制度。他指出:"正义是社会制度的首要价值,正像真理是思想体系的首要价值一样。一种理论,无论它多么精致和简洁,只要它不真实,就必须加以拒绝或修正;同样,某些法律和制度,不管它们如何有效率和有条理,只要它们不正义,就必须加以改造或废除。……作为人类活动的首要价值,真理和正义是决不妥协的。"

图10-2 罗尔斯肖像

罗尔斯在《正义论》中讨论了公平的正义、分配的正义、宪法自由与正义观念、公民不服从和正义感等问题。其中有的章节是作者自1958年到1971年发表在欧美多家理论刊物上并且受到了不少批评的论文。当他把这些论文集结起来构成一个完整的正义理论体系时,他吸纳了学界给予他的各种批评意见。他一边填补疏漏,扩充论据,纠正错误,抒发新的见解以回应批评,另一边也对那些他不肯接受的意见与误解进行辩论和反驳。

罗尔斯撰写《正义论》的时候,美国社会被功利主义理论所主导。功利主义以追求"最大多数人的最大利益"为号召,认为必要的时候可以牺牲一小部分人的利益以换取最大的利益。罗尔斯对这种以牺牲弱势群体以换取最大利益的理论十分不满,决心以一己之力来挑战这些理论权威。他在本书的初版序言中指出,在现代道德哲学中,功利主义一直占据着支配地位,功利主义的代表人物休谟、亚当·斯密、边沁和密尔都是一流的社会理论家和经济学家,因而让那些反对功利主义的人没有力量建起与之抗衡的理论体系。但是,正义的社会就是保证每个人能够自由地选择,行为不受外来的强迫。"我一直试图做的就是要进一步概括洛克、卢梭和康德所代表的传统的社会契约理论,使之上升到一种更高的抽象水平。"这就是罗尔斯挑战功利主义理论的思想武器。他要使用传统社会契约论中的合理因素来建构现代的民主社会的道德基础。其主要目的就是为社会基本结构的设计确立一个合理的标准和原则,即正义原则。

《正义论》出版后受到了许多赞扬,但也受到了许多批评。罗尔斯在《正义论》的修订版序言里说:"尽管对初版有很多批评,我还是接受了它的主要框架,并捍卫它的核心理论……我想建立一种正义观,它能提供对功利主义的合理和系统的替代——而这种或那种形式的功利主义长期以来都支配着盎格鲁-撒克逊的政治思想传统。想要寻找这样一种替代的主要理由,是我认为功利主义理论作为一种宪政民主制度基础有其弱点,尤其是我不相信功利主义能够对作为自由与平等的个人的公民基本权利和自由提供一种令人满意的解释。而这对一种民主制度的诠解来说是绝对首要的要求。"他强调正义优先,就是要保护弱者的利益以避免像希特勒那样"为创造一个美好的社会,必须先杀犹太人"的人间惨剧再度发生。

　　学术著作往往都避免不了要使用各种专业化的术语、新造的概念、逻辑归纳或演绎之类的理论套子,常常让非专业的读者感到面孔生冷,晦涩难懂。罗尔斯的《正义论》也没能逃出这个责难。但是,由于罗尔斯在书中所探讨的公平、正义、自由、平等、权利分配与社会的制度安排等问题都是每个社会成员赖以生存与发展的至关重要的东西,因此,这部纯理论性的学术著作即便是枯燥难读,它一问世还是吸引了社会多学科的读者,在当时就发行了20多万册,后来又被翻译成20多种文字在世界各地出版。甚至在世

图10-3　《正义论》的各种英文版本

界学术界还掀起了一股"罗尔斯热",让他的《正义论》进入了历史经典名著的行列,从此成为人文社会科学的学者们的必读书,也被列入高校政治学和社会管理学专业的学生们考研的重要参考书。如中国学者薛巍在评价《正义论》时所说:"如果一部著作的重要程度不仅由它受到赞同的程度来确定,还由它遭到反对的程度来确定,罗尔斯1971年出版的《正义论》的重要程度就将是惊人的,全书几乎每页都曾遭到批判,其论敌有女权主义者、功利主义者、保守主义者、共同体主义者、自由主义者、天主教徒。"有个统计数据说,自该书面世以来,对《正义论》进行研究与评论的专著全球约有5000余种,论文的数量多不胜数,可见罗尔斯的正义理论吸引了多少学者们的注意力。

"罗尔斯的秘密"被发现了

犹太人有个谚语说"人类一思考,上帝就发笑",意在提醒人们遇事不要自作聪明轻下结论。因为人自身很渺小,原以为自己的思考很周详,已经接近了真理,却发现反被上帝愚弄了。这句谚语如同一道魔咒,让罗尔斯陷入其中久久难以破解。自从目睹了二战的惨烈状况对上帝产生了怀疑之后,他不再到神学中寻找正义的源头,而是另辟蹊径,爬梳了人类历史上的政治、哲学、法学、经济学等领域中的各种知识和理论,披沙拣金,集腋成裘,用10余年心血构筑出了正义论的理论大厦,他应该是志得意满、高枕无忧了。可是,罗尔斯很忧虑,甚至有些担惊受怕。他担心什么呢?那就是在他内心里住了多年的那个上帝虽然死了,但是阴魂未散,仍然不能让他释怀。他无法忘记自己向上帝告别时的那种苦恼与失落,因而担心在自己的著作中排斥了上帝之后能不能得到信仰者们的饶恕。所以,罗尔斯在撰写《正义论》时曾小心翼翼,试图绕开宗教信仰问题以免刺激了基督教徒们的心。可是,当这部著作出版之后,让他受到责难最多的仍然来自宗教学家和宗教信众。在信众们的眼里,不信上帝的人就是异端或无神论者。而异端与无神论者不仅不能受到上帝的关爱,还会受到被打入地狱的诅咒。罗尔斯谙熟宗教习俗及文化传统,十分了解教会迫害异端的历史,让他不能不对此保持着高度的敬畏与警惕。他说:我生活在一个如是的国家,其中有95%或90%的人们表明是虔信宗教的。面对占压倒性多数的宗教信众,他选择了妥协。

宗教学家们曾经批评他的学说表现出了对宗教的无知乃至蔑视。学术研究者又觉得罗尔斯在他的《正义论》中刻意隐瞒了一些什么东西。他们将其称为"罗尔斯的秘密"。比如,他在谈到自己的学术出身时感谢了许多启发他、引导他、帮助过他的老师和同事,却从不提及引导他的神学教授。他在书中多处吸纳了黑格尔和马克思的理论,却也不曾提及他们的名字。这是为什么呢?

直到罗尔斯逝世之后,普林斯顿大学宗教学教授埃里克·格雷戈里在整理档案时发现了罗尔斯在1942年提交的大学本科毕业论文,他所写的题目居然是《简论罪与信的涵义》,文中探讨的就是如何通过信仰祈求上帝来解除世间的困苦与罪恶。学生们在整理他的电脑时又发现里边还收藏着一篇《我的宗教观》,人们这才知道罗尔斯年轻时曾经是个虔诚的基督徒,知道了他怎样从一个基督徒转变成为一个政治哲学家的秘密。而他刻意隐瞒对黑格尔和马克思的思想联系则另有原因。罗尔斯早年喜欢哲学家黑格尔,但黑格尔却因发表过鼓励战争的言论在二战爆发后遭到了学界的严厉批判,他对黑格尔疏远了。罗尔斯要讨论正义论就无法绕开无产阶级革命家和思想家马克思的正义理论。可是,他知道,马克思在西方是资本主义社会的大敌,他若是公开宣传马克思的理论也会招致难以预料的结果。

又过了20多年,罗尔斯也许是从上帝的笑声中得到了启发,他发现了解除上帝魔咒的密码——"搁置"与"宽容"。因为哲学没有最终答案,神学也没有最终答案,人类的心智总是伴随着时间的延绵而慢慢地成长。人们总是喜欢把那些难以知晓的自然秘密或是难以捕捉的社会变迁及人生命运转换的玄机都交给上帝来管理,而那些急于求成的人常常被扔进火海而成为牺牲品。罗尔斯的智慧越来越丰富了。他在对待宗教信仰与社会变革方面的问题上都变得极其随和与宽容。罗尔斯知道,他在《正义论》中所描述的基本社会结构理论并不完善,因此,在该书再版时又进行了多次修改,并不断地探索与正义主题相关的各种理论。1993年,他在出版的新著《政治自由主义》中将宗教学说列入他的理性多元性之一,并且肯定了其中的正面价值,为根深蒂固的宗教传统留下了一席之地。在制度设计中,他也充分体现其宽容异己、尊重差异的主张。他宣称,自己既不是出于政治妥协,也不是出于权宜之计,而是对宪政民主产生一种全心全意的政治忠诚,并和其他公民达成一种政治上的团结。他在这部新作中创立了"重叠共识"和"公共理性"理论,试图搁置宗教信仰问题以超越自由中立主义的局限,以便让来自各种思想、宗教及文化传统等多元价值的人们能够和谐共融,最终达成共识的社会正义,以此建立起一个稳定有序的正义社会。

但是,有评论者说,罗尔斯的妥协并没能如愿地缓解政治哲学与宗教之间所存在的那种复杂而又紧张的关系。因为他遇到的这种困境既是一个世界性难题,也是一个历史性难题。当然,也有评论者说,罗尔斯之所以被学界的同行和朋友誉为最受尊重的人,不仅是因为他用严谨的理论建构了他的正义学说,并且因为在他受到批评的时候,他能心平气和地解释自己的理论以消除误解,也能诚心诚意地接受不同的意见,进而不断地反思和修正自己的缺失,一直保持着一颗谦虚谨慎、求真求是的心,这是一种难得的品格。1995年,罗尔斯患上脑梗死,身体受到严重损害,却还在坚持写作,于1998年完成了《万民法》。后来他又遭受了多次中风的折磨,在去世之前的2001年他还坚持完成了《作为公平的正义:一个重述》(中译本名为《正义新论》)。由此可知,他为正义一直战斗到最后一息。

图10-4　被译为中文的罗尔斯著作

据《哈佛哲学评论》采访者所说,罗尔斯以保持个人生活的私密性著称。除了同行、朋友和学生,他拒绝采访,还把自己的名字从《名人词典》中删除了。他一生接受过的三次采访都是由他过去的学生或学生的学生做成的。在罗尔斯的事业生涯中,他仅在军队里服役三年,然后就一直从事教学和研究工作。他在1991年退休,之后笔耕不辍,直到2002年去世前夕他仍在写作。他的传记作者托马斯·波吉这样介绍他:罗尔斯性格内向,缺乏演讲家的气度,略有紧张就会出现口吃,可是学生们喜欢听他的课,下课时学生们常常鼓掌欢送他,那掌声一直持续到他走远了听不到为止。罗尔斯平时表情严肃,偶尔开个玩笑,学生们要过一会儿才能回过味来。若是和熟人在一起,罗尔斯则能放松,无所不谈,甚至嬉戏顽皮,显现出他那种天真和善的品性。

  罗尔斯终生都在追求正义,被称为伟大的政治哲学家。也许是他那种矢志不渝的精神受到了正义女神的垂青,让他获得了许多奖励。其中有两个较高的奖项都是在1999年获得的。其一是由克林顿总统颁发的美国国家人文科学奖,另一个是由瑞典皇家科学院颁发的罗夫·肖克奖。而他生前得知自己的著作在世界各国传播,他的思想已经让一些社会管理者和法律工作受到了影响时更是感到无比欣慰。

参考文献索引

一、伊拉斯谟、莫尔与霍尔拜因

[1]奥西诺夫斯基.托马斯·莫尔传[M].杨家荣,李兴汉,译.北京:商务印书馆,1984.

[2]茨威格.鹿特丹的伊拉斯谟:辉煌与悲情[M].舒昌善,译.北京:生活·读书·新知三联书店,2016.

[3]茨威格.一个古老的梦:伊拉斯谟传[M].姜瑞璋,廖绦胜,译.沈阳:辽宁教育出版社,1998.

[4]德达.悦读经典[M].王艺,译.北京:生活·读书·新知三联书店,2011.

[5]丁宁.西方美术史[M].北京:北京大学出版社,2015.

[6]房龙.伊拉斯谟的故事[M].宫维明,译.北京:现代出版社,2016.

[7]赫伊津哈.伊拉斯谟传:伊拉斯谟与宗教改革[M].何道宽,译.桂林:广西师范大学出版社,2008.

[8]黄音.巨匠素描大系 霍尔拜因[M].长春:吉林美术出版社,2012.

[9]刘友古.伊拉斯谟与路德的宗教改革思想比较研究[M].上海:上海人民出版社,2009.

[10]罗素.西方哲学史[M].张作成,编译.北京:北京出版社,2007.

[11]莫尔.乌托邦[M].付一帆,译.北京:商务印书馆,2017.

[12]人民美术出版社.荷尔拜因[M].北京:人民美术出版社,2009.

[13]文艺复兴书信集[M].李瑜,译.上海:学林出版社,2002.

[14]伊拉斯谟.愚人颂[M].许崇信,李寅,译.南京:译林出版社,2010.

[15]余凤高.插图的文化史[M].北京:新星出版社,2005.

二、卡拉瓦乔

[1]帕帕.卡拉瓦乔[M].高金岭,王浩,译.西安:太白文艺出版社,2018.

[2]普罗斯.卡拉瓦乔传[M].郭红英,译.南京:译林出版社,2014.

[3]沙玛.艺术的力量[M].陈玮,黄新萍,王炯奕,译.杭州:中国美术学院出版社,2019.

[4]斯特里纳蒂.卡拉瓦乔[M].张梦佳,周宇航,刘湃,译.北京:东方出版社,2020.

[5]瓦萨里.中世纪的反叛[M].刘耀春,译.武汉:湖北美术出版社,2003.

三、伦勃朗与梵高

[1]梵高.亲爱的提奥:梵高传[M].汪洋,译.天津:天津人民出版社,2017.

[2]房龙.伦勃朗传[M].王逸梅,等译.厦门:鹭江出版社,2011.

[3]华语.伦勃朗画传[M].北京:华夏出版社,2010.

[4]隆恩.伦勃朗传[M]周国珍,译.上海:上海人民美术出版社,1997.

[5]奈菲,史密斯.梵高传[M].沈语冰,宋倩,何卫华,等译.南京:译林出版社,2015.

[6]奇普.塞尚、凡·高、高更通信录[M].吕澎,译.桂林:广西师范大学出版社,2002.

[7]斯通.渴望生活:梵高传[M].常涛,译.北京:北京十月文艺出版社,2008.

[8]姚介厚,李鹏程,杨深.西欧文明[M].福州:福建教育出版社,2008.

四、莫里哀

[1]布尔加科夫.莫里哀传[M].臧传真,孔延庚,谭思同,译.天津:南开大学出版社,1985.

[2]加克索特.莫里哀传[M].朱延生,译.北京:中国戏剧出版社,1986.

[3]蒙格雷迪安.莫里哀时代演员的生活[M].谭常轲,译.济南:山东画报出版社,2005.

[4]莫里哀.莫里哀喜剧全集[M].李健吾,译.新1版.长沙:湖南文艺出版社,1992.

[5]莫里哀.莫里哀戏剧全集[M].肖熹光,译.北京:文化艺术出版社,1999.

[6]莫里哀.喜剧六种[M].李健吾,译.上海:上海译文出版社,1978.

五、伏尔泰

[1]伏尔泰.伏尔泰文集第3卷:论宽容[M].蔡鸿滨,译.北京:商务印书馆,2020.

[2]伏尔泰.老实人[M].傅雷,译.南京:译林出版社,2018.

[3]伏尔泰.天真汉[M].傅雷,译.上海:上海译文出版社,2017.

[4]伏尔泰.查第格[M].傅雷,译.上海:上海译文出版社,2017.

[5]伏尔泰.哲学通信[M].高达观,徐仲年,王燕生,等合译.上海:上海人民出版社,2005.

[6]加洛.伏尔泰的一生[M].刘自强,严胜男,译.北京:中国文联出版社,2015.

[7]莫洛亚.伏尔泰传[M].傅雷,译.上海:上海译文出版社,2019.

[8]塔伦泰尔.书信中的伏尔泰:插图本[M].沈占春,译.长春:吉林出版集团股份有限公司,2017.

六、卢梭

[1]卢梭.爱弥儿:精选本[M].彭正梅,译.2版.上海:上海人民出版社,2011.

[2]卢梭.忏悔录[M].范希衡,等译.北京:人民文学出版社,2016.

[3]卢梭.孤独漫步者的遐想[M].钱培鑫,译.南京:译林出版社,2013.

[4]卢梭.卢梭评判让-雅克:对话录[M].袁树仁,译.上海:上海人民出版社,2007.

[5]卢梭.卢梭全集[M].李平沤,译.北京:商务印书馆,2012.

[6]卢梭.论人类不平等的起源和基础[M].黄小彦,译.南京:译林出版社,2013.

[7]卢梭.社会契约论[M].陈阳,译.杭州:浙江文艺出版社,2016.

[8]卢梭.新爱洛伊丝[M].李平沤,何三雅,译.南京:译林出版社,1994.

[9]罗兰.卢梭评传[M].王晓伟,译.北京:中华工商联合出版社,2018.

[10]罗兰.卢梭传[M].陆琪,译.西安:华岳文艺出版社,1988.

[11]特鲁松.卢梭传[M].李平沤,何三雅,译.北京:商务印书馆,1998.

七、拿破仑

[1]波拿巴,科尔森.拿破仑论战争[M].曾珠,郭琳,樊静薇,等译.上海:上海社会科学院出版社,2016.

[2]波拿巴,拿破仑.拿破仑随想录[M].吕长吟,译.北京:中国友谊出版公司,2017.

[3]布里昂.回忆拿破仑[M].郁飞,译.北京:北京时代华文书局,2015.

[4]亨特,森瑟.法国大革命和拿破仑:现代世界的锻炉[M].董子云,译.北京:中信出版集团,2020.

[5]李元明.拿破仑评传[M].北京:中国社会科学出版社,1984.

[6]路德维希.拿破仑传[M].梁锡江,等译.武汉:长江文艺出版社,2013.

[7]罗斯.拿破仑一世传[M].广东外国语学院《拿破仑一世传》翻译小组,译.北京:商务印书馆,1977.

[8]吕中元.画说拿破仑战争史[M].北京:中国书籍出版社,2004.

[9]拿破仑情书集[M].梅沱,凯希,凯常,译.北京:生活·读

书·新知三联书店,1992.

[10]拿破仑书信文件集[M].王养冲,陈崇武,选编.上海:上海人民出版社,1986.

[11]拿破仑文选[M].陈太先,译.北京:商务印书馆,1980.

八、高迪

[1]翠特,蒙特斯.高迪[M].林源,译.北京:中国建筑工业出版社,2003.

[2]古埃尔.安东尼·高迪[M].曹新然,译.沈阳:辽宁科学技术出版社,2005.

[3]拉克鲁兹.高迪传:一个生命的传奇[M].刘菁,译.北京:清华大学出版社,2014.

[4]刘思源.想象的奇迹:高迪[M].北京:新星出版社,2016.

[5]张一梦.一本书读懂安东尼·高迪[M].南京:江苏凤凰科学技术出版社,2020.

九、毛姆

[1]波伊尔.天堂之魔:毛姆传[M].梁识梅,译.北京:中国文联出版公司,1987.

[2]黑斯廷斯.毛姆传[M].赵文伟,译.合肥:安徽文艺出版社,2015.

[3]毛姆.刀锋[M].周煦良,译.上海:上海译文出版社,2007.

[4]毛姆.兰贝斯的丽莎[M].先洋洋,译.南京:译林出版社,2016.

[5]毛姆.毛姆读书心得[M].刘文荣,译.上海:文汇出版社,2011.

[6]毛姆.毛姆人生随笔[M].刘文荣,译.上海:文汇出版

社,2018.

[7]毛姆.面纱[M].王晋华,译.长春:时代文艺出版社,2019.

[8]毛姆.让灵魂舒服一点:毛姆自传[M].王敏,译.南京:江苏凤凰文艺出版社,2019.

[9]摩根.人世的挑剔者:毛姆传[M].梅影,舒云,晓静,译.长沙:湖南人民出版社,1986.

[10]毛姆.人性的枷锁[M].张乐,译.南昌:江西人民出版社,2016.

[11]毛姆.生活的真相:毛姆短篇小说选[M].叶雷,孔祥立,张晓峰,译.南京:译林出版社,2017.

[12]毛姆.盛誉下的孤独者:毛姆传[M].李作君,王瑞霞,译.沈阳:春风文艺出版社,1988.

[13]毛姆.阅读是一座随身携带的避难所:毛姆读书随笔[M].罗长利,译.北京:北京联合出版公司,2017.

[14]毛姆.月亮与六便士[M].刘勇军,译.海口:南海出版公司,2016.

[15]毛姆.在中国屏风上[M].陈寿庚,译.长沙:湖南人民出版社,1987.

[16]毛姆.总结:毛姆写作生活回忆[M].孙戈,译.南京:译林出版社,2012.

十、罗尔斯

[1]博格.罗尔斯:生平与正义理论[M].顾肃,刘雪梅,译.北京:中国人民大学出版社,2010.

[2]弗雷曼.罗尔斯[M].张国清,译.北京:华夏出版社,2013.

[3]罗尔斯.正义论[M].何怀宏,何包钢,廖申白,译.北京:中国社会科学出版社,1988.

[4]罗尔斯.政治自由主义[M].万俊人,译.南京:译林出版社,2000.

[5]罗尔斯.作为公平的正义[M].姚大志,译.北京:中国社会科学出版社,2011.

图片索引

图1-1 伊拉斯谟雕像,亨德里克·德·凯瑟创作,朱丽叶·弗格森拍摄,P6

图1-2 伊拉斯谟肖像,霍尔拜因绘,伦敦国家美术馆收藏,P12

图1-3 莫尔雕像,库比特·贝维斯创作,克里斯蒂安·穆勒拍摄,P21

图1-4 《愚人颂》插图:作者伊拉斯谟,P23

图1-5 《愚人颂》插图:愚夫人,P24

图1-6 《愚人颂》插图:开讲时的愚夫人,P24

图1-7 《愚人颂》插图:对驴弹琴,P24

图1-8 《愚人颂》插图:害怕上帝的君王,P25

图1-9 《愚人颂》插图:朝臣,P26

图1-10 《愚人颂》插图:教皇,P27

图1-11 伊拉斯谟肖像,霍尔拜因绘,巴黎卢浮宫博物馆收藏,P27

图1-12 莫尔肖像,霍尔拜因绘,纽约弗里克博物馆收藏,P28

图1-13 霍尔拜因自画像,佛罗伦萨乌菲兹美术馆收藏,P29

图2-1 《手提歌利亚头颅的大卫》,卡拉瓦乔绘,罗马博尔盖塞美术馆收藏,P34

图2-2 《捧果篮的男孩》,卡拉瓦乔绘,罗马博尔盖塞美术馆

收藏,P37

图2-3 《削果皮的男孩》,卡拉瓦乔绘,私人收藏,P37

图2-4 《患病的酒神巴克斯》,卡拉瓦乔绘,罗马博尔盖塞美术馆收藏,P38

图2-5 《水果筐》,卡拉瓦乔绘,米兰安布罗西亚纳图书馆收藏,P38

图2-6 《占卜师》,卡拉瓦乔绘,罗马卡皮托里尼博物馆收藏,P39

图2-7 《纸牌作弊老手》,卡拉瓦乔绘,沃斯堡金贝尔美术馆收藏,P40

图2-8 《音乐家们》,卡拉瓦乔绘,纽约大都会博物馆收藏,P41

图2-9 《鲁特琴师》,卡拉瓦乔绘,圣彼得堡艾尔米塔什博物馆收藏,P42

图2-10 《骑士团主席沃尔夫·德威纳科与他的随从》,卡拉瓦乔绘,巴黎卢浮宫收藏,P43

图2-11 《圣马太蒙召》,卡拉瓦乔绘,罗马康塔雷利教堂收藏,P44

图2-12 《圣马太殉难》,卡拉瓦乔绘,罗马圣路易斯教堂收藏,P45

图2-13 《圣马太与天使》(原作与重作),卡拉瓦乔绘,华盛顿特区美术馆图像部收藏,P46

图2-14 《圣保罗的皈依》(原作与重作),卡拉瓦乔绘,罗马波波洛塞拉西教堂收藏,P47

图2-15 《圣母、圣子和圣安妮》,卡拉瓦乔绘,罗马博尔盖塞美术馆收藏,P48

图2-16 《圣母升天》,卡拉瓦乔绘,巴黎卢浮宫收藏,P49

图 2-17 《圣托马斯的怀疑》,卡拉瓦乔绘,柏林波茨坦宫收藏,P50

图 2-18 《砍下荷罗孚尼头颅的犹迪》,卡拉瓦乔绘,罗马国家艺术中心收藏,P53

图 2-19 《被斩首的施洗约翰》,卡拉瓦乔绘,马耳他圣约翰大教堂收藏,P54

图 2-20 《收下施洗约翰首级的莎乐美》(两个版式),卡拉瓦乔绘,马德里皇宫收藏,P55

图 3-1 《杜普教授的解剖课》,伦勃朗绘,海牙莫瑞泰斯皇家美术馆收藏,P61

图 3-2 《伦勃朗与妻子沙斯姬雅》,伦勃朗绘,德累斯顿画廊收藏,P62

图 3-3 《夜巡》,伦勃朗绘,阿姆斯特丹国立博物馆收藏,P63

图 3-4 伦勃朗故居博物馆,作者自拍,P66

图 3-5 梵高割耳后的自画像,苏黎世美术馆收藏,P73

图 3-6 《向日葵》,梵高绘,英国国家美术馆收藏,P75

图 3-7 梵高艺术博物馆,作者自拍,P79

图 3-8 《嘉谢医生的肖像》(第二版,此画有两个版本),私人收藏,P80

图 4-1 莫里哀扮演恺撒大帝的舞台角色图,尼古拉斯·米格纳德绘,科隆嘉年华博物馆收藏,P87

图 4-2 《莫里哀与路易十四共进晚餐》,让·多米尼克·安格尔绘,巴黎喜剧院收藏,P92

图 4-3 迷人岛欢乐会的场景插图,法国国家图书馆收藏,P93

图 4-4 莫里哀肖像,科佩尔绘,法国奥尔良美术馆收藏,P94

图 4-5 《达尔杜弗或骗子》剧本插图,皮埃尔·布里萨特

绘,P98

图 4-6 《恨世者》剧本插图,奥罗雷·萨宾绘,P102

图 4-7 汝尔丹先生的舞蹈课(《贵人迷》舞台表演图),鲍威尔·弗里思绘,巴黎威廉·鲍威尔画廊收藏,P106

图 4-8 莫里哀半身雕像,让·乌东创作,瓦利奥德·圣日耳曼收藏,P109

图 4-9 竖在法兰西喜剧院旁边的莫里哀纪念碑和青铜雕像,伯纳德·苏尔创作,珍妮特·施罗伊斯拍摄,P110

图 4-10 印有莫里哀肖像的法郎纸币,50000NF 为法兰西银行 1959 年发行,500NF 为法兰西银行 1961 年发行,P111

图 5-1 伏尔泰肖像,尼古拉斯·德·拉吉列尔绘,伏尔泰博物馆收藏,P117

图 5-2 伏尔泰和他的情人埃米丽,伏尔泰肖像由莫里斯·德·拉图尔绘,莱库耶博物馆收藏;埃米丽肖像由埃米利娅·杜沙特尔绘,吕内维尔城堡博物馆收藏,P121

图 5-3 费尔奈小镇的伏尔泰故居,让·穆西拍摄,P127

图 5-4 《伏尔泰全集》72 卷本,私人收藏,P129

图 5-5 伏尔泰雕像与墓碑,让·乌东创作,马可·库杰尔斯基拍摄,P131

图 5-6 伏尔泰的坐像与立像雕塑,让·乌东创作,巴黎卢浮宫收藏,P132

图 6-1 卢梭肖像与先贤祠内的卢梭墓,肖像由莫里斯·昆汀·德·拉图尔绘,日内瓦艺术与历史博物馆收藏;卢梭墓由马尔科·库杰尔斯基拍摄,P134

图 6-2 卢梭给父亲读书,《卢梭传》插图,P138

图 6-3 卢梭初见华伦夫人,《卢梭传》插图,P140

图 6-4 卢梭逃亡英国时期的肖像,艾伦·拉姆齐绘,苏格兰

国家美术馆收藏,P146

  图6-5 《论人类不平等的起源和基础》插图,P149

  图6-6 《爱弥儿》插图,P150

  图6-7 卢梭写作《爱弥儿》时在蒙莫朗西居住的小楼,古贝拍摄,P151

  图6-8 采集植物标本的卢梭,《卢梭传》插图,P153

  图6-9 卢梭晚年栖居的小屋,《卢梭传》插图,P154

  图6-10 法国大革命纪念卢梭的宣传画,尼古拉斯·德·贝特里绘,巴黎嘉年华博物馆收藏,P155

  图6-11 位于先贤祠广场上的卢梭雕像,吉霍·维鲁特拍摄,P155

  图6-12 位于日内瓦卢梭岛上的卢梭雕像,迪保·贝娜拍摄,P156

  图7-1 《身着隆重加冕服的拿破仑》,弗朗索瓦·热拉尔绘,巴黎凡尔赛宫收藏,P164

  图7-2 《拿破仑进入勃兰登堡门》,查尔斯·梅尼埃绘,巴黎凡尔赛宫收藏,P167

  图7-3 《拿破仑接受维也纳城的钥匙》,让·安格尔绘,巴黎凡尔赛宫收藏,P169

  图7-4 《拿破仑从莫斯科撤退》,阿道夫·诺森绘,私人收藏,P171

  图7-5 《滑铁卢战役》,威廉·萨德勒绘,私人收藏,P173

  图7-6 拿破仑陵墓,斯特凡诺·苏菲拍摄,P176

  图7-7 油画《拿破仑越过圣伯纳德山》,路易·大卫绘,巴黎凡尔赛宫收藏,P179

  图7-8 油画《拿破仑的加冕典礼》,路易·大卫绘,巴黎卢浮宫收藏,P181

图 7-9 油画《拿破仑在阿尔科莱桥》,安托万·让·格罗绘,巴黎特里亚农国家博物馆收藏,P182

图 7-10 油画《第一执政拿破仑》,让·安格尔绘,列日库尔提乌斯博物馆收藏,P183

图 7-11 宋兆峰葫芦烙画《拿破仑越过圣伯纳德山》,私人收藏,P184

图 7-12 镶嵌着拿破仑与妻子约瑟芬肖像的玳瑁烟盒,皮埃尔·巴拉顿创作,巴黎卢浮宫收藏,P184

图 7-13 带有拿破仑头像的花瓶,私人收藏,P185

图 7-14 展示拿破仑战争场景的瓶子,私人收藏,P185

图 7-15 《画说拿破仑战争史》封面,P186

图 7-16 漫画《疯癫的小博尼》,詹姆斯·吉尔雷绘,伦敦大英博物馆收藏,P187

图 7-17 漫画《波拿巴登陆英国 48 个小时之后》,詹姆斯·吉尔雷绘,伦敦大英博物馆收藏,P188

图 7-18 漫画《危险中的铅锤布丁》,詹姆斯·吉尔雷绘,伦敦大英博物馆收藏,P189

图 7-19 漫画《拿破仑前往厄尔巴岛》,乔治·克鲁克香克绘,蒙特利尔麦吉尔大学图书馆收藏,P189

图 7-20 漫画《拿破仑前往圣赫勒拿岛》,乔治·克鲁克香克绘,蒙特利尔麦吉尔大学图书馆收藏,P190

图 7-21 漫画《拿破仑出逃》,作者匿名,莫斯科国家历史博物馆收藏,P191

图 7-22 漫画《拿破仑从俄国带到巴黎的鼻子》,作者匿名,莫斯科国家历史博物馆收藏,P192

图 7-23 法国邮票《拿破仑在勃艮第军营向将士授勋》,1952 年法国邮政发行,P193

图 7-24　法国邮票《纪念拿破仑诞辰 200 周年》,1969 年法国邮政发行,P193

图 7-25　法国邮票《拿破仑加冕》图局部,1973 年法国邮政发行,P194

图 7-26　法国邮票《纪念拿破仑颁布〈民法典〉200 周年》,2004 年法国邮政发行,P194

图 7-27　法国邮票《拿破仑骑兵》小全张,2004 年法国邮政发行,P194

图 7-28　法国邮票《拿破仑近卫军》附捐小版张＋6 票《骑兵》,2004 年法国邮政发行,P195

图 7-29　法国邮票《拿破仑故居》小版张,2019 年法国邮政发行,P195

图 7-30　《拿破仑加冕》明信片,1960 年法国邮政发行,P196

图 7-31　《拿破仑在阿尔科莱桥》明信片,1969 年法国邮政发行,P196

图 7-32　拿破仑写给妻子的情书,来源于 2006 年莫斯科格罗斯拍卖会,P197

图 7-33　古巴邮票《拿破仑将军》,1969 年古巴邮政发行,P198

图 7-34　摩纳哥邮票《拿破仑肖像》,1969 年摩纳哥邮政发行,P198

图 7-35　利比里亚邮票《拿破仑肖像》,1969 年利比里亚邮政发行,P199

图 7-36　几内亚邮票《拿破仑征战的一生》小全张,1974 年几内亚邮政发行,P199

图 7-37　比利时邮票《拿破仑滑铁卢战役 175 年纪念》,1990 年比利时邮政发行,P200

图7-38 加蓬邮票《拿破仑肖像》小型张,2010年加蓬邮政发行,P200

图7-39 捷克邮票《拿破仑莱比锡战役200周年纪念》小型张,2013年捷克邮政发行,P200

图7-40 密克罗尼西亚邮票《艺术史新古典主义》小全张,2013年密克罗尼西亚邮政发行,P201

图7-41 马里邮票《纪念奥斯特里茨战役210周年》小全张,2015年马里邮政发行,P201

图7-42 科特迪瓦邮票《拿破仑旗帜》小全张,2016年科特迪瓦邮政发行,P202

图7-43 圣赫勒拿岛邮票《拿破仑流放地圣赫勒拿岛》,2016年圣赫勒拿岛邮政发行,P202

图7-44 拿破仑看望狮身人面像,让-莱昂·热罗姆绘,阿伯丁博物馆收藏,P204

图7-45 巴黎凯旋门,作者自拍,P205

图7-46 旺多姆圆柱与顶端的拿破仑铜像,安托万·肖代创作,那不勒斯基金会拍摄,P208

图7-47 皇家教堂地下的拿破仑墓,卡尔姆·亨德森拍摄,P209

图7-48 拿破仑陵园内的拿破仑雕像,BrokenSphere公司拍摄,P210

图7-49 荣军院内的拿破仑雕像,埃米尔·瑟尔创作,尼克·莱利斯拍摄,P210

图7-50 福煦广场上的拿破仑雕像,弗朗切斯科·拉伯尔创作,纳帕拍摄,P211

图7-51 圣尼古拉斯广场上的拿破仑雕像,洛伦佐·巴托利尼创作,迭戈·M.罗西拍摄,P212

图7-52 奥斯特里茨广场上的拿破仑雕像,埃米尔·瑟尔创作,霍恩富托拍摄,P213

图7-53 瑟堡的拿破仑骑马铜像,阿尔芒·勒维尔创作,奥斯伯恩拍摄,P214

图7-54 鲁昂的拿破仑骑马铜像,维特·杜布雷创作,卡洛·马罗切蒂拍摄,P215

图7-55 阿雅克肖市的拿破仑骑马铜像,安托万·巴里等创作,Naeblys公司拍摄,P216

图7-56 拿破仑的铅质雕像,弗朗索瓦·莫莱特创作,巴黎卢浮宫收藏,P217

图7-57 身穿加冕长袍的拿破仑大理石雕像,克劳德·拉米创作,巴黎卢浮宫收藏,P218

图7-58 《不朽的拿破仑一世》卧像与头像部分,弗朗索瓦·吕德创作,巴黎奥赛博物馆收藏,P219

图7-59 《立法者拿破仑一世》石膏像,欧仁·纪尧姆创作,巴黎奥赛博物馆收藏,P219

图7-60 裸体的拿破仑大理石雕像,安东尼诺·卡诺瓦创作,伦敦阿普斯利大厦收藏,P220

图7-61 裸体的拿破仑铜像,安东尼诺·卡诺瓦创作,米兰布雷拉宫庭院收藏,P222

图7-62 带有拿破仑画像的挂件,让·乔治特创作,佛罗伦萨皮蒂宫博物馆收藏,P222

图7-63 粉色玛瑙浮雕拿破仑小像,尼古拉·莫雷创作,私人收藏,P223

图7-64 乳白色玛瑙浮雕拿破仑小像,尼古拉·莫雷创作,私人收藏,P223

图7-65 缟玛瑙浮雕拿破仑小像,克莱门特·佩斯特里尼创

作,纽约大都会博物馆收藏,P224

图7-66 三色玛瑙浮雕拿破仑小像,乔瓦尼·安东尼奥创作,私人收藏,P224

图7-67 油画《拿破仑越过圣伯纳德山》原作,路易·大卫创作(模板),P225

图7-68 拿破仑雕像座钟,私人收藏,P225

图7-69 运用多种材料制成的拿破仑雕像摆件,私人收藏,P225

图7-70 由象牙和陶瓷制成的拿破仑小像摆件,私人收藏,P226

图7-71 路易十三银币双面,1642年巴黎造币厂铸造,P229

图7-72 法国大革命时期发行的银币双面,1793年巴黎造币厂铸造,P229

图7-73 督政府发行的5法郎大力神银币双面,1795年巴黎造币厂铸造,P230

图7-74 第一执政拿破仑金币双面,1803年巴黎造币厂铸造,P232

图7-75 波拿巴第一执政版金币双面,1804年巴黎造币厂铸造,P235

图7-76 拿破仑戴桂冠头像共和国版金币双面,1807年巴黎造币厂铸造,P235

图7-77 拿破仑戴桂冠头像帝国版金币双面,1809年巴黎造币厂铸造,P236

图7-78 拿破仑帝国百日王朝版金币双面,1815年巴黎造币厂铸造,P236

图7-79 卢浮宫博物馆创立200周年纪念银币双面,1993年巴黎造币厂铸造,P239

图7-80　路易斯安那售地200周年纪念银币双面,2003年巴黎造币厂铸造,P239

图7-81　拿破仑颁布《民法典》200周年纪念币双面,2004年巴黎造币厂铸造,P240

图7-82　奥斯特里茨战役胜利200周年纪念银币双面,2005年巴黎造币厂铸造,P241

图7-83　女性系列之"约瑟芬·德·博阿尔内"纪念银币双面,2018年巴黎造币厂铸造,P242

图7-84　播种者系列之"芽月法郎"纪念银币双面,2019年巴黎造币厂铸造,P243

图7-85　波兰名人爱情故事系列之"拿破仑与玛丽·瓦莱夫斯卡"纪念银币双面,2014年纽埃中央银行铸造,P244

图7-86　蒙特诺特战役奖章双面,1796年法国督政府铸造,P248

图7-87　拿破仑镀金青铜米莱西莫战役奖章双面,1796年法国督政府铸造,P248

图7-88　拿破仑远征埃及纪念章(一)双面,1798年法国督政府铸造,P250

图7-89　拿破仑远征埃及纪念章(二)双面,1798年法国督政府铸造,P250

图7-90　金字塔之战纪念章双面,1798年法国督政府铸造,P251

图7-91　拿破仑帝国的鹰徽与蜂徽,1804年法兰西第一帝国铸造,P253

图7-92　佩戴荣誉勋章的拿破仑肖像和他的勋章,肖像由安·特里奥松绘,东京富士美术馆收藏;勋章为1804年法兰西第一帝国铸造,P254

图 7-93　奥斯特里茨战役纪念章（一）双面，1805 年法兰西第一帝国铸造，P256

图 7-94　奥斯特里茨战役纪念章（二）双面，1805 年法兰西第一帝国铸造，P256

图 7-95　耶拿战役纪念章双面，1806 年法兰西第一帝国铸造，P257

图 7-96　波罗季诺战役纪念章双面，1812 年法兰西第一帝国铸造，P257

图 7-97　《吕内维尔条约》纪念章双面，1801 年法兰西第一共和国铸造，P258

图 7-98　《亚眠和约》纪念章双面，1802 年法兰西第一共和国铸造，P258

图 7-99　1805 年征服奥地利纪念章双面，1805 年法兰西第一帝国铸造，P259

图 7-100　1809 年征服奥地利纪念章双面，1809 年法兰西第一帝国铸造，P260

图 7-101　拿破仑荣誉军团勋章双面，1804 年法兰西第一帝国铸造，P260

图 7-102　拿破仑加冕纪念章（一）双面，1804 年法兰西第一帝国铸造，P261

图 7-103　拿破仑加冕纪念章（二）双面，1804 年法兰西第一帝国铸造，P261

图 7-104　拿破仑与玛丽皇后新婚纪念章双面，1810 年法兰西第一帝国铸造，P262

图 7-105　罗马王洗礼纪念章双面，1811 年法兰西第一帝国铸造，P262

图 7-106　巴黎沦陷纪念章双面，1814 年法兰西第一帝国铸

造,P263

图 7-107 《拿破仑从厄尔巴岛归来》纪念章双面,1815年法兰西第一帝国铸造,P264

图 7-108 滑铁卢战役纪念章双面,1815年法兰西第一帝国铸造,P265

图 7-109 《拿破仑到贝勒罗丰号战舰投降》纪念章双面,1820年英国政府铸造,P265

图 7-110 拿破仑逝世纪念章(一)双面,1821年法兰西王国铸造,P266

图 7-111 拿破仑逝世纪念章(二)双面,1821年法兰西王国铸造,P267

图 7-112 拿破仑遗骸迁葬巴黎纪念章双面,1840年法兰西王国铸造,P268

图 7-113 《拿破仑在圣赫勒拿岛》纪念章双面,1840年法兰西王国铸造,P268

图 7-114 《拿破仑遗骸归来》纪念章双面,1841年法兰西王国铸造,P269

图 7-115 圣赫勒拿纪念章双面,1857年法兰西第二帝国铸造,P270

图 7-116 1894年的奥斯特里茨金字塔纪念碑,乌特列支旅游局拍摄,P275

图 7-117 2002年的奥斯特里茨金字塔纪念碑,乌特列支旅游局拍摄,P276

图 7-118 2008年修复后的奥斯特里茨金字塔纪念碑,乌特列支旅游局拍摄,P276

图 7-119 奥斯特里茨和平纪念碑,米哈尔·库巴拍摄,P278

图 7-120 科西嘉岛上的奥斯特里茨金字塔纪念碑,利科恩

拍摄,P279

图8-1　高迪肖像,保罗·奥德绘,高迪故居博物馆收藏,P282

图8-2　巴特罗之家的屋脊,作者自拍,P285

图8-3　巴特罗之家的阳台,作者自拍,P285

图8-4　巴特罗之家的窗户,作者自拍,P286

图8-5　巴特罗之家的天井,作者自拍,P286

图8-6　米拉之家,作者自拍,P288

图8-7　米拉之家的屋顶,作者自拍,P288

图8-8　米拉之家的屋顶,作者自拍,P289

图8-9　古埃尔公园的入口,古埃尔公园拍摄,P291

图8-10　百柱厅的天花板,古埃尔公园拍摄,P292

图8-11　蛇形长椅,作者自拍,P293

图8-12　斜柱长廊,作者自拍,P294

图8-13　双柱长廊,作者自拍,P294

图8-14　碎石砌成的长台,作者自拍,P295

图8-15　怪异的山体天桥,作者自拍,P295

图8-16　林间的石雕,作者自拍,P296

图8-17　公园的洞穴,作者自拍,P297

图8-18　古埃尔公园门前的门房,作者自拍,P297

图8-19　高迪故居博物馆,作者自拍,P298

图8-20　圣家族教堂模型,作者自拍,P299

图8-21　尚未建成的圣家族教堂,皮特·米茨拍摄,P301

图8-22　诞生之门群雕,作者自拍,P302

图8-23　死亡之门群雕,作者自拍,P302

图8-24　圣家族教堂大殿的立柱和穹顶,作者自拍,P303

图8-25　圣家族教堂大殿,作者自拍,P304

图8-26　挤满了游客的圣家族教堂大殿,作者自拍,P304

图9-1　青年毛姆肖像,纽约公共图书馆收藏老照片,P309

图9-2　小说《月亮与六便士》的不同版本,作者摄制,P313

图9-3　毛姆的《短篇小说集》与《最佳短篇小说》,作者摄制,P316

图9-4　小说《人性的枷锁》的不同版本,作者摄制,P317

图9-5　毛姆的《总结》《毛姆经典作品合集》,作者摄制,P322

图10-1　不同造型的正义女神雕像,左图由索尔查·波拉克拍摄,右图由诺丁汉大学研究中心拍摄,P324

图10-2　罗尔斯肖像,伽马·拉斐尔拍摄,P334

图10-3　《正义论》的各种英文版本,作者摄制,P336

图10-4　被译为中文的罗尔斯著作,作者摄制,P340